中国教育法制评论

Chinese Educational Law Review (Volume 24)

劳凯声　余雅风　陈鹏　主编

第 24 辑

教育科学出版社

·北京·

出 版 人　郑豪杰
责任编辑　王晶晶
版式设计　郝晓红
责任校对　贾静芳
责任印制　米　扬

图书在版编目（CIP）数据

中国教育法制评论 . 第 24 辑 / 劳凯声，余雅风，陈鹏主编 . —北京：教育科学出版社，2023.12（2024.6 重印）
　ISBN 978-7-5191-3808-0

　Ⅰ. ①中… 　Ⅱ. ①劳… ②余… ③陈… 　Ⅲ. ①教育法—研究—中国 　Ⅳ. ① D922.164

中国国家版本馆 CIP 数据核字（2023）第 249991 号

中国教育法制评论　第 24 辑
ZHONGGUO JIAOYU FAZHI PINGLUN

出 版 发 行	教育科学出版社				
社　　　址	北京·朝阳区安慧北里安园甲 9 号		邮　　　编	100101	
总编室电话	010-64981290		编辑部电话	010-64989363	
出版部电话	010-64989487		市场部电话	010-64989009	
传　　　真	010-64891796		网　　　址	http://www.esph.com.cn	
经　　　销	各地新华书店				
制　　　作	高碑店市格律图文设计有限公司				
印　　　刷	唐山玺诚印务有限公司				
开　　　本	720 毫米 ×1020 毫米　1/16		版　　　次	2023 年 12 月第 1 版	
印　　　张	17.75		印　　　次	2024 年 6 月第 2 次印刷	
字　　　数	285 千		定　　　价	65.00 元	

目 录

热点透析

法治难点

研究动向

Contents

Hotspot Analysis

Difficulties in Rule of Law

Research Trend

□ 劳凯声

从多学科、跨学科视角理解教育法的部门法定位及其法典化问题

【摘　要】教育法定位问题论争历经 30 余年，至今未有定论。这表明论争不应拘泥于以往的思维定势，而须开创新的讨论范式，须从新的学术视角来讨论有关教育法的部门法定位以及教育法法典化的问题。法律体系并非一成不变，国家与社会关系的历史演进，公、私法的二元区分，教育治理体系的构建运行，教育法的软法取向等因素都在影响法律体系的结构形态，决定教育法的定位。教师法律身份的变化、学校与学生关系的变化、民办学校的分类管理、事业单位改革中公办学校法律关系的演变等都是教育法演进中的新动向。中国社会正在进行的社会转型，使得公域、私域和介于二者之间的第三部门产生，对教育的法律调整已不再局限于传统的公法部门，而具有了多部门的性质。教育法法典化的最佳选择应是在清理现有规范资源的基础上，整合成教育法典的总则立法模式，采用"总—分"两步走的立法策略，实现教育法的体系化。

【关键词】教育法　教育法的部门法定位　教育法法典化　法律体系

新的学术视角的产生需要一定的条件，并不是所有的问题都可以从新视角来讨论。一种新的学术视角的产生一般需要具备两个缺一不可的条件：第一，已有的研究视角在解释现实问题时存在眼界上的局限性，或事物本身的发展已经使原有的研究视角失去或者减弱了对新情况的解释力，因而迫切需要一种新的研究视角来解释新产生的问题；第二，学科或理论自身的发展已经具备了可能性，即已积累了有关这一新视角的概念、范畴、逻辑、方法等要素，其有能力成为学术研究的表达方式。从这两个条件来看，对教育法的部门法定位及教育法典问题的讨论应该树立一种新的学术视角。

一、教育法部门法定位的三次论争

从20世纪80年代末90年代初开始，教育法的部门法定位问题就一直是学界所争论的问题。对教育法所做的部门法定位是就一个国家现行法律体系的部门法构成、划界和归属而言的（顾明远，2008）[196-198]。分散的单行法立法进展到一定阶段后为适应法律制定、实施及整理、编纂的要求，避免体系上的交叉混乱，必有一个从形式、内容、功能上明确区别于其他法律的部门法定位过程。为体现这场论争在不同阶段的不同特点，可从早期、中期和后期三个阶段对论争加以述评。

早期的论争受日本教育法学的影响较大，形成了"隶属说"（李连宁，1988）和"独立说"（何瑞琨，1987）[8]（娄延常 等，1987）两种不同的观点（劳凯声，1993a）[17]。整体上来说，此时倾向于同意"隶属说"的学者居多，但也有学者从发展的观点来看教育法的部门法定位问题，主要是因为教育法的部门法定位还有可能出现变化，所以学界把此观点叫作"发展说"（劳凯声，1993b）。

中期的论争从20世纪90年代开始，此时的焦点虽仍集中于教育法应否独立，但已开始关注社会领域的重大变迁以及由此发生的法律关系嬗变，影响所及不仅限于对现行法律的理解和掌握，而且包括教育法的规划及制定、法律实施和法律汇编等工作（劳凯声，2022）。

后期的论争发生在《民法典》编纂、发布之际，此时的重点已从静态的调整对象、方法的描述转向动态的调整对象、方法的变化，以单项法律制定转向法律整体的体系化、法典化问题，涉及对教育法的统一价值内核、整体和谐统一、统一司法适用和定位等问题的认知（童云峰　等，2021）。

教育法定位的论争历经 30 余年，行政法定位一直是主流观点，然而对教育法所做的行政法定位具有显而易见的弱点，即不利于教育法体系化和法典化。其实不仅是教育法，大量处于交叉、整合领域的实体法，如有关公共卫生、科技、住房及其他公共事业的法律，也都面临与教育法类似的立法处境。这些法律从逻辑上看虽可归属于行政法部门，但从实践角度看，并不限于单一的调整对象和调整方法。以传统的部门法分类标准进行非此即彼的归类，带来了很大的问题。

二、教育法定位问题的方法论探讨

教育法定位问题的讨论不应拘泥于以往的思维定势，而须开创新的研究范式。法律体系并非一成不变，国家与社会关系的历史演进，公、私法的二元区分，教育治理体系的构建运行，教育法的软法取向等因素，都在影响法律体系的结构形态，决定教育法的定位。以此观点来看教育法学的发展，可以说其受到了不同学科的学术影响，正沿着多学科和跨学科的路径发展着。

（一）国家与社会关系的历史演进及其方法论意义

政治国家与社会的分离，是近代以来各国社会变迁的普遍趋势，是人类社会生活多层面属性以及人的多样性存在状况的表现（洛克林，2002）[9]。在马克思的思想中，市民社会是社会利益结构分化为私人利益和公共利益两大体系的结果，是由政治国家之外的其他社会领域构成的一种"非政治性的社会"（俞可平，1993）。20 世纪 80 年代以来，一场世界性的社会变革打破了各国的社会生态，多样化和扁平化的社会进程在许多国家展开，推动了国家与社会的分离。在我国，在社会结构分化统合的过程中，集中的、大一统的计划体制同样开始出现向多样化和扁平化方向发展的趋势。尤其是这期间的简政放权（1985年）和建立与市场经济相适应的教育体制（1993年）两项改革举措，对教育的多样化和扁平化发展起到了重要的推动作用。

上述两项教育改革引发了教育领域各方主体地位及其关系的深刻变化，并导致法律调整对象和调整方法的变化，不仅使旧的教育关系开始蜕变，而且造就了一系列横跨多个法律部门、具有横向性特征的新型教育关系。新的教育运行机制或借鉴市场体制，或沿袭计划体制，能有效体现当前社会特征的教育运行机制并未形成。在这种情况下，公法的固有缺陷开始暴露，其调整方式越来越难以面对现实问题。如何防止单纯按公法标准来要求学校自主管理中的人和事，建立一种兼顾公、私法特征的法律调整机制，已成为教育法实施中必须面对的挑战，这同时也给教育法定位带来了新的思路。

（二）公、私法的二元区分及其方法论意义

区分公法与私法是为了更好地确定不同法律的性质，便于法律的适用。公、私法的二元区分是法秩序的基础，混淆了两者，法律就会失灵，社会关系和社会秩序就会出现混乱（梅利曼，1984）[107]。在我国，公、私法的二元区分是随着市场经济的发展及社会环境的变化而出现的。近年来，在公、私法区分的基础上更是形成了一个介于二者之间的第三部门以及调整这一部门的法律——社会法。这是一个具有民间、自治和非营利性质的法律部门，其所调整的法律关系及利益机制都不同于传统的公法与私法，而具有非公非私、亦公亦私的新特征，这表明公、私法之间不仅存在着区分，同时也存在着融合。

教育法在介于公、私法间的许多领域建立了一系列解除管制的制度，如公办学校法人制度、教师聘用制度、学校收费制度、学校内部治理制度、教育服务的公私合作制度、教育服务的政府采购制度等。这些新制度在调整范围、调整方法及所维护的利益方面突破了传统的公法界限，推动了公法与私法以不同方式和比例的结合。

（三）教育治理体系的构建及其方法论意义

治理最初是一种或公或私的个人或机构经营管理共同事务的方式，是通过联合行动使不同利益得以协调的过程。进入 21 世纪以来，随着社会力量成长和发展的明显加速，公民对国家权力的单向度接受和服从开始转向基于参与、协商而达成的社会普遍认同和自愿遵从，传统的国家管控开始转向共建、共治、共享的公共治理方式，由此治理成为一种新的社会决策与管理机制（罗豪才 等，2011）。在这一思路中，三类不同层次的治理，即国家治理、社会治理和组织内部治理逐步形成。

教育治理以学校教育机构的组织内部治理为重点，是建立在组织协同、公众参与基础上的具有社会自治意义的组织内部治理创新，因此可以看成上述三类治理中的组织内部治理，即一种在国家治理和社会治理主导下的公民自我管理机制。教育法如果仍然奉行传统管制型模式下的观念和文化，而缺乏能赋予治理真实生命力的现代法律基础，就难以跟上社会发展的步伐。为此，教育法定位面对的挑战就是，如何针对教育治理体系的现实需求，以先进的理念来改造传统的教育法观念，寻求一种适应性更强的教育法定位思路。

（四）教育法的软法取向及其方法论意义

与依赖国家强制力保障实施的硬法规范不同，软法指那些效力结构未必完整、无须依靠国家强制力保障实施但能够产生社会实效的法律规范。比较而言，软法以其独特的方式体现着法律的公共性、规范性与普适性，其开放程度更高、规范形态更加多样、法律文本的体系结构更加灵活，因而具有自己的鲜明特征（罗豪才 等，2006）。

从国家主义的法律传统转向社会主体的平等参与、多元共治，从公民对国家权力的单向度接受和服从转向基于平等参与、多元共治而达成的社会认同和自愿遵从，这是基于软法理念的一种新的教育法定位，对重塑国家与教育关系具有重要意义。因为国家权力虽然涉及社会生活各领域，但公民权利决定着其在不同领域中有所为有所不为，为此，除了法律规定必须依靠国家强制力或经国家授权产生的强制方式才能实现的事项，教育法在一般情况下不应通过国家强制方式来实施对教育的管理，而应适用非强制的调节手段。通过协商共治途径，吸收各方主体参与决策，加强国家与社会、公与私、官与民之间的沟通和理解，尊重、保护各方教育主体的合法权益，推进教育的协商共治。可以说，这些新的理念在重新诠释着教育法的性质，对教育法定位问题将产生重要影响。

三、教育法演进中的若干新动向

中国社会正在进行的社会转型、教师法律身份的变化、学校与学生关系的变化、民办学校的分类管理、事业单位改革中公办学校法律关系的演变等都是教育法演进中的新动向，一种多部门法发展之势呈现出来。

（一）教师法律身份的变化

自1993年《教师法》制定以来，国家政策曾几经摇摆，教师身份问题出现过多次变动，尤其是公办学校教师的任用出现了较大变化，形成了事业编制和非事业编制两类不同的教师任用制度类型（劳凯声，2020）。

事业编制是国家为创造或改善生产条件，增进社会福利，满足人民文化、教育、卫生等需要而设置的人员编制。部分事业单位的工作人员的工资和活动经费从国家事业费中支出，还有部分事业单位的经费采取自收自支、差额补贴等办法。非事业编制破除了教师身份的终身制，教师不再被纳入传统的事业编制范畴进行管理。教师与学校之间的行政隶属关系变成了平等自愿、双向选择、权利义务对等的聘用关系。非事业编制包括由人事部门管理的非事业编制和其他形式的教师聘用制两类，后者又可包括合同制、临聘制、人事代理制、劳务派遣制等。

（二）学校与学生关系的变化

我国于 1995 年建立学校法人制度后，行政机关开始反思和修正以往学校与学生关系中的学校权力性质与界限，司法界也不再排除法律保留和法律救济原则的适用，由此学校与学生关系呈现出公法与私法融合的特点，成为兼有纵向型和横向型两类性质的复合型法律关系。在纵向型关系中，对涉及学生基本权利并由立法规定的重要事项，法院已排除学校的自行作用，不再认可学校命令权、惩戒权的单方面性。横向型关系通常因学生的人身或财产而发生，民事诉讼是这类争议的救济方式。

公办中小学校由于没有独立的经济来源，因此并无独立承担民事责任的能力，但法律并未对此做出必要的区分，从而使公办中小学校产生了权利能力和责任能力之间的扭曲。化解这一问题的途径：一是建立公办中小学校过失侵权的政府连带责任；二是把学校的办学风险纳入保险责任范围，使学生伤害事故的赔偿责任社会化（劳凯声，2019）。

（三）民办学校的分类管理

改革开放以来，在社会结构多元化和横向化发展进程中，政府不再包揽所有教育事务，民办学校开始分担教育的公共服务职能。由此教育公益性问题开始凸显，如何辨别营利性成为民办学校分类管理中的一个重要问题。由于合理回报的法律举措难以付诸实施，修改后的《教育法》和《民办教育促进法》在废除"不以营利为目的"规定的同时，把"营利性"作为区分民办学校、实行分类管理的一个关键问题。民办学校办学虽有营利与非营利之分，但都要借助市场机制，都须营利，如民办学校不能营利，就会失去经济来源，成为无本之木。为此，在强调民办教育事业属于公益事业的同时，不应把经营活动过程中的营利目的作为判断民办学校是否营利性学校的标准，而应将分配经营所得的结果规定为"营利性"的标准。修改后的法律不再拘泥于办学活动的营利目的，而是强调以利益分配的营利结果作为区分标准。

营利性与公益性的区别在于：在适用范围上，公益性并无严格的指向，经常容易造成误读，而营利性则明确规定适用于民办学校；在法律内涵上，公益性关注的是举办学校是否以营利为目的的过程，而营利性则要求明确学校是否产生向团体成员进行利润再分配的结果；在侧重点上，公益性重视教育活动本身的价值导向，而营利性调整的重点则是教育服务与市场的关系；在行为方式上，公益性强调严格意义上的公益行为，而营利性以结果而非目的为依据的学校划分则认可民办学校对市场机制的利用，允许其办学行为具有某种市场的性质，因而是一种市场化的公益行为。

根据"营利性"标准，从事经营活动又分配营利结余的为营利法人；不从事经营活动，或者虽然从事经营活动但是不分配营利结余的为非营利法人。这是一个基于"营利性"而构建的营利－非营利二分法框架，试图解决的正是公益性标准未曾解决的问题，因而是一种可以对民办学校内部法人结构进行有效划分的分类标准。非营利法人是为公益目的或者其他非营利目的成立，不向举办者、设立人或者会员分配所取得利润的法人，包括事业单位、社会团体、基金会、社会服务机构等。此处所谓的非营利目的是指非营利法人不得向其举办者、设立人或者会员分配所取得的利润，而非指法人不得从事营利性活动。营利法人是以取得利润并分配给股东等举办者为目的成立的法人。营利法人以营利为目的不是指法人本身是否营利，而是指法人是否为其成员营利，将营利所得分配给其成员。

（四）事业单位改革中公办学校法律关系的演变

事业单位在分化、改组中逐步分化为三类不同性质的社会机构：一部分事业单位仍保持其原有的公共性质，由公共财政来维持运转，向社会提供纯公共物品；另一部分事业单位则通过市场机制运营，自负盈亏，国家不再给予财政拨款，其提供的服务已具有某种商品的属性；介于二者之间的第三类事业单位则兼具二者的特点，国家出于公益性的需要还会对这部分事业单位进行经费上的资助，事业单位本身也要通过自身的服务功能来获取收益，但其所提供的服务并不以营利为目的。义务教育学校具有上述第一类事业单位的性质。《义务教育法》第二条规定："国家实行九年义务教育制度。……实施义务教育，不收学费、杂费。国家建立义务教育经费保障机制，保证义务教育制度实施。"职业培训机构、社会教育机构等属于自负盈亏的一类事业单位，主要通过市场机制来运行，国家不再负有拨款的责任。高等学校属于介于二者之间的一类事业单位，通过国家财政性资助和学校自身的社会服务等多种渠道获得办学经费。应该说，公办学校的这一分化和改组进程还未最终完成，学校的性质也还带有某种不确定性。但可以肯定的是，这种变革将逐步改变政府与学校的关系，促使公办学校法律地位发生变化，从而改变公办学校的既有面貌（劳凯声，2020）。

（五）教育法的多部门法律性质

部门法学基于对法律规范的结构、渊源、效力范围及具体适用等问题的认知，主张以法律规范所调整的不同社会关系及其调整方法为标准对法律整体进行部门法分类，对不同法律的定位具有显而易见的影响。但是，部门法并非一成不变，社会经济因素、法律文化传统都会影响部门法分类，并进而制约不同法律的部门法定位。由此观之，部门法学的研究方法具有一种非此即彼、静态固定的特征，缺乏对复杂问题的理论解释力。30多年来的教育法定位问题一直未能摆脱教育法"独立说"或者"隶属说"的简单化探讨进路，反映的正是部门法学对外部环境变迁和实践需求缺乏应有观照的弱点。

在这种情况下，与其沿袭非此即彼的部门法观念对教育法进行定位，不如根据教育法本身所具有的跨部门法律特征去甄别哪些法律更具公法性质，哪些法律更具私法性质，哪些法律兼具公法和私法双重性质。这是一种跨部门法的新视角，可称为跨部门法律观。为深刻理解教育法的跨部门法性质，科学确立跨部门法律观，可从价值取向、功能范域、研究方法、研究对象、研究范式等角度分析跨部门法律观。从价值取向看，跨部门法律观要求在深刻理解教育法的跨部门法性质的基础上尊重教育法的异质性特征，强调区分必要的部门法交叉和不能容许的重复与混乱，力倡公法规范和私法规范的相互配合；从功能范域看，跨部门法律观涉及公法、私法的多个部门法律问题，具有领域法的性质，其功能外延要大于部门法概念；从研究方法看，跨部门法律观基于不同部门法交叉、整合的发展趋势，以开放、多元、相互融合的分析框架理解和分析教育法的跨部门定位问题；从研究对象看，跨部门法律观力图打破既往以部门法为单位设定研究对象的做法，根据非单一性、交叉性和综合性特征去确定研究对象；从研究范式看，跨部门法律观借鉴不同学科的理论和方法，以跨部门法的视角去提炼和解决重大问题，促进不同法律部门之间的融合（劳凯声，2022）。

四、教育法法典化的理路

教育法法典化的最佳选择应是在清理现有规范资源的基础上，首先实现教育法的体系化，继而整合成教育法典的总则立法模式。这一立法模式借鉴《民法典》"总－分"两步走的立法策略，即第一步先制定教育法总则，第二步再推进各分编的编纂，最终形成完整的教育法典（童云峰 等，2021）。由于我国的教育法体系已初步形成了包括总则和分则两个层次的体系架构，因此这一立法进路从实践上不仅可行，而且已有一定的法治基础。现行教育法体系中的总则规定了教育法发展中形成的具有共同性、稳定性的内容，如教育法调整的范围、方法、基本法律原则和基本法律制度等，以成文形式指导分则的制定和实施；而教育法分则在总则规定的调整范围、核心原则、行为手段和核心程序的引领下，已从实践中提炼了一批急需解决的问题并制定了必要的法律规范，以回应社会的变化。

总则部分应较多地体现教育法的公法特征，同时为分则的跨部门立法提供立法依据。其文本框架可依据教育行政体制的框架设计，分别设学前教育、义务教育、职业教育、高等教育、考试制度、证书制度、教育投入、国际交流、法律责任等章，形成以宪法相关教育条款为基础，以《教育法》为核心，以现行的和制定中的教育单行法为统领，同时涵盖必要的教育行政法规、部门规章及地方性教育法规和规章的总则体系。

分则部分应更多地关注近年来新出现的教育法律关系，体现教育法的跨部门特征。可设：学校法人、公办学校、民办学校、捐赠学校、学校创收、学校的社会服务、教师聘用、学费与其他收费项目、学校安全、教育服务的政府采购、教育项目的公私合作、教育培训等章。为了适应教育法的变动性、复杂性特征，教育法典分则应允许特别法的存在，为行政法规、地方性法规和部门规章适当预留创设必要的法律规范的空间（湛中乐，2021）。

　　总之，近年来的社会变迁改变了教育领域的社会关系，国家与教育，政府与学校，学校与社会、与教师、与学生等方面的关系都在发生重要变化，使得公域、私域和介于二者之间的第三部门产生，对教育的法律调整已不再局限于传统的公法部门，而具有了多部门的性质。就此而言，教育法定位问题研究并非严格意义上的法教义学研究，而兼有教育学、法学、政策学、管理学、社会学等多学科的方法论特征，不应局限于法学的原理、原则，而应当注重法律规范、公共政策与教育实践的交互性、整体性特征，从不同学科中提炼解决问题的方法。只有通过体系化才能提升教育法的稳定性与社会遵从度，使之真正成为由多元主体参与、以多种形式呈现的法律调整机制。教育法的体系化既可在传统的单行法立法过程中实现，也可以依托教育法法典化进行，无论采取何种理论立场和实践路径，体系化都是不可逾越的。唯一需要考量的是，如何选择才能更快、更有利于实现教育法的体系化。以上探讨的问题均表明教育法不应该形成理论上的路径依赖，而是应该有新的可能性。

参考文献

顾明远，2008. 改革开放 30 年中国教育纪实［M］.北京：人民出版社.

何瑞琨，1987. 中外教育法知识［M］.沈阳：辽宁大学出版社.

劳凯声，1993a. 教育法论［M］.南京：江苏教育出版社.

劳凯声，1993b. 论教育法在我国法律体系中的地位［J］.北京师范大学学报（社会科学版）（4）：90-94，112.

劳凯声，2019. 教育变迁中学校与学生关系的重构［J］.教育研究（7）：4-15.

劳凯声，2020. 教师法律身份的演变与选择［J］.中国教育学刊（4）：5-14.

劳凯声，2022. 教育法的部门法定位与教育法法典化［J］.教育研究（7）：17-30.

李连宁，1988. 我国教育法规体系刍议［J］.中国法学（1）：77-82.

娄延常，彭宇文，1987. 教育法在法律体系中的地位浅探［J］.教育研究（6）：52-55.

罗豪才，宋功德，2006. 认真对待软法：公域软法的一般理论及其中国实践［J］.中国法学（2）：3-24.

罗豪才，宋功德，2011. 行政法的治理逻辑［J］.中国法学（2）：5-26.

洛克林，2002. 公法与政治理论［M］. 北京：商务印书馆.

梅利曼，1984. 大陆法系［M］. 北京：知识出版社.

童云峰，欧阳本祺，2021. 我国教育法法典化之提倡［J］. 国家教育行政学院学报（3）：26-34，75.

俞可平，1993. 马克思的市民社会理论及其历史地位［J］. 中国社会科学（4）：59-74.

湛中乐，2021. 论教育法典的地位与形态［J］. 东方法学（6）：111-122.

Understanding the Orientation of Education Law as Departmental Law and Its Codification from a Multidisciplinary and Interdisciplinary Perspective

Lao Kaisheng

Abstract: The debate on the orientation of education law has lasted for more than 30 years and has not yet been resolved. This shows that the debate should not be confined to the previous thinking, but should open up a new paradigm for discussion, and should discuss the orientation of education law as departmental law and the codification of education law from a new academic perspective. The legal system is not static, the historical evolution of the relationship between the state and society, the binary distinction between public and private law, the construction and operation of the education governance system, the soft law orientation of education law and other factors are affecting the structure of the legal system and determining the orientation of education law. Changes in the legal status of teachers, changes in the relationship between schools and students, the classification and management of private schools, and the evolution of the legal relationship of public schools in the reform of public institutions are all new trends in the evolution of education law. The ongoing social transformation of Chinese society has led to the emergence of the public domain, the private domain and a third sector in between, and the legal adjustment of education is no longer confined to the traditional public law sector, but has taken on a multi-sectoral nature. The best option for codification of education law should be to consolidate the general legislative model of the education code on the basis of clearing up existing normative resources, adopting a two-step legislative strategy of "general and one-part", in order to achieve the systematism of education law.

Key words: education law orientation of education law as departmental law codification of education law legal system

作者简介

劳凯声，首都师范大学教育学院教授、博士生导师，研究方向为教育法学。

□李　昕　张昊天

教育法法典化功能的现实定位

【摘　要】教育法典应当直面社会诉求，以客观法律秩序为编纂的基本线索，从政府职能定位角度回应新时代社会基本矛盾，厘清当下多元化、多层次的教育法律关系。全面性、稳定性、明确性是法典的优势，但是要保障法典的科学性、有效性、可持续性，必须客观理解法典化功能的局限性，处理好法典与其他调整工具的衔接问题。当前，通过法典化整合不同时期、不同部门、不同位阶的教育规范性文件，对改革中已经形成或正在形成的基本制度予以明确，是教育法典的重要功能。

【关键词】教育法典　教育公共服务　功能定位

法典化是特定领域中社会关系、基本制度与立法技术逐步走向成熟的标志。《民法典》的成功编纂意味着经历了40多年的改革，我国正式进入法典化时代。对于任何领域而言，法典化都面临着如何承前启后的问题，因而，从教育法律制度承继与发展的角度而言，教育法法典化的目的在于检视我国40多年教育制度的变迁，整合渐进式改革过程中我国教育领域的法治经验，通过立法技术回应现实需求，厘清多元主体、多层次办学中的教育法律关系，确立基本教育制度，明确不同学段教育中政府的职能定位，并为教育发展奠定框架性制度。

一、教育法法典化的核心命题

任何法律制度都必须直面社会的基本诉求，以什么方式解决教育领域的社会基本矛盾，不是一个单纯的法律技术问题，而是不同国家的政治、经济与文化在教育制度领域的折射。在民主立法的背景下，教育法法典化的价值定位取决于应对教育领域社会基本矛盾的共识，这种共识是教育法律制度的基础，而实现价值定位的路径选择同样是具有中国特色的教育法治现代化的核心命题。

（一）教育法法典化的价值定位

教育是多重需求与矛盾交织的领域，当前我们正处在社会发展的新阶段，教育法法典化所涉及的利益、责任、动力等问题，都不是单纯依靠法典编纂技术所能解决的，体现了教育者与受教育者，以及政府、市场与社会等多重关系的相互交织，因而在法典化的过程中，协调好相关主体的利益冲突，厘清法律关系，方能实现基本制度的归整。

在现代社会中，教育不仅肩负着人才培养的使命，而且承担着促进阶层流动，助推社会公正、公平等诸多功能，因而确立教育法典的价值定位必须立足于教育所承担的社会功能。具体而言，这种价值定位主要体现为以下几个方面：其一，教育应当培养什么样的人；其二，如何平衡教育公平与效率的关系；其三，如何厘清教育领域中政府、市场与社会的关系。

教育应当培养什么样的人、应当达到何种社会效果是教育法法典化必须考量的核心命题，也是国家教育主权的体现。立德树人是发展中国特色社会主义教育事业的根本任务，也是培养德智体美劳全面发展的社会主义建设者和接班人的本质要求。从法律制度而言，这一目标的实现依赖于国家教育主权的行使，在具体制度层面则体现为国家举办公立学校及确立学校设置标准、认定教师任职资格、设置和审定课程与教材三个方面。

如何平衡教育公平与效率的关系一直是我国教育体制改革的关键点。教育法法典化应当回应社会诉求，体现社会共识。享有公平且高质量的教育是当前的社会诉求，党的二十大报告指出要"坚持以人民为中心发展教育，加快建设高质量教育体系，发展素质教育，促进教育公平"，这是当前的社会共识。在此背景下，法典化的价值应该体现在以人民为中心的回应性功能上。

政府、市场与社会的关系是教育体制的核心内容，三者的互动具体表现为如何保障教育的公益性，教育是否可以市场化、产业化，哪些教育领域可以举办营利性民办学校，如何规范民办教育，如何促进教育捐赠，如何协调公办学校与民办学校的关系。对这些问题的认知、解答与处理都指向教育领域的政府职能定位。教育及教育所承载的社会功能与一国的政治、经济和文化密不可分，因而，不可能存在脱离国情的教育制度。由于国情的差异，不同国家的政府在教育领域的职能定位是不同的，坚持以人民为中心发展教育意味着政府主导下的多元办学体制是我国教育法典应坚持的一项基本原则。

（二）教育法典的基本制度

法典由法律制度构成，法律制度是特定领域法律原则和规则的总称，一项法律制度的实质要件应当包括价值、基本原则和法律规范。整合性、协调性、稳定性、规范性是法律制度的基本特点。整合性意味着法律制度是各个分散的法律规范的有机结合。协调性是由社会关系的关联性决定的，这种关联性要求法律制度必须相互呼应，从而形成特定的联动关系。稳定性体现着历史与现实的冲突与协调。以权利、义务作为载体是法律制度规范性的标志。只有实现从价值定位到基本原则再到法律规范的融通，方能满足法典化的基本要求。

政府职能定位不仅体现着教育法典的价值定位，而且决定着教育法典中的具体制度，因而是教育法典的基础。政府职能定位一方面决定着公民受教育权的内涵与外延；另一方面影响着政府教育财政，以及政府与公办学校、民办学校等教育组织体的关系。围绕着教育领域政府的职能定位，教育法典应当确立的法律制度包括教育财政制度、教育组织制度（多元办学体制）、教育监管制度、教育评鉴制度。这些制度是政府职能的具体体现。

公民受教育权的内涵与外延是政府职能定位的具体体现。受教育权是宪法基本权利，既属于第一代人权（公民与政治权利），也属于第二代人权（经济、社会及文化权利）。为保障公民的受教育权，政府负有三个层次的义务：首先是尊重义务，这项义务要求政府不得非法干涉公民的受教育自由；其次是保护义务，即政府应当制止任何组织与个人对公民受教育权的侵犯；最后是实现义务，这项义务的履行意味着国家需要根据经济发展水平和财政能力，不断提升教育质量。这三层义务是教育法律制度建构的基础，其中，尊重义务关系到公民的教育选择权，而发展义务的重点在于加大教育财政投入，提升教育公共服务水平，保障公民享有公平且高质量的教育。

以政府为主导的多元办学体制是我国教育组织制度的特色，从法典化的角度而言，多元办学体制需要厘清几层关系：其一，公办学校与民办学校的功能定位；其二，公办学校与民办学校法律属性和管理模式的区别；其三，营利性与非营利性民办学校分类管理的具体制度。

监管与评鉴制度是教育法典立法目的得以实现的保障。在多元办学体制下，厘清政府作为学校的举办者与监管者的不同身份，建立科学合理的教育监管与评鉴法律制度，是保障教育公平与质量的支撑。2010年通过的《国家中长期教育改革和发展规划纲要（2010—2020年）》中明确提出，要形成政事分开、权责明确、统筹协调、规范有序的教育管理体制，促进管办评分离，培育专业教育服务机构。通过准入监管、质量监管、价格监管与收入分配监管、安全监管等监管的制度化、规范化，完善教育评鉴制度，形成良性的教育治理生态是教育法法典化的重要任务。

（三）教育法法典化的路径选择

针对教育领域的特殊性，是以主观权利还是客观法律秩序作为基础线索来建构教育法体系，不仅关系到教育争端和救济等后续程序的衔接，更关系到教育法典基本制度的安排，是教育法法典化不得不面临的选择。

与传统宪法基本权利不同，社会权利的实现依赖于国家的积极作为。当教育成为政府必须承担的一项积极义务时，政府必须且能够提供的教育公共服务有哪些，如何确定政府在不同学段应当提供的公共服务范围，以什么方式提供教育公共服务，举办公办学校还是审批、扶持民办学校，如何保障学校等教育机构的运行符合教育的目的且不违背教育的公益性，等等，就成为法律制度必须解决的问题。这也意味着以客观法律秩序为基本线索实现法典化是教育法的一大特点。

目前，以受教育权为逻辑起点，以不同学段教育的功能为基础，以政府职能为载体的教育法律体系正在逐步形成中，这个法律体系的基本特点在于立足于公共服务，以政府责任法定作为公民受教育权实现的路径。具体而言，2012 年 7 月，国务院发布了我国第一部基本公共服务方面的"总体性"规划——《国家基本公共服务体系"十二五"规划》，该规划明确了基本公共服务的范围、标准、体系和目标，指出基本公共服务是指建立在一定社会共识基础上，由政府主导提供的，与经济社会发展水平和阶段相适应，旨在保障全体公民生存和发展基本需求的公共服务，享有基本公共服务属于公民的权利，提供基本公共服务是政府的职责。2017 年 1 月 23 日《国务院关于印发"十三五"推进基本公共服务均等化规划的通知》明确应当从解决人民群众最关心最直接最现实的利益问题入手，以普惠性、保基本、均等化、可持续为方向，健全国家基本公共服务制度。2021 年公布的《"十四五"公共服务规划》进一步将公共服务分为基本公共服务、普惠性非基本公共服务两大类，明确了不同类型公共服务的供给制度。2021 年版的《国家基本公共服务标准》进一步细化了各级政府必须予以保障的包括教育在内的 9 大类22 种基本公共服务项目的范围和底线标准。

如前所述，根据不同学段教育所承载的社会功能，将教育公共服务区分为基本公共服务、非基本公共服务，并在此基础上逐步实现各级政府责任的法定化，是保障教育公共服务的基本路径。因此，当前法典化的切实任务是将已经存在和正在完善的教育公共服务政策规范化、系统化，进一步促进教育公共服务法律体系的形成，这也决定了教育财政制度、教育组织制度、教育监管与评鉴制度等以履行教育公共服务职责为目的的客观法律制度，将构成教育法典的核心内容。

二、当前的形势

法律与社会之间是一种互动关系，一方面，社会诉求推动法律不断地走向自我改革与完善；另一方面，法律在形塑、变革社会的过程中发挥着不可忽视的作用，这种互动关系决定了法典化必须回应当前教育领域的法治诉求，处理好改革与法治的关系。纵观改革开放以来的教育立法活动，法律的出台、修订无不以回应社会需要为目的，这种问题导向的立法模式决定了教育法典应当充分体现时代特征与需求。

（一）立足于现实的问题意识

社会是发展变化的，法律只是社会演进的保障体系，同每一种社会现象一样，法律也处于持续的变迁中，因此，任何法律体系都不可能是终极性的（狄骥，1999）[212]，基于这种社会的发展和演变的无限性，教育领域的法律制度也必然具有一定的历史性、阶段性和与国情相适应的特殊性。法典编纂是国情与时代的产物，我国教育领域的问题是什么？中国式现代化背景下必须回应的问题有哪些？立足于当前教育领域的现实需求，需要通过法典化解决什么问题？能够解决哪些问题？现有的立法基础、制度探索、理论准备是否足够，以及可以支撑一个怎样的法典？这些是我们在探讨教育法法典化过程中无法回避的问题。

教育从不是一个孤立的存在，政治、经济、文化无一不在影响着一个国家的教育制度，其中直接影响教育公共服务公平与质量的一大因素就是教育财政。1981年，党的十一届六中全会明确我国处于社会主义初级阶段，我国社会的主要矛盾是人民日益增长的物质文化需要同落后的社会生产之间的矛盾，受当时经济发展水平的制约，财政紧张、教育供给严重不足成为我国教育发展的一大难题。在这种情况下，引入社会力量参与办学、回应教育领域的社会基本需求、扩大教育供给、解决教育财政危机、提供多元化的教育选择机会，成为改革的重要举措。1980年的《关于普及小学教育若干问的决定》首次确立了开放社会力量办学，变革单一化的公立教育供给模式。1982年宪法第十九条首次从国家根本大法层面对社会力量办学给予了确认。与此同时，教育产业化的论调在20世纪90年代末盛行，所谓教育产业化是指为弥补经费短缺问题，以增长和效率为主要目的，围绕着学校创收、经营、转制、收费、产权等所采取的"单纯财政视角的教育改革"，资本运作以利润最大化为目标，而公共利益的保障则要求在管理公共事务、分配公共资源时，以公共利益最优化为目的，因而，这些市场化措施是否会减损教育的公益性，是否会影响基础教育的可持续发展，教育产业化的底层逻辑与教育所承载的社会功能是否契合，以及是否会影响教育公平，一直受到公众的质疑（李昕 等，2021）。

回顾由计划经济向市场经济转型的改革之路，这场始于经济体制的变革不仅改变了单一的社会结构，也为教育体制改革提供了巨大的推动力，但是教育属于公共物品，教育法律制度承载着多重社会功能，如何界定教育与市场的关系，如何保障教育的公益性，如何处理教育中的自由、公平与效率之间的关系，如何确定公办教育与民办教育的关系，对这些问题的回答直接关系到如何认定与回应教育领域中的社会矛盾。

如前所述，无论是积极还是消极面向的受教育权保护都离不开政府职能的定位，因此，政府职能是我国教育法律体系中的核心问题，如果从当前完善公共服务体系的角度来细分，教育领域政府职能的厘定涉及以下几个层面的问题：其一，如何界定教育领域中"基本公共服务"与"非基本公共服务"的范围，影响界定的因素有哪些；其二，如何划分各级政府应当承担的教育公共服务保障与监管责任；其三，以什么方式来提供教育公共服务，政府只举办公办学校，还是建设多元主体参与的教育公共服务供给体系，如何平衡不同办学主体、同一学段但属性不同（公办与民办、营利与非营利）的学校之间的关系。上述问题的核心在于如何保障公平且有质量的教育供给，在具体制度上涉及多元办学体制、教育财政、央地支出责任，以及教育监管的目的、主体、对象与具体措施等。

教育法典必须回应当前教育领域的社会矛盾，但是当我们需要通过法典化总结既有经验，同时引领未来的时候，我们需要直面的一个问题是改革是否已经进入了稳定期，社会共识是否已然形成？

（二）已然形成的社会共识

社会共识的形成是进行法典化的前提条件，这些共识确立了法典化的目的，因而是否能够体现社会共识，也是检验目前林林总总的立法思路、立法技术是否科学、可行的一项标准。

在改革中形成共识，在共识中推动改革是我国教育体制改革的经验。随着社会基本矛盾的转变，发展的民生取向不断强化，我国政府逐步推动了以"基本公共服务均等化"为目标的公共服务体系建设，旨在通过社会政策体系构建、公共财政体制改革和公共服务供给机制创新，提升公共服务的质量；通过公共服务投入向农村、欠发达地区和弱势群体倾斜，缩小城乡间、区域间和群体间的公共服务差距，提高基本公共服务的普遍性、可及性、公平性和均等化水平，努力平衡公共服务供给中公平与效率的冲突。具体到教育领域，实现教育事权与财政支出责任的制度化是保障公平且高质量的教育公共服务的前提，鉴于地方经济实力的差异，如何确立地方政府的支出责任，如何完善中央财政转移支付制度，是解决区域间教育发展不均衡问题的关键，为此，2018 年，国务院办公厅印发了《基本公共服务领域中央与地方共同财政事权和支出责任划分改革方案》；2019 年国务院办公厅印发《教育领域中央与地方财政事权和支出责任划分改革方案》，全面规定了学前教育、义务教育、普通高中教育、职业教育、高等教育、学生资助等财政事权和支出责任划分，通过明确中央与地方财政分档负担比例，加大对困难地区的中央财政转移支付力度。上述制度安排的目的在于从根本上解决长期存在的城乡、区域、校际教育资源分配不均衡的问题，回应社会对教育公平的诉求。

改革开放以来我国教育公共政策变迁的历史，既是一部问题导向的回应史，又是一部凝聚社会共识的发展史。立足于当前所处的新发展阶段，总结上述教育公共政策中所呈现的社会共识，大体可分为四个层次：第一，公平且有质量的教育是当今的社会诉求，如何保障不同学段教育的公平与质量，是教育法律制度必须回应的现实需求；第二，政府主导下的多元办学体制已然形成，如何确立相关主体之间的法律关系是一项重要的立法任务；第三，各级政府教育事权与财权的制度化、规范化是落实政府责任的保障,通过法律这一刚性约束机制使其制度化是一种必然趋势;第四,教育基本公共服务与非基本公共服务的制度框架已经建立,急需通过法律加以规范化。

(三)急需厘清的法律关系

伴随着我国教育法律制度的建立与完善,政府、学校、教师、学生等主体之间的法律关系呈现出多元化、复杂化的特征。以权利、义务为载体的法律关系不仅是制度规范化的标志,更体现着历史与现实的冲突和协调,是社会矛盾的集中体现。面对教育法典整合性、协调性与规范性的要求,当下急需梳理交错的利益关系,厘清各类法律关系,为法典化提供理论支撑。

目前教育法律关系可分成六个层次。第一层是国家与公民的法律关系。国家不仅应尊重公民的受教育权,不得非法干涉公民的受教育自由,并且负有根据经济发展、城乡发展状况制定教育政策、投入财政经费、供给教育设施,向社会提供公平、有效、丰富的教育资源的义务。

第二层是政府与学校之间的法律关系。学校是提供教育公共服务的组织体,其中,公办学校属于事业单位,是政府举办的专门从事教育公共服务的公共机构,受到主管教育部门预算、人事、处分等方面的约束(管华,2021),许可设置民办学校是政府履行教育公共服务职责的间接手段,政府与民办学校之间属于监管而非举办的关系,民办学校的设立、变更须经教育部门的许可,招生、收费、教学等应当受教育行政机关的监管。

第三层是不同属性的学校之间的法律关系。根据法律属性的不同,教育组织体可以分为公办学校、民办学校,民办学校又可分为营利性民办学校与非营利性民办学校,在政府主导的多元办学体制下,教育公共服务供给中的政府、市场与社会的关系,直接表现为各类学校间的相互关系。回顾改革开放后民办教育的发展历程,如何规范公办学校与民办学校的关系,如何理清民办学校的营利与非营利的边界等问题一直是社会关注的焦点,这涉及法律如何保障教育公平、如何平衡教育公平与教育选择权的冲突及非营利法人发展的保障与监管制度完善等问题。

第四层是学校与教师之间的法律关系。在事业单位改革与教育体制改革的双重影响下，教师与学校之间的关系呈现出复杂化的趋势，同时改革也带来了很多前所未有的新问题，如聘用合同制下教师与学校之间的关系与一般劳动关系有何不同，民办学校尤其是营利性民办学校教师的法律地位如何认定，等等，改革打破了传统公办教育体制下教师作为国家公职人员的身份管理模式，新的法律关系亟须建构。

第五层是学校与学生之间的法律关系。不同学段的学校与学生之间的权利义务关系是不同的，决定这种不同的因素是多重的，具体可以包括学生的年龄、不同学段教育的特点和目的等等。不同学段学校与学生的关系所涉及的事项也十分复杂，既包括入学资格、学业评价、违纪处分，又包括校园安全、学籍管理等等。

第六层是学校与举办人、投资人、捐赠人之间的法律关系。对于公办学校而言，政府既是举办人也是监管者，集举办、管理和评价的职能于一身，上述身份是否会存在冲突，如何合理分配职能？在捐资办学的情形下，如何确保办学经费的可持续性，如何理顺办学基金运行与学校教育之间的关系，投资办学中的营利性民办学校与商主体有何不同，如何保障学校的自主性，学校内部架构又应如何设置，这些是教育法典需要解决的问题。

三、法典化功能的局限性

法典化的作用是不言而喻的，但是要保障法典的科学性、有效性、可持续性，就必须客观理解法典化功能的局限性。只有正确认识法典化的功能边界，明晰法律与其他调整工具的互补性，才能处理好法典与其他调整工具之间的衔接问题，最大限度发挥教育法典的功效。那么我们应该如何认知法典化的功能？为什么法典化的功能是有限的？是什么因素导致了法典化功能的局限性？这些问题是我们在教育法法典化过程中必须思考的问题。

（一）正视法典的功能

全面性、稳定性、明确性是法典的优势，与优势相对应，法典的局限性

表现在开放性、回应性以及细节化不足方面,具体体现为以下几点。其一,
稳定体系化的法典必须为未来改革预留空间。编纂法典需要运用"提取公因
式技术",其理论预设是法律是一个逻辑严密且封闭的体系,可以涵摄社会
生活的一切变化,用安定性突出法律体系的无矛盾性,用确定性强调任何
法律问题都有唯一的法律答案(赵英男,2022)。当前改革进入稳定期,也
进入深水区,越来越多地触及各主体的深层利益,更加需要对既有利益格
局进行重大而深刻的调整,这使得我国教育改革必须稳步推进,我们依然
需要坚持渐进式改革的路径,利用政策的灵活性调节社会矛盾,因此,如
何处理改革的阶段性、政策的灵活性与法律的安定性之间的关系,在未来改
革时做到于法有据,又能留有制度空间,成为此次法典编纂不可回避的问
题。其二,统一法典必然面临处于动态调整中的央地关系。法典化是现代民
族国家建构的必要条件,承载着民族精神与国家认同统一的重要功能(郑智
航 等,2022),但是这种建立在均质化的领土空间上的想象,与教育领域政
府的财政分权制度必然存在一定冲突,法典所确定的统一的各级政府责任,
必须与整个教育公共服务体系中央地事权与财权的配置相协调,而这不是
单纯的教育法典所能承载的内容。其三,法典无法取代政策与标准等其他
调整工具。法律的作用是有限的,任何一部法典都无法完备无缺,法典的综
合性、体系化、集成化不等于法典能够穷尽教育领域所有事项,对不适宜或
不能单纯通过法律来调整的事项,政策、标准等工具发挥着重要的拾遗补阙
作用。

(二)教育法典功能局限之所在

如前所述,教育问题的解决通常需要结合当时的政治、经济、文化进
行融贯思考,回顾我国的教育体制改革,可以清晰地看到不同阶段改革措施
背后的影响因素。从制度体系的角度而言,教育问题往往涉及国家治理体系
内其他制度的有效运行、中央与地方在教育领域的权责分工,以及国家、市
场与社会关系的变迁,由此可见,基本国情与制度逻辑决定着我国教育制度
的发展轨迹、现实抉择及未来走向。具体而言,教育的发展与保障在纵向关
系上依赖于教育事权与财政责任在央地之间的分配,需要厘定中央与地方的

主体责任，确保权责利相一致；在横向关系上需要处理好政府主导、多元参与、合作共治的问题。因此，教育发展与改革依赖于社会政策体系构建、公共财政体制改革和公共服务供给机制完善。教育与其他社会子系统的关联性决定了我们必须在整个社会系统中定位法典化的功能，忽略整体社会系统互动的孤立的法典化是不现实的，也缺乏可实施性。

与此同时，任何制度及制度间的关联都必须以规范的形式表现出来，而规范的载体多种多样，因此，哪些是法典需要规定的，哪些是政策、标准能够调整的，法律与政策、标准的关系是什么，这些问题需要进一步明晰。法律与政策的关系已是老生常谈，相对于法律而言，政策具有更大的回旋空间与余地，我国渐进式的教育改革通常采取政策推动的模式先行先试，这种模式在一定程度上增加了制度的非规范性、过渡性和不确定性，同时，教育立法中的宣示性、抽象性、政策性表述也降低了法规范的权威性和规范性（湛中乐 等，2019），使得相互嵌套的制度内部存在着不同程度的龃龉。无疑，法典化是改革进入成熟期后教育领域走向制度化、规范化的标志，但这并不意味着法律可以完全取代政策工具的调整功能，权衡法律的稳定性与政策的即时性，协调政策的变动性与法律的安定性，是法典化中需要处理好的问题。

与刚性的法律相比，标准更加具体细致，因而是法律的细化和延伸。2021年中共中央、国务院印发《国家标准化发展纲要》，明确标准是经济活动和社会发展的技术支撑，是国家基础性制度的重要方面，标准化在推进国家治理体系和治理能力现代化中发挥着基础性、引领性作用。在教育领域，标准的优势在于量化各种指标，形成评价教育供给水平、均等化程度的基本参照系。2018年教育部印发的《关于完善教育标准化工作的指导意见》指出要加快制定、修订各级各类学校设立标准、学校建设标准、教育装备标准、教育信息化标准、教师队伍建设标准、学校运行和管理标准、学科专业和课程标准、教育督导标准、语言文字标准等重点领域标准，加快建成适合中国国情、具有国际视野、内容科学、结构合理、衔接有序的教育标准体系，实现教育标准有效供给。在法典化过程中如何将上述标准的效力嵌入法律体系之中，在保持法律的完整性、权威性的同时，利用标准在治理中的特殊优势，增强法典的可适用性，也是教育法典需要协调的内容。

（三）渐进性改革与法的互动

正确处理法律与教育体制改革的关系是此次法典化不可回避的问题。回顾40多年的教育体制改革可以发现，每一次制度变革都涉及多方利益的博弈与协调，这种利益的相互交错使得平衡改革的力度与社会的稳定性显得尤为重要。

渐进模式是我国制度建构的经验，这种模式的特点在于通过先于立法的"行政试验"探索经验，并根据实施效果逐步进行调适、完善，直至成熟后上升为具有普遍适用效力的法律，最终实现由点到面的铺展（张勇杰，2017）。这种渐进模式使得地方自下而上的先行先试与中央自上而下的统一立法相结合，赋予了新制度发展试错的空间，既激发了改革动力，又避免了强烈的社会振动，为制度的成熟积累了现实经验。我国民办教育公共政策的发展、演进正是这种渐进性制度完善模式的典型例证。

教育是一个需要不断改革的领域，这意味着教育法律制度需要体现出更强的社会回应性，这种回应性必然为法典化带来困扰，怎样才能合理定位改革中法律的功能，教育法典应当如何处理改革的变动性与法的安定性之间的张力，这是任何一部处于新时代，既要承继经验，又须开拓未来的法典都必须回答的问题。因此，法典化应当兼顾改革的力度、速度，在处理好变革与既成秩序、信赖保护的冲突的前提下，明确当前教育立法中存在哪些问题，这些问题是否可以通过法典化的方式得以解决，进而通过法律制度的建构实现变革的有序化。同时，应合理界定法律的边界，避免因法典化而导致法律适用的僵化，明确法典可以规定什么、应该规定什么、必须搁置什么。只有立足于法律与改革的互动，科学合理地界定法典的功能方能实现法典的有效性。

四、基于现实的理性期待

教育事关民生保障，是社会矛盾的稳压器；教育为科技创新提供人才保障，是社会发展的原动力；教育关乎政治、经济与外交，是大国博弈的场域；教育发展与财政、文化、人口密切相关，是社会系统的组成部分。教育法法典化既关系到民生，又承载着国计，承载如此重要且复杂功能的法典，其所意图实现的目标、规定的内容必须是现实可行的。

（一）法典化的政治意义

利用市场机制在资源配置上的有效性来促进社会力量办学，扩大教育供给，解决教育财政危机，缓解教育资源供给不足的问题，是教育体制改革的最初原因，但发端于 20 世纪 90 年代末的以增长和效率为主要目的的"教育产业化"在缓解政府财政与教育供给压力的同时，也导致"名校办民校""公私嵌合"等异化现象出现，侵蚀了基础教育的普惠性、均衡化（李昕 等，2021），引发了愈演愈烈的择校潮，导致公费教育与基于消费的教育双轨制的出现（劳凯声，2021）。这种以放松规制来提高市场效率的举措，一定程度上模糊了作为公共事业的教育的定位，带来了一系列负面影响。教育是公共品，这已然成为共识，但作为公共品的教育是否完全与消费和市场绝缘，这个问题不仅是处理教育领域政府、市场与社会关系的关键，更是一个充满分歧、拷问立场与价值定位的辩场，自然也是教育法法典化过程中绕不开的问题。

如前所述，随着新时代社会主要矛盾的变化，人民日益增长的美好生活需要和不平衡不充分的发展之间的矛盾，映射在教育领域突出表现为人民对教育公平的强烈需求。以人民为中心，发展公平且有质量的教育，通过教育发展促进共同富裕，实现人的全面发展已经成为当下的共识，建立在经验基础之上，立足于我国实践需求的法典化正是对这种共识的回应。

法典化是一种基于国情和时代的安排，对于关系到国计与民生的教育而言，法典化所涉及的问题更加复杂。在当前国家实施创新驱动发展战略的背景下，如何通过法典化实施科教兴国战略、强化现代化建设人才支撑、促进创新型国家建设，是教育法法典化必须考虑的问题。总之，就时代任务而言，教育法典必须回应社会基本矛盾的转变以及国家创新驱动发展战略，这是新时代教育法典的使命。

（二）统一协调各层级规范性文件

在国家确立的九类公共服务领域，教育领域的法律规范体系是最为完备的，包括：与教育相关的法律《教育法》《教师法》《民办教育促进法》《义务教育法》《职业教育法》《高等教育法》《家庭教育促进法》《未成年人保护法》《预防未成年人犯罪法》《学位条例》《国家通用语言文字法》；国务院发布或批准的 13 部教育行政法规；地方各省市区人大制定的 138 项地方性教育法规；以中华人民共和国国家教育委员会令发布的 27 部规章，以中华人民共和国教育部令发布的 54 部规章；各省市区人大、人民政府制定的适合本区域教育发展的地方性法规、规章①。这些法律、法规与规章涉及中央与地方各个位阶的立法，关系七大教育领域，共同构成了一个纵横交错的立体式的教育制度网络。

社会需求和政府政策是引领教育行业的两驾马车，由于教育对整个社会具有牵一发而动全身的特殊影响，因此，教育领域的监管政策出台的数量与频率都远远高于其他行业。据不完全统计，1985—2023 年，中共中央、国务院、教育部（含国家教委）共颁布各类教育政策 6932 件，其中，中共中央、国务院颁布教育政策 348 件，教育部（含国家教委）颁布教育政策 6584 件②。地方层面以北京市为例，根据北京市教委下发的《关于公布现行有效行政规范性文件目录的通知》，截至 2021 年 12 月 31 日，北京市教委制定发布的现行有效的行政规范性文件共 260 件。与位阶高、稳定性强的法律、法规、规章相比，行政规范性文件具有灵活性大、回应性强、更加具体的特点，因而在教育领域发挥着实质的调整功能。在实践中，这种更加具体的调整工具一方面发挥着细化上位法的作用，充当法律适用的中介；另一方面在上位法存在空白的情况下，起着创制权利、义务的作用，发挥着引导教育改革和控制发展力度的实际作用。

---

① 教育部网站"政府信息公开"栏目，http://www.moe.gov.cn/jyb_xxgk/xxgk/neirong/fenlei/sxml_zcfg/zcfg_flfggz/flfggz_flfggz/，最后访问时间 2023 年 3 月 7 日。

② 参见亿欧智库发布的《政策对教育行业各领域影响分析报告》，该报告仅统计了 1985—2018 年的教育政策数量，2019—2023 年的教育政策数量通过"国务院政策文件库"搜索整理。

如同其他领域中大量存在的行政规范性文件一样，教育行政规范性文件同样存在着程序与内容缺乏规范、统一协调性不足、监督审核机制不健全等问题，为此，2015 年国家颁布《法治政府建设实施纲要（2015—2020 年）》，规范行政规范性文件的治理，并在国务院办公厅《关于加强行政规范性文件制定和监督管理工作的通知》《关于全面推行行政规范性文件合法性审核机制的指导意见》两个文件中对行政规范性文件合法性审核机制的主体、范围、程序、职责、责任等进一步做出明确规定，但是这种审核机制并不能从根本上解决教育领域规则碎片化、协调性不足等问题。

数量庞大、层级复杂、事项繁多，是教育法律规范体系的一大特点，通过法典化的过程实现立法的协调统一，整合不同时期、不同部门、不同位阶的教育规范性文件，是十分必要的。

（三）确立基本制度

学界对应当以及可以制定出一个怎样的法典存在诸多分歧。在法典编纂结构上，尽管学界多认可总分模式，但对总则与分则的具体内容存在着分歧。其中对总则的设想大致可分为三类：一是以《教育法》等现行单行法为基础制定总则，更多体现公法特征（劳凯声，2022；湛中乐，2021；童云峰 等，2021）；二是以受教育权为核心，按照权利（权力）结构分层展开（马雷军，2020；李红勃，2022）；三是以法律关系为编纂主线，具体包含主体、客体和内容，确保体系性（刘旭东，2022）。有关分则的建议大体包括以下几种：一是主张按照教育类型和教育阶段进行编排（湛中乐，2021；马雷军，2020；李红勃，2022；童云峰 等，2021）；二是认为应以教育法律关系为主，体现教育法的跨部门特征（劳凯声，2022）；三是以教育客体展开规定，呈现出"先主体后客体"的权利本位价值观（任海涛，2022）。在篇章结构方面，关于如何安排教育法典的体例结构与逻辑线索也存在分歧：一是主张基于教育法律关系构建教育法典的体例结构（罗冠男，2022；彭宇文，2022）；二是认为应将教育法律行为作为教育法典的核心概念（周航 等，2022）；三是主张受教育权是教育法典的核心概念，应当围绕受教育权进行全方位的体系构建（孙霄兵 等，2022）。

虽然立法技术的选择并非唯一的，但判断技术路径的科学性、可行性标准应当是明确的。如前所述，如何确立教育法典的价值定位，教育法典需要确立的基本制度有哪些，以及法典编纂的基本路径应当如何选择，这三个问题是教育法法典化的核心命题，能否回答以及如何回答上述问题，也是检验立法模式科学性、可行性的一项标准，而要回答上述问题，前提条件是清晰地认识当前我们面临的形势是什么，影响教育法典功能定位的因素有哪些，进而厘清教育法典具体要承载什么内容，现阶段是否能够承载，立法技术是否可以实现。这意味着教育法法典化不仅需要问题导向意识，更需要目的导向的立法思路，因此，立法技术的运用与立法模式的选择需要以提升教育公平和质量为导向，通过法典化，以受教育权为基础，围绕教育公共服务中的政府职能定位，对目前改革中已经形成或正在形成的基本制度予以明确，是当前教育法法典化的一项重要任务。

总之，40多年来，每一次法与政策的调整都与改革开放的节奏相契合，都是改革开放的策略在教育领域的具体体现，今天，这种务实的、问题导向的回应性立法思路同样适用于法典化过程。

参考文献

狄骥，1999.公法的变迁：法律与国家［M］.沈阳：春风文艺出版社.

管华，2021.论教育行政机关的法律地位［J］.华东师范大学学报（教育科学版）（1）：26-39.

劳凯声，2021.一段不应被遗忘的历史：公办学校改制反思［J］.华东师范大学学报（教育科学版）（10）：1-11.

劳凯声，2022.教育法的部门法定位与教育法法典化［J］.教育研究（7）：17-30.

李红勃，2022.教育法典的制度定位与逻辑框架［J］.华东师范大学学报（教育科学版）（5）：53-62.

李昕，罗凯杰，2021.论超级中学演进的底层逻辑与制度之治：基于衡水模式的反思与检视［J］.复旦教育论坛（5）：13-20.

刘旭东，2022.我国教育法典编纂的"不完全法典化进路"分析［J］.复旦教育论坛（5）：36-43.

罗冠男，2022.论教育法典的功能定位、体例结构和编纂步骤［J］.行政法学研究（5）：57-68.

马雷军，2020.论我国教育法的法典化［J］.教育研究（6）：145-152.

彭宇文，2022.理性主义的教育法法典化：理想与现实之间［J］.华东师范大学学报（教育科学版）（5）：40-52.

任海涛，2022.教育法典分则：理念、体系、内容［J］.华东师范大学学报（教育科学版）（5）：63-76.

孙霄兵，刘兰兰，2022.论以受教育权为核心制定教育法典［J］.华东师范大学学报（教育科学版）（5）：8-16.

童云峰，欧阳本祺，2021.我国教育法法典化之提倡［J］.国家教育行政学院学报（3）：26-34，75.

湛中乐，2021.论教育法典的地位与形态［J］.东方法学（6）：111-122.

湛中乐，靳澜涛，2019.新中国教育立法70年的回顾与展望［J］.首都师范大学学报（社会科学版）（5）：1-9.

张勇杰，2017.渐进式改革中的政策试点机理［J］.改革（9）：38-46.

赵英男，2022.行政基本法典总则部分"提取公因式"技术的困境与出路［J］.法律科学（西北政法大学学报）（6）：173-185.

郑智航，曹永海，2022.国家建构视野下法律制度的法典化［J］.苏州大学学报（哲学社会科学版）（3）：62-75.

周航，申素平，2022.教育法典化视角下教育法律行为概念的界定与澄清［J］.复旦教育论坛（6）：25-31，79.

Realistic Orientation of the Function of Education Code

Li Xin　　Zhang Haotian

Abstract: Education code should face the demands of the society, take the objective legal order as the basic clue of compilation, respond to the basic contradictions of the society in the new era from the perspective of government function positioning, and clarify the current diversified and multi-level educational legal relations. Comprehensiveness, stability and clarity are the advantages of education code. However, in order to ensure its scientificity, effectiveness and sustainability, it is necessary to objectively understand the limitations of the function of codification and properly handle the connection between education code and other adjustment tools. At present, it is an important function of education code to make clear the basic system formed or being formed in the reform by codifying and integrating educational normative documents of different periods, departments and levels.

Key words: education code　　educational public services　　function orientation

作者简介：

李昕，首都师范大学政法学院教授，主要研究领域为行政法学、教育法学。

张昊天，首都师范大学政法学院硕士研究生，研究方向为宪法学与行政法学。

□ 姚金菊　史继菲

整体视阈下教育法典的"公因式"研究

——基于我国 294 件现行有效法律文本的 NVivo 分析^①

【摘　要】教育法典编纂是教育治理体系和治理能力现代化的要求，也是建设教育强国的保障。教育法典编纂必须从整体视阈入手，科学界定教育法律的基本范畴。聚焦狭义的法律概念，将教育法律分为教育专门法律和教育相关法律，在此基础上确定教育法典的"公因式"。以 8 部教育专门法律为基础，确定"主体"和"行为"两个分析维度，并以此划定教育相关法律的范畴，共形成 NVivo 分析的教育法律文本 97 部。按照三级编码分析教育专门法律和教育相关法律的内容，明确学校行为是教育法律的主线，政府及其教育行政部门的行为是教育法律的基础，国家和社会的其他行为是教育法律的辅线。

【关键词】整体视阈　教育法律　教育专门法律　教育相关法律

整体视阈下的教育法典编纂研究进路如下：首先，论述从整体视阈展开教育法典编纂研究的必要性，提出教育法律范畴的不同界定作为教育法典编纂的基础；其次，聚

①　本文系中央高校基本科研业务费专项资金资助青年学术创新团队项目"整体视阈中的教育法典编纂研究"（2023TD005）；中央高校基本科研业务费专项资金资助科研创新重点项目"法典化背景下的教育法典研究"（2023JX100）的研究成果。

焦狭义的8部教育专门法律提取关键词，从我国现行有效的294件法律文本中提取出89部教育相关法律，与8部教育专门法律共同构成研究材料；再次，通过NVivo这一法学研究尚不多用的质性研究工具进行分析，提炼与教育相关的"公因式"，以此作为教育法典编纂的框架内容。

一、从整体视阈开展教育法典编纂研究的必要性

强调从整体视阈开展教育法典编纂研究既是法典编纂本身规范性文件系统化的要求，也是对我国教育立法现状、教育法治实践和教育法研究现状的思考。从整体视阈研究教育法典编纂体现为五个方面的考虑：一是教育本质上具有政治、经济、文化和社会多重面向；二是个体的基本权利面向和国家的教育权面向；三是狭义教育法律、教育直接相关法和其他相关法之分；四是教育法渊源的多样性，教育法律、教育行政法规和部门规章以及教育地方性法规、教育地方政府规章之别；五是共性与个性、历时性与共时性的特征。

从整体视阈认识教育的多重面向涉及对教育本质及其功能的认知。当前，人们对教育的知识传承、创造和个体塑造发展等功能已基本形成共识，对教育的民生和社会面向认识较为充分。党的二十大报告中教育在群众面临的难题中排第二，在就业之后、医疗之前[①]。此前，教育已连续多年出现在政府工作报告所列出的难题之中。党的二十大报告将教育、科技和人才"三位一体"统筹安排，强调"教育、科技、人才是全面建设社会主义现代化国家的基础性、战略性支撑"。从我国教育的根本任务来看，立德树人是中国特色社会主义教育的本质体现，是新时代贯彻党的教育方针的具体要求（冯建军，2019）；从教育目标来看，培养德智体美劳全面发展的社会主义建设者和接班人既体现了为谁培养人、谁来培养人、培养什么人的价值属性，也蕴含了以何培养人、如何培养人的工具属性。因

---

① 党的二十大报告指出："在充分肯定党和国家事业取得举世瞩目成就的同时，必须清醒看到，我们的工作还存在一些不足，面临不少困难和问题。……群众在就业、教育、医疗、托育、养老、住房等方面面临不少难题……"

此，作为国家的一项重要职能，教育具有培养公民国家认同和民族认同的属性。

由教育的多重面向可以看到，仅强调公民个体的受教育权不足以彰显教育的全部功能。在学理意义上，受教育权作为公民基本权利当然可以作为国家教育法律制度构建的基础，但如果将实现公民受教育权作为全部基础、忽视法律背后的国家利益，则未免过于脱离现实。国家在保障公民受教育权、承担举办教育事业的义务的同时，也会提出相应的要求、进行一定的管理，这体现了国家教育权。2021年修改的《教育法》第四条在"教育是社会主义现代化建设的基础"后，增加"对提高人民综合素质、促进人的全面发展、增强中华民族创新创造活力、实现中华民族伟大复兴具有决定性意义"。这正是基于对教育多重面向和对受教育权的集中关注，而教育法典编纂相关议案则更多聚焦于传统"教育法律"和"受教育权"①。

有关教育专门法律之外的其他部门法作为教育法渊源的研究并不多，教育行政法规和部门规章、地方性法规和地方政府规章作为教育法渊源的教育法研究成果更是屈指可数。有关教育法典编纂的共时性研究如对域外教育法典的比较研究②虽然存在，但整体来看，现有研究成果关注的区域和国家仍然不足；历时性研究如教育法及其法典形成的历史研究不足，有关革命根据地教育法制的研究明显缺乏，而这些内容在教育法典编纂过程中都需要整体

---

① 参见《全国人民代表大会教育科学文化卫生委员会关于第十三届全国人民代表大会第三次会议主席团交付审议的代表提出的议案审议结果的报告》，江苏代表团葛道凯等32名代表提出关于编纂教育法典的议案1件（第70号），该议案提出，近年来，我国教育法治建设取得长足进步，但仍存在部分法律内容相互重复、互不协调的现象，有的专门法律修订往往涉及一揽子法律修订问题，建议整合现有8部教育法律，编纂一部统一的教育法典，统一教育立法体例，理顺各相关专门法律之间关系，强化法律责任落实。

《全国人民代表大会宪法和法律委员会关于第十三届全国人民代表大会第四次会议主席团交付审议的代表提出的议案审议结果的报告》指出，周洪宇等代表提出的第158号、崔荣华等代表提出的第405号议案，建议编纂教育法典，将其列入全国人大常委会立法规划；以公民的受教育权为核心，遵循"总一分"框架模式，吸收教育法治建设的实践成果，积极回应人民群众对获取更高质量教育的期待要求，为教育现代化提供坚强法律保障等。

② 如法国教育法典研究、美国教育法典研究、俄罗斯教育法典研究等。《湖南师范大学教育科学学报》于2021年刊发了《美国教育法典的构成特点与启示》，于2022年刊发了《关于〈法国教育法典〉若干特点的解析》《法典化进程中的俄罗斯教育立法》等论文。

统筹考虑。教育法典的编纂不仅是对他国立法文本和立法技术的学习、对本国立法的体系化凝练，更是对本国与他国教育理念、教育规律、教育法治的共性和个性的凝练与总结。

相较于行政基本法典、环境法典等行政立法领域的法典编纂，教育法典编纂的复杂性、艰巨性还未被充分预计。尽管教育法典研究数量显著增长，但有关教育法律基本范畴等基础理论的研究成果仍然不多，相关研究也未能对传统狭义教育法律之外的涉及教育的其他相关法律进行系统研究，对现行法律规范中有关教育的整体内容关注不足，梳理尚不充分，不能很好地确定"公因式"，更毋论提取"公因式"了。联系党的二十大报告提出的"系统观念"，所谓整体视阈不仅是一种研究视角，更旨在提出一种系统论指导下的研究方法。教育法典编纂必须从整体视阈出发，在域外借鉴、比较研究之外，对我国现行有效的法律规范进行系统研究，以有效认识和提取"公因式"。

二、整体视阈下教育法典编纂的研究方法

为更好地在整体视阈下开展教育法典编纂研究，本文采用质性研究方法，利用 NVivo12 软件进行文本深度挖掘和可视化分析。在研究取向上，通过文本选择、编码归类、可视化呈现、数据分析等环节，形成不同层次的概念范畴和类属关系，探寻教育法典"公因式"的核心结构，在现有立法文本基础上建构当下教育法典的核心内容。

（一）明确教育法律范畴进行文本选择：教育专门法律和教育相关法律

文本选择共分为三步，一是明确"狭义法律"；二是明确教育专门法律；三是明确教育相关法律。

教育法渊源包括宪法、法律、法规和规章乃至国际公约等。从教育法典编纂自身来看，首先聚焦的仍然应该是"狭义法律"。本研究旨在提炼

现行法律的教育公因式,暂不考虑法律修订及历史变迁问题,因此进一步将"狭义法律"限定为现行有效的"狭义法律",包括宪法。与官方统计方法一致,截至 2023 年 3 月,全国人大及其常委会所制定的现行有效法律为 294 部[①]。

　　教育法典的核心是教育法律,教育法典编纂的前提之一是现行教育法律规范体系化,尤其是现行全国人大及其常委会所制定的狭义教育法律体系化,因此有关教育法律的判断是文本选择的前提。基于教育法本身的跨部门特征,教育法典编纂必须对现行"法律"中所有与教育相关的法律进行梳理,这样才能准确全面识别需要体系化的法律内容,这就决定了教育法典的"公因式"不仅来自教育专门法律,也必然涉及教育相关法律。

　　教育专门法律的范围是明确的,即通常所称的"教育八法"[②]。教育部全国教育普法领导小组办公室编的《常用教育法律法规》(2010 年)在聚焦"教育八法"的同时,也列举了《未成年人保护法》《预防未成年人犯罪法》,在出版说明中则采用"教育类法律""与教育工作密切相关的法律规范"的表述;教育部法制办公室编的《新编教育法律法规规章》(2017 年)则明确了教育相关法律概念以及与教育工作密切相关的法律法规和规范性文件内容,甚至将党内法规《中国共产党普通高等学校基层组织工作条例》等也列入附录之中;教育部政策法规司编的《新编教育法律法规规章》(2022 年)继续采取"教育法律"及"相关法律"的表述,明确列举的教育法律在传统"教育八法"之外增加了《家庭教育促进法》,相关法律在《未成年人保护法》《预防未成年人犯罪法》之外增加了《刑法》相关内

---

① 截至 2023 年 3 月 13 日十四届全国人大一次会议闭幕,按法律部门分类,现行有效法律(294 部)包括宪法及宪法相关法 50 部、民商法 24 部、行政法 96 部、经济法 83 部、社会法 27 部、刑法 3 部、诉讼与非诉讼程序法 11 部。参见 http://www.npc.gov.cn/npc/c30834/202303/6695905f16fa4f2ab0d24008db1410fc.shtml。

② 参见孙霄兵主编的《教育法制建设新实践》(高等教育出版社 2012 年版),书中介绍改革开放以来教育法制建设的巨大成就之一就是中国特色社会主义教育法律体系基本形成,指出全国人大及其常委会制定了《学位条例》《义务教育法》《教师法》《教育法》《职业教育法》《高等教育法》《国家通用语言文字法》《民办教育促进法》等八部专门的教育法律。

容[①]。需要注意的是,《家庭教育促进法》被纳入教育法律范畴,而在全国人大法工委公布的目录中该法被归于社会法部门,传统"教育八法"则被归于行政法部门。可见,教育法不仅包括教育专门法律,也包括与教育工作密切相关的法律。与其说这是教育行政主管部门的理论认识,毋宁说是其从实际出发、秉承问题意识的体现,教育领域涉及的法律绝对不仅是教育专门法律,教育法所涉及的问题也从来不都是教育专门法律所能解决的问题,但教育专门法律在教育法研究和实践以及教育法典编纂过程中的核心地位是肯定的。尽管从教育行政主管部门来看其并未受限于《家庭教育促进法》的部门法属性定位,但鉴于《家庭教育促进法》的教育专门法律归属在学理上仍有争议[②],本文所指教育专门法律仍限于"教育八法"。

　　教育相关法律以教育专门法律为基础确定。在路径上通过对 8 部教育专门法篇章结构的梳理和现有研究成果的提炼,确定以"主体"和"行为"为分析维度,以此来明确 294 部现行有效法律中除教育专门法律以外的教育相关法律。梳理 8 部教育专门法律的篇章结构可以发现,除《学位条例》《教师法》《国家通用语言文字法》之外,其他 5 部教育专门法律均以"主体"和"行为"为主线开展立法叙述。教育专门法律中,"主体"包括"学校""教师""学生""教育行政部门"等,"行为"主要包括"教育教学""学校设立""管理和监督""教育投入与条件保障""对外交流"等。特别值得一提的是,2022 年修订的《职业教育法》在原总则、职业教育体系、职业教育的实施、职业教育的保障条件和附则等五章外,增加了第四章职业学校和职业培训机构、第五章职业教育的教师与受教育者,在立法技术层面体现出"主体"维度的重要性。

---

　　① 教育部政策法规司编的《新编教育法律法规规章》将《刑法修正案(九)》第二十五条、第五十二条和《刑法修正案(十一)》第一条、第二十六条、第二十七条、第二十八条、第三十二条、第四十八条纳入"相关法律"部分。

　　② 有学者认为国家与家庭之间的关系并不属于传统意义上教育行政管理范畴,国家更多是为家庭教育提供引导和服务,《家庭教育促进法》的功能是通过对家庭教育事业的引导、鼓励、扶持、促进和推动其发展,因而《家庭教育促进法》中没有明确法律实施的主管部门,也没有界定"家庭教育工作职责"的范围,有别于基于教育行政管理的 8 部教育专门法律。参见:但淑华.《家庭教育促进法》的立法定位与适用 [J].中华女子学院学报,2022(6):16-23;叶强.《家庭教育促进法》的法律部门定位 [J].中华女子学院学报,2022(1):41-47.

教育"主体"和"行为"是教育法律关系的核心,但现有研究并未对其内涵形成共识。就"主体"而言,现有研究中有"教育主体"和"教育法律关系主体"等不同表述,但都涉及学生、教师、学校、教育行政部门等(任海涛,2022;聂圣,2022;李红勃,2022)。也有学者认为除学校、受教育者、教师之外,"教育主体"还包括社会、政府(涉及举办、管理、监督、投入与条件保障等职责)等(段斌斌,2022)。就"行为"而言,现有研究区分了"教育行为"和"教育法律行为"。有学者认为教育法的调整对象主要是教育关系和教育行为,教育行为至少包括教育行政行为、学校治理行为、专业评价行为、学校内管理行为等(李红勃,2022)。还有学者试图引入"教育法律行为"的概念,并将其界定为能够引发教育法律关系产生、变更与消灭的行为事件(周航 等,2022)。可以看出,对"教育行为"或"教育法律行为"的界定都是基于管理行为,对教育的支持保障也应归于教育管理或者其他行为。

基于上述分析,本研究并未采用现有研究中"教育主体"或"教育法律关系主体"、"教育行为"或"教育法律行为"的表述,而直接使用广义的"主体"和"行为"开展研究。整合8部教育专门法律和现有研究中的"主体""行为"关键词,"主体"主要包括学校、教师、学生、教育行政部门等,"行为"主要包括教育、管理、举办、监督、投入、保障、评价等。以上述关键词对8部教育专门法律之外的286部现行法律文本进行检索,可以确定教育相关法律,共计89部[①]。由于教育相关法律全部规范中仅有部分条文与教育相关,其他条文内容与教育并不相关,因此,在教育相关法律中筛选出包含上述关键词的条款,与8部教育专门法律的全部文本共同构成本文的研究材料。

通过词频统计可以明确97部教育法律中的"主体",除学校、学生、教师、行政部门之外,高频词语还包括人民政府、国家、社会;"行为"主要包括教育、教学、管理、培训、保障等(见图1)。

---

① 包括宪法及宪法相关法 10 部、民商法 2 部、行政法 43 部、经济法 15 部、社会法 16 部、刑法 3 部、诉讼与非诉讼程序法 0 部。

图 1　教育法律词频统计

注：词语出现频率越高，词语字号越大。

（二）明确编码方式进行文本编码：开放式编码、主轴式编码、选择式编码

采用自下而上的建构方法进行研究，将材料按照斯特劳斯及科宾（Strauss et al.，1990）[72] 编码的三种类型① 进行文本编码，借助 NVivo12 软件自带的词频分析、聚类分析等功能辅助编码，并绘制相关图表，通过对编码节点的分析探索教育法典的核心内容。需要说明的是，由于编码单位必须依据文本形式和材料内容确定，为保障编码的一致性和结果的有效性，考虑到法律语言的一致性和准确性，对一个条款中可能包含的两个及两个以上的基础属性，本研究以单一意义为编码单位。同时，由于不同法律文本中同一内容可能出现重复或相似的表述，在逐步编码时如研究文本中出现相似意义，只编码一次。

---

① 三种类型的编码即开放式编码（open coding）、主轴式编码（axial coding）和选择式编码（selective coding）。

首先，进行开放式编码。开放式编码是将已收集的材料揉碎、打散、概念化，再重新组合进而界定类属、发现范畴的操作过程。通过 NVivo12 软件，对 97 份教育法律（教育专门法律的全部文本和教育相关法律的相关条款）材料进行反复阅读、仔细推敲与逐句编译，共获得 112 个初始概念。聚拢合并相同或相似的初始概念，删去频率小于 3 的初始概念，最终获得 36 个初始概念，并形成 23 个基础范畴（见表 1）。

表 1　开放式编码确定的基础范畴与初始概念

基础范畴	初始概念
课程教学	设置课程方案
	实施教学计划
意识培养	培养学生意识
学生管理	颁发学业证书
	实施奖惩
教职工管理	职务聘任
	业务考核
学生行使权利、履行义务	遵守校规校纪
	平等受教育
	申诉和诉讼
	获得学历学位
教师行使权利、履行义务	开展教育教学活动
	获取教师资格
	参加培训
校际合作	研究合作
校企合作	学生实习实训
	技术研发合作
家校合作	家庭教育指导
社会合作	学校参加社会活动

基础范畴	初始概念
国际合作	对外交流
行政许可	学校设立
行政处罚	退还费用
	限制/撤销招生资格
	吊销许可证
	给予处分
物质保障	经费支持
	设施优先优惠
人员培训	教职工培训
环境保障	学校周边安全
保障受教育权	保障青少年、儿童全面发展
鼓励创造	鼓励创造条件
鼓励优惠	特殊优待
教育支持	提供条件
教育督导	督导
信息公开	公布发展状况
检举控告	纠正违法行为

其次，进行主轴式编码。将23个基础范畴进行比较分类，提炼出8个主轴范畴：教育教学、自主管理、教育合作、行政管理、办学支持、权利保障、鼓励支持、教育监督（见表2）。需要说明的是，教师、学生行使权利和履行义务的行为需要在学校内进行，属于学校内部行为，且需要学校进行管理和保障，因此，将教师、学生行使权利和履行义务的行为并入自主管理范畴。可以明确，23个基础范畴和8个主轴范畴都是"行为"，进一步明确主轴范畴的实施主体，便于进行"主体"维度的研究，同时为下一步选择式编码创造条件。

表 2　主轴范畴、基础范畴及其实施主体

主轴范畴	基础范畴	实施主体
教育教学	课程教学	学校
	意识培养	
自主管理	学生管理	
	教职工管理	
	学生行使权利、履行义务	
	教职工行使权利、履行义务	
教育合作	校际合作	学校、企业、家庭、社会
	校企合作	
	家校合作	
	社会合作	
	国际合作	
行政管理	行政许可	政府及其教育行政部门
	行政处罚	
	教育督导	
办学支持	物质保障	
	人员培训	
	环境保障	
权利保障	保障受教育权	国家（权利保障、教育鼓励和支持）、社会（教育支持）
鼓励支持	鼓励创造	
	鼓励优惠	
	教育支持	
教育监督	信息公开	社会
	检举控告	

最后，进行选择式编码。对 8 个主轴范畴之间的关系进行比较和分析，并根据研究主题和分析维度，最终确定能够统领整个研究框架的核心范畴

"学校"。以"学校"为核心范畴完成关系构建，最终形成如表3的关系结构。

表3　以学校为核心的关系结构

关系	主轴范畴	基础范畴
学校内部行为	教育教学	课程教学
		意识培养
	自主管理	学生管理
		教职工管理
		学生行使权利、履行义务
		教职工行使权利、履行义务
学校与外部合作	教育合作	校际合作
		校企合作
		家校合作
		社会合作
		国际合作
学校接受外部管理、支持、监督	行政管理	行政许可
		行政处罚
		教育督导
	办学支持	物质保障
		人员培训
		环境保障
	权利保障	保障受教育权
	鼓励支持	鼓励创造
		鼓励优惠
		教育支持
	教育监督	信息公开
		检举控告

　　根据表3的范畴分类，对主轴范畴的行为进行节点数统计[①]，并统计其占对应主体的行为总节点数的比例（见表4），为后续分析提供数据支撑。

表4　节点数统计

行为	主体	节点数（个）	占比（%）	节点合计（个）	行为	主体	节点数（个）	占比（%）	节点合计（个）
教育教学	学校	42	27.81	151	权利保障	国家	6	13.95	43
自主管理		81	53.64		鼓励支持		37	86.05	
教育合作		28	18.54		教育支持	社会	15	71.43	21
行政管理	政府及其教育行政部门	52	38.81	134	教育监督		6	28.57	
办学支持		82	61.19						

　　注：由于四舍五入造成的微小误差，比例合计较100%有出入。

三、整体视阈下教育法典编纂的研究发现

　　尽管 NVivo 研究工具还存在一定的不足，如公办学校对应《民法典》中的非营利法人，采取现行的编码并不能将《民法典》中有关非营利法人的相关规定纳入教育法律之中，而是需要通过立法技术等加以体现。但对现行有效的教育法律的 NVivo 研究，无疑能够在一定程度上发现并提出"公因式"，从而为教育法典框架乃至具体条文编纂提供依据。

（一）总体分析

　　现行有效的教育法律的"公因式"可以从主体和行为两个维度进行分析。从主体维度来看（见表4），学校占有最高节点数，其他依次为政府及其教育行政部门、国家、社会。从教育专门法律和教育相关法律的节点数对

---

　　① 1个节点数表示有1个涉及该范畴的文本材料被编码。

比来看（见表5），学校、政府及其教育行政部门、教师、学生、社会5个主体在教育专门法律中的比例高于在教育相关法律中的比例，且学生的相关法律规定只存在于教育专门法律之中。只有国家这一主体在教育相关法律中的比例高于在教育专门法律中的比例。

可见，学校始终是教育法律中的核心教育机构，是教育法律中最重要也最具特色的主体。《教育法》明确规定了学校教育制度是教育基本制度之一①，正是学校这一主体通过"行为"与其他主体建立起法律关系。

表5　教育专门法律与教育相关法律的节点数比较（以主体为依据）

主体	节点数（个）		占比（%）	
	教育专门法律	教育相关法律	教育专门法律	教育相关法律
学校	89	62	58.94	41.06
政府及其教育行政部门	99	35	73.88	26.12
教师	20	1	95.24	4.76
学生	16	0	100.00	0
国家	16	27	37.21	62.79
社会	20	1	95.24	4.76

从行为维度来看，现有教育法律中的行为与不同主体结合，种类多样。以核心主体学校划分教育法律中的行为（见表3），可分为学校内部行为和学校外部行为，其中学校内部行为主要包括教育教学和自主管理；学校外部行为包括学校接受行政管理和其他行为。其中教育教学是学校最主要的内部行为，接受政府和行政部门的行政管理是学校最主要的外部行为。其他行为主要体现为学校与外部合作，也包括学校接受国家和社会的支持与监督等行为。

---

① 《教育法》是我国教育法律的基本法。该法第十七条第一款明确规定"国家实行学前教育、初等教育、中等教育、高等教育的学校教育制度"。在家上学当然也是教育法研究的范畴，学校之外的其他教育机构当然也存在，但并非教育法律关系中最重要的主体。

（二）学校的行为是教育法律的主线

学校教育制度是教育基本制度之一，学校是教育法律关系中最重要的主体，国家通过举办学校履行教育职能。学校是有目的、有计划、有组织地进行系统教育的机构。学校在法律规定范围内依法自主管理，开展教育教学活动、招收学生、聘任教师。教育专门法律规定了学校的法律地位、学校的权利和义务，教育相关法律则更多规定了学校的义务。

1. 学校法律地位

学校是教育法律中的核心主体曾一度成为共识。《2003—2007年教育振兴行动计划》提出适时起草"学校法"，2004年教育部启动"学校法"的调研起草工作，2007年的《国家教育事业发展"十一五"规划纲要》再次提出适时启动"学校法"的起草工作，2012年至2016年连续五年全国人大代表提出制定"学校法"的议案[①]，但"学校法"始终未被列入全国人大立法计划。近年来，对学校的民事法人地位各方形成基本共识，系列行政诉讼案件对公办高校的行政主体地位予以认可，公办中小学的事业单位性质也在立法中得以确认，但如何从公法上认识公办学校的公法主体地位及其权利能力、如何认识民办学校作为非营利法人的公法地位等，都还缺乏深入研究。教育法典编纂必然要回应学校在公法上的主体地位这一问题，确定其权利能力、行为能力和责任能力，以此确定国家、政府及其行政部门等对学校管理的边界。

2. 学校教育教学行为

教育教学行为可以分为知识传授和意识培养两类。知识传授是学校最主要的职能，主要通过课程教学进行。不同教育阶段课程设置权限不同，根据

---

① 2012年十一届全国人民代表大会第五次会议，周洪宇等30名代表提出关于制定"学校法"的议案（第349号）；2013年十二届全国人民代表大会常务委员会第一次会议共有制定"学校法"的议案1项；2014年十二届全国人民代表大会常务委员会第十一次会议通过十二届全国人民代表大会第二次会议中的议案审议结果，教育部建议研究起草"学校法""家庭教育法"等法律；2015年十二届全国人民代表大会第三次会议，沈健等30名代表提出关于制定"学校法"的议案（第64号）；2016年十二届全国人民代表大会第四次会议，孙兆奇等30名代表提出关于制定"学校法"的议案（第331号）。

教育专门法律的规定，义务教育阶段教学制度、教育教学内容和课程设置由国务院教育行政部门确定①；职业教育学校和高等学校课程设置方案由学校自主确定②。但无论课程设置方案如何，所有具体的教育教学活动都通过学校组织进行。在实践中，学校教育教学活动的组织与教育行政管理之间的界限还需进一步厘清。除教育专门法律规定的学科课程教学外，还有教育相关法律规定的其他知识教学，如《禁毒法》《防震减灾法》《人口与计划生育法》等的相关规定③。教育相关法律对知识教学内容的规定较为零散，有的尚未与学科课程内容有机融合，可能造成现实中大量课程教学方案未规定的知识教学内容进入学校，从而加重学校、教师和学生负担，影响教育效果。教育法典编纂要统筹考虑教育相关法律中的知识教学内容，将其与教育专门法律中规定的学科课程教学有机结合，尽量实现知识性课程的体系化，也为学校自主开设课程留下空间。

知识体现为课程从而构成教学的重要内容，意识培养则构成教育的重要内容。意识培养在学校教育教学行为中所占比重最大，相关法律依据主要见于教育相关法律。《环境保护法》《测绘法》《湿地保护法》等明确规定培养学生相关意识④，更多法律虽未在文本上明确规定培养学生意识，但蕴含了意

①《义务教育法》第三十五条规定："国务院教育行政部门根据适龄儿童、少年身心发展的状况和实际情况，确定教学制度、教育教学内容和课程设置……。学校和教师按照确定的教育教学内容和课程设置开展教育教学活动，保证达到国家规定的基本质量要求。"另 2022 年教育部印发《义务教育课程方案和课程标准》，规定了义务教育学校的课程包括道德与法治、语文、历史、数学、英语、日语、俄语、地理、科学、物理、化学、生物学、信息科技、体育与健康、艺术、劳动等16 个。

②《职业教育法》第三十四条规定："职业培训机构的设立，应当符合下列基本条件：……（二）有与培训任务相适应的课程体系、教师或者其他授课人员、管理人员……"第三十六条规定："职业学校应当依法办学，依据章程自主管理。职业学校在办学中可以开展下列活动：……（二）基于职业教育标准制定人才培养方案，依法自主选用或者编写专业课程教材……"《高等教育法》第三十四条规定："高等学校根据教学需要，自主制定教学计划、选编教材、组织实施教学活动。"

③《禁毒法》第十三条规定："教育行政部门、学校应当将禁毒知识纳入教育、教学内容，对学生进行禁毒宣传教育。"《防震减灾法》第四十四条第三款规定："学校应当进行地震应急知识教育，组织开展必要的地震应急救援演练。"《人口与计划生育法》第十三条第三款规定："学校应当在学生中，以符合受教育者特征的适当方式，有计划地开展生理卫生教育、青春期教育或者性健康教育。"

④《环境保护法》第九条第二款规定："教育行政部门、学校应当将环境保护知识纳入学校教育内容，培养学生的环境保护意识。"《测绘法》第七条规定："各级人民政府和有关部门应当加强对国家版图意识的宣传教育，增强公民的国家版图意识。新闻媒体应当开展国家版图意识的宣传。教育行政部门、学校应当将国家版图意识教育纳入中小学教学内容，加强爱国主义教育。"《湿地保护法》第七条第二款规定："教育主管部门、学校应当在教育教学活动中注重培养学生的湿地保护意识。"

识培养的目的，如《国歌法》《国旗法》《国徽法》《科学技术普及法》《反食品浪费法》等①。

诸多教育相关法律规定了学校需要进行的意识培养的内容，姑且不论意识培养是否能够与课程教学融合，但如果教育相关法律规定的所有意识培养内容全部作为学校的强制性义务，既涉及学校负担问题，也涉及教育专门法律所规定的学校自主管理权问题。学校有权自主决定意识培养的手段，但学校是否有权选择落实哪些教育相关法律所规定的哪些意识培养内容，还涉及法的实施问题。如何处理教育相关法律和教育专门法律中所规定的教育教学内容，为学校自主进行教育教学提供法律保障，是教育法典编纂必须回应的问题。

3. 学校管理行为

管理行为既包括基于教育教学活动的管理行为，也包括对设施和经费等的管理行为，还包括对教师和学生的管理行为。对学生主体来说，涉及招生、学籍管理、实施奖励和处分以及颁发学业证书等；对教师主体来说，涉及聘任、实施奖励和处分以及考核评价培训等内容。表4显示，学校管理行为节点数占其行为总节点数的53.64%，可知教育法律规定的学校自主管理的权限并不小，但从现实来看，简政放权、保障学校自主权始终是教育改革的重要呼声之一，这实际上体现的是教育法律的实施力度有待加强。教育法典编纂不仅要强调学校自主权，更要注意教育法律的实施。

（三）政府及其教育行政部门的行为是教育法律调整的关键

政府及其教育行政部门的行为主要体现为行政管理行为，教育法律尤其

---

① 《国歌法》第十一条规定："国歌纳入中小学教育。中小学应当将国歌作为爱国主义教育的重要内容，组织学生学唱国歌，教育学生了解国歌的历史和精神内涵、遵守国歌奏唱礼仪。"《国旗法》第二十一条第一款、第二款规定："国旗应当作为爱国主义教育的重要内容。中小学应当教育学生了解国旗的历史和精神内涵、遵守国旗升挂使用规范和升旗仪式礼仪。"《国徽法》第十五条第一款、第二款规定："国徽应当作为爱国主义教育的重要内容。中小学应当教育学生了解国徽的历史和精神内涵。"《科学技术普及法》第十四条第一款规定："各类学校及其他教育机构，应当把科普作为素质教育的重要内容，组织学生开展多种形式的科普活动。"《反食品浪费法》第二十一条第二款规定："学校应当按照规定开展国情教育，将厉行节约、反对浪费纳入教育教学内容，通过学习实践、体验劳动等形式，开展反食品浪费专题教育活动，培养学生形成勤俭节约、珍惜粮食的习惯。"

是教育专门法律中多处涉及政府及其教育行政部门，必须从整体视阈、系统思维的角度予以足够重视，并予以相应的机制保障。

1. 教育行政议事协调机制

教育行政部门是政府的职能部门之一，但政府是比教育行政部门更高一级的行政机关。教育法律中区别了政府及其教育行政部门，教育专门法律区分了国务院、地方各级人民政府以及国务院教育行政部门、地方各级政府教育行政部门的管理职责，教育行政部门是教育事业的主管机关，但政府也应履行相应职责。教育法律中还有涉及政府其他有关部门的规定，这也意味着教育法律对教育事务的态度：教育从来都不是教育行政部门自身所能够完全负责的事务。教育职能的履行需要在政府整体层面加以考察。

从现实来看，明确政府对教育的领导和管理权限以及其他行政部门的教育管理职责十分必要，教育执法实践中一度出现的教育行政机关执法困境就与认识不足有关。这也体现了建立相应的教育行政议事协调机制的必要性。2022年《职业教育法》修订时增加了国务院层面的职业教育工作协调机制统筹协调全国职业教育工作的规定①，而此前为加强各级政府在职业教育工作中的统筹作用，国务院早在2004年就建立了职业工作教育部际联席会议制度，此外还建立了民办教育工作部际联席会议制度，教育行政部门对校外培训综合执法、联合执法和协作执法的组织协调制度等。教育法典编纂要明确各级政府的统筹职责，明确各级教育行政部门对不同教育的管理权限，要明确其他行政部门的教育职责，要通过党和政府统筹教育管理，通过议事协调机制协同相关部门与教育行政部门共同履行教育法律规定的教育职责。

2. 政府及其教育行政部门管理行为

教育法律中对于"政府"的表述绝大多数为"各级人民政府"，有关各级人民政府不同教育行政管理权限的规定散见于各教育专门法律之中。教育专门法律规定了不同层级政府的行政职责，主要体现为学校设置规划的制定调整、特殊义务教育学校的设置、安全检查、设立高等学校的具体标准以及

---

① 《职业教育法》第八条第一款规定："国务院建立职业教育工作协调机制，统筹协调全国职业教育工作。"

教育财政拨款、教育专项资金扶持等事宜①。教育行政部门作为教育主管机关，直接实施教育行政执法行为，如教育行政指导、教育行政处罚、教育行政许可、教育执法检查等。表 4 显示，教育法律中规定的教育行政管理行为占政府及其教育行政部门行为总节点数的 38.81%，与教育法律中规定的学校自主管理行为所占的比重形成鲜明对比。但与此形成鲜明反差的则是政府及其教育行政部门等仍然在事实上行使着诸多教育管理权。

　　教育行政管理不仅涉及教育行政处罚等教育行政执法行为，也包括对学校办学的支持行为，充分体现了教育所具有的给付行政面向。表 4 显示，政府及其教育行政部门的办学支持行为是该主体最主要的行为，占行为总节点数的 61.19%。对教育的支持行为包括物质保障、人员培训、环境保障。物质保障主要包括信息化教学技术支持、经费支持、办学用地支持、教学资料优惠等；人员培训主要包括教职工培训；环境保障主要为学校周边秩序的维护。但不同办学支持行为的实施主体并不统一，甚至较为混乱，其中经费、教学资料优惠等物质保障以及环境保障等支持行为的主体为各级政府，办学用地支持、人员培训等行为的主体为地方各级政府及有关行政部门。因此，教育法典编纂应关注政府和政府职能部门的事权划分、中央政府和地方政府的职责区分，并予以细化。

---

　　① 《义务教育法》第十五条规定："县级以上地方人民政府根据本行政区域内居住的适龄儿童、少年的数量和分布状况等因素，按照国家有关规定，制定、调整学校设置规划。新建居民区需要设置学校的，应当与居民区的建设同步进行。"第十九条第一款规定："县级以上地方人民政府根据需要设置相应的实施特殊教育的学校（班），对视力残疾、听力语言残疾和智力残疾的适龄儿童、少年实施义务教育。特殊教育学校（班）应当具备适应残疾儿童、少年学习、康复、生活特点的场所和设施。"第二十四条第二款规定："县级以上地方人民政府定期对学校校舍安全进行检查；对需要维修、改造的，及时予以维修、改造。"

　　《高等教育法》第二十五条规定："设立高等学校，应当具备教育法规定的基本条件。大学或者独立设置的学院还应当具有较强的教学、科学研究力量，较高的教学、科学研究水平和相应规模，能够实施本科及本科以上教育。大学还必须设有三个以上国家规定的学科门类为主要学科。设立高等学校的具体标准由国务院制定。设立其他高等教育机构的具体标准，由国务院授权的有关部门或者省、自治区、直辖市人民政府根据国务院规定的原则制定。"第六十二条规定："国务院教育行政部门会同国务院其他有关部门根据在校学生年人均教育成本，规定高等学校年经费开支标准和筹措的基本原则；省、自治区、直辖市人民政府教育行政部门会同有关部门制订本行政区域内高等学校年经费开支标准和筹措办法，作为举办者和高等学校筹措办学经费的基本依据。"

　　《教育法》第五十七条规定："国务院及县级以上地方各级人民政府应当设立教育专项资金，重点扶持边远贫困地区、少数民族地区实施义务教育。"

（四）国家和社会的其他行为是教育法律的辅线

国家和社会的行为虽然在现行法律中也有相应显示，但二者相对于学校、政府及其教育行政部门来说范围确定较为困难，有关规定也较为笼统，体现为对学校的支持和监督以及与学校的合作等。表5显示，教育专门法律中"社会"这一主体的节点数和比例均高于国家，教育相关法律中"国家"这一主体的节点数和比例均明显高于社会。

1. 国家的教育行为

国家也是教育法律中的一个重要主体。国家不同于政府，在法律上能代表国家的主体有限，但至少是中央国家机关才可能代表国家，这就意味着教育职责必须由相应层面的国家机关来履行，当然不会限于国务院，作为国家权力机关的全国人民代表大会及其常务委员会也责无旁贷。

国家主要履行教育鼓励和支持、权利保障等职能。国家的教育支持行为主要包括教育鼓励和支持行为、权利保障行为。表4显示，教育鼓励支持行为节点数占国家行为总节点数的86.05%。国家鼓励行为包括鼓励办学、鼓励开展文化活动、鼓励自学成才、鼓励创新性技术服务、鼓励禁毒教育服务等[1]。国家支持行为包括扶持和发展残疾人事业、保障义务教育经费、保障教育公平、支持推广普通话等。权利保障行为主要体现为未成年学生受教育权利及公民识字权利等的保障[2]。这些权利保障行为最终体现为国家采取的教育行动以及教育监督措施。

宪法总纲第十九条至第二十四条明确阐述了国家的教育职能。根据宪法总纲规定的国家教育职能来梳理宪法之外的96部教育法律，总体来看（见表6），宪法总纲中教育相关条款在立法层面体现不全面、不充分，具体体现为，培养人才、举办学校、爱国主义教育、纪律和法制教育等内容

---

[1] 《黑土地保护法》第十一条规定："国家鼓励企业、高等学校、职业学校、科研机构、科学技术社会团体、农民专业合作社、农业社会化服务组织、农业科技人员等开展黑土地保护相关技术服务。"《禁毒法》第十条规定："国家鼓励志愿人员参与禁毒宣传教育和戒毒社会服务工作。"

[2] 《教育法》第十一条第二款规定："国家采取措施促进教育公平，推动教育均衡发展。"《义务教育法》第二条第四款规定："国家建立义务教育经费保障机制，保证义务教育制度实施。"

在立法中体现较为充分，理想教育、道德教育、集体主义教育、扫除文盲等内容体现不够充分，国际主义教育、共产主义教育、唯物主义教育等内容在立法文本中并未体现。此外教育法律中也有诸多关于国家的规定，教育法典既有必要体现既有规定，更有必要明确国家落实教育法律规定的方式及责任。

表6　宪法规定的国家教育职能在其他法律中的体现

宪法规定的国家教育职能	在其他法律中的节点数（个）	实施主体
举办学校	8	国家、社会
培养人才	7	学校、国家
爱国主义教育	6	学校、国家
纪律和法制教育	5	学校、国家
道德教育	2	学校、国家、社会
通用语言文字	2	学校、国家
普及科学知识奖励科研	2	学校、国家
开展文化活动	2	学校、国家、社会
扫除文盲	1	国家、社会
精神文明建设	1	学校、国家
理想教育	1	国家
集体主义教育	1	国家
国际主义教育	0	—
共产主义教育	0	—
唯物主义教育	0	—

2. 社会的教育行为

教育法律规定社会也负有教育责任，多个教育领域如法治教育、国防教育、终身教育、残疾人教育涉及的主体都包含社会。根据教育法律规定，社会的教育行为范围非常广泛，包括教育支持行为、合作行为、监督行为等。表4显示，教育支持行为占社会教育行为总节点数的71.43%。教育支持涉及所有知识教育、意识培养等教育教学行为。社会合作行为体现为学校与企业、家庭等主体的合作。社会监督行为包括监督各级各类学校公开信息等内容[①]。

四、余论

教育法律体系化是教育法典编纂的必经之路，教育法律范畴是教育法律体系化的前提。教育法律不仅包括教育专门法律，还应包括教育相关法律。通过 NVivo 这一质性研究工具，似乎可以明确学校及其行为这一主线，围绕学校内部行为和学校外部行为开展教育法典编纂在逻辑上可以自洽，也与现行有效的教育法律规定、教育法治实践和教育法学研究相契合。国家举办教育、设立学校，学校自主办学，政府及其教育行政部门等依法管理，社会予以支持、开展合作，体现在教育法典之中即为权利/力（公民受教育权和国家教育权）、管理职权、办学行为（学校及其教育教学和管理活动）及监督救济等。

从整体视阈关注教育法典编纂，采取 NVivo 软件提取教育法律中的"公因式"，为教育法典编纂提供框架主线是本研究努力的方向。囿于方法、时间、篇幅要求以及自身学识等局限，编码还需要再细化，分析还可以再深入，结论还有待具体化，这都构成未来研究的课题。教育是"国之大计、党之大计"，教育法典编纂需要系统思维和新方法，更需要持之以恒、一以贯之地关注和坚持教育法研究。

参考文献

段斌斌，2022. 教育法典的体例结构：域外模式与中国方案［J］. 华东师范大学学报（教育科学版）

[①]　《义务教育法》第八条规定："人民政府教育督导机构对义务教育工作执行法律法规情况、教育教学质量以及义务教育均衡发展状况等进行督导，督导报告向社会公布。"第九条规定："任何社会组织或者个人有权对违反本法的行为向有关国家机关提出检举或者控告。"

　　《职业教育法》第四十三条规定："职业学校、职业培训机构应当建立健全教育质量评价制度，吸纳行业组织、企业等参与评价，并及时公开相关信息，接受教育督导和社会监督。"

（5）：118-129.

冯建军，2019.立德树人的时代内涵与实施路径［J］.人民教育（18）：39-44.

李红勃，2022.教育法典的制度定位与逻辑框架［J］.华东师范大学学报（教育科学版）（5）：
　53-62.

聂圣，2022.论我国汇编型教育法典的编纂：基于领域法学视角的论证［J］.湖南师范大学教育科学
　学报（6）：33-43.

任海涛，2022.论教育法典总分结构的统领关系［J］.复旦教育论坛（5）：28-35.

周航，申素平，2022.教育法典化视角下教育法律行为概念的界定与澄清［J］.复旦教育论坛（6）：
　25-31，79.

Strauss A, Corbin J, 1990. The basics of qualitative research: grounded theory procedures and techniques
　[M]. Califomnia: Sage.

"Common Factors" of Education Code from the Perspective of Holism: NVivo Analysis Based on 294 Legal Texts in Force

Yao Jinju   Shi Jifei

Abstract: The codification of education law is the requirement of the modernization of education governance system and governance ability, and also the guarantee of building a strong country in education. The codification of education law must start from the perspective of holism and define the basic category of education law. Focusing on the narrow concept of law, the education law is divided into special education law and related education law. Based on eight special education laws, two analytical dimensions of "subject" and "behavior" are determined, and the category of related education law is defined according to them. A total of 97 legal texts of education law analyzed by NVivo were formed. According to the analysis of three-level coding of the legal texts of special education law and related education law, it can be clear that the school behavior is the main line of education law, the behavior of the government and education administrative department is the key to education law adjustment, and the other behavior of the state and society is the auxiliary line of education law.

Key words: perspective of holism   education law   special education law   related education law

作者简介：

姚金菊，北京外国语大学法学院教授、博士生导师，研究方向为行政法学、教育法学。

史继菲，北京外国语大学法学院博士研究生，研究方向为教育政策与法律。

□何　颖　公立群

教育法典编纂的现行教育法制基础探究

——以法律关系主体为观测点的社会网络分析①

【摘　要】教育法典的编纂需要充分考虑现行教育法律体系的制度基础与教育治理现代化的发展需要。本研究使用社会网络分析方法，以教育法律关系主体为观测点，对8部现行教育法律所构建的教育法律体系的治理特征进行分析。结果显示，当前教育法律突出地以学校教育为调整重心，对于其他教育形式的规定相对薄弱；法律条款中各法律关系主体的协作程度不高，对不同主体的分类管理和系统规范亦存在改进空间。在当前法制基础上进行教育法典的编纂研究，需要以助力教育现代化为重要功能定位，积极回应教育实践格局的发展变化。

【关键词】教育法典　教育法律体系　社会网络分析　法律关系主体　教育治理

自《全国人大常委会2021年度立法工作计划》提出"研究启动环境法典、教育法典、行政基本法典等条件成熟的行政立法领域的法典编纂工作"以来，教育法

①　本文系国家社科基金重大项目"'双减'背景下基础教育生态系统重构机制研究"（VHA220005）的阶段性研究成果。本文写作过程中，首都师范大学教育学院硕士研究生曹麓参与了研究前期的法律文本整理编码工作，在此表示感谢。

律法规的法典化成为我国立法研究的趋势之一。当前有关教育法典编纂的研究多从法学视角出发，关注立法技术问题，围绕教育法典编纂的可行性、原则、路径、国际经验和内容体例等主题进行了有益的讨论。但是单一法学话语的讨论并不足以满足教育法律功能优化之需要，教育法律体系的发展创新首先需要考虑其与教育实践的当下需求及未来发展间的耦合问题。

从教育改革发展的角度来看，自2014年年初召开的全国教育工作会议对加快推进教育治理体系和治理能力现代化进行系统论述以来，教育治理现代化成为近十年来教育实践领域的重要改革思路，也被列为《中国教育现代化2035》的战略任务之一。我国的教育治理以政府、学校、社会三层面要素关系的重构为基本框架，推进教育治理现代化以转变政府教育管理方式、加快建设现代学校制度、动员社会参与支持教育为三大重点任务（袁贵仁，2014）。这一蕴含着现代治理理念的重要结构性改革应当与教育法律体系的发展完善相辅相成，特别是在研究编制具有高度结构化和稳定性特征的教育法典时尤其需要充分重视。为充分把握教育法典编纂的法制基础，有必要就现行教育法律体系的调整范围与结构特征进行分析，以判断其与教育治理现代化要求的契合水平及改进空间。

一、研究方法与数据处理

从结构功能主义的视角来看，法律是一种规定社会系统界限和功能选择的社会结构，权威地形塑了相应领域社会行动的网络空间。因此，在分析教育法律的覆盖范围与调节方式时，对教育法律文本所塑造的社会关系结构及其属性进行量化的社会网络分析是有益的。由于主体是法律权利、义务及责任的依托（任海涛，2020），法律关系主体可被视作法律关系网络中的节点，主体之间在法律关系网络中的关联程度可以通过节点在文本中的共现情况体现出来。这一方法虽然无法深入教育法律关系的法理性质，但通过量化分析法律关系主体这一节点在何处出现、是否共现、共现方式和频次的不同，能够相对清晰地呈现出不同主体在教育法律体系中的地位角色与彼此联系的情况，进而可判断我国教育法律体系的调整范围和结构特征。

　　本研究以全国人大制定颁布的 8 部现行教育法律[①]为分析对象，使用社会网络分析的方法，从法律关系主体及其彼此间关系的规定切入分析现行教育法律。研究使用 NVivo11 和 UCINET 软件为分析工具，首先使用 NVivo 筛选现行教育法律中作为法律关系主体的语词共 117 个（分布情况见图 1），进行词频分布统计；其后将相关数据导入 UCINET 中，以共现情况为依据进行社会网络分析，从网络的整体特征、中心度、聚类系数等具体指标对当前教育法律关系主体间的法定关系网络进行研判。考虑到教育法律关系网络中节点非均质分布的可能性，研究在文本编码中引入格兰诺维特对社会网络关系的强连带和弱连带分类（格兰诺维特，2007）[67-97]，将出现在同一法条中的语词共现归属于强连带，将出现于同一部法律中的语词共现归属于弱连带。弱连带共现情况如图 1 所示。

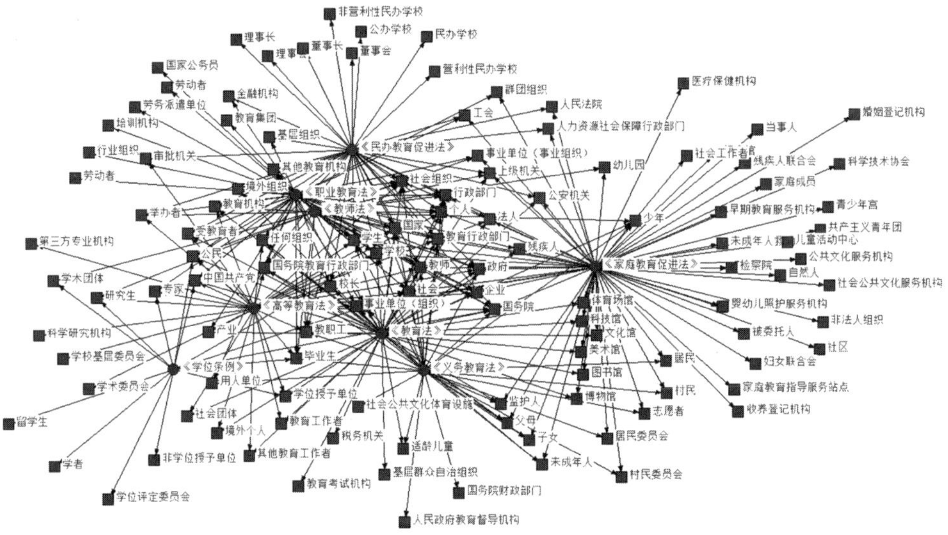

图 1　教育法律关系主体语词在各部法律中的弱连带共现情况

　　① 包括《教育法》《学位条例》《义务教育法》《教师法》《高等教育法》《职业教育法》《民办教育促进法》《家庭教育促进法》。

二、现行教育法律中教育法律
关系主体的社会网络结构

（一）教育法律关系主体的词频分布

法律对不同主体及其彼此关系的规约水平，在一定程度上可以通过相应主体在法律文本中的分布频率和位置反映出来。研究对现行教育法律中作为教育法律关系主体的语词进行词频统计，其中出现频次最高的 15 个语词如表 1 所示。

表 1　总频次排在前 15 名的教育法律关系主体语词

序号	教育活动主体	总词频	《学位条例》	《义务教育法》	《教师法》	《教育法》	《高等教育法》	《民办教育促进法》	《职业教育法》	《家庭教育促进法》
1	学校	481	6	64	44	68	127	27	122	23
2	国家	272	0	30	23	77	46	27	57	12
3	教师	208	0	26	101	19	25	11	25	1
4	政府	180	0	68	20	26	6	15	28	17
5	社会	173	3	15	11	49	25	14	39	17
6	学生	126	0	30	17	14	29	4	29	3
7	人员	108	4	19	7	32	12	7	15	12
8	国务院	94	15	19	13	13	19	5	9	1
9	民办学校	80	0	0	0	0	0	80	0	0
10	未成年人	72	0	2	0	5	0	0	0	65
11	教育行政部门	68	0	21	10	13	4	9	8	3

序号	教育活动主体	总词频	《学位条例》	《义务教育法》	《教师法》	《教育法》	《高等教育法》	《民办教育促进法》	《职业教育法》	《家庭教育促进法》
12	企业	66	0	0	1	10	6	0	47	2
13	其他教育机构	58	0	0	12	43	0	1	2	0
14	个人	48	0	6	1	14	5	9	9	4
15	少年	42	0	35	1	0	5	0	0	1

词频统计可见，"学校"（481 次，且不含"民办学校""营利性民办学校""非营利性民办学校"）是我国教育法律体系中占据绝对词频优势的主体，排序靠前的主体还包括"国家"（272 次）、"教师"（208 次）、"政府"（180 次）、"社会"（173 次）、"学生"（126 次）、"人员"（108 次）、"国务院"（94 次）、"未成年人"（72 次）和"教育行政部门"（68 次）。这些相对高频的教育法律关系主体勾勒出了我国教育法律体系对于教育的基本设定，即法律规定中的"教育"是一项主要以学校为具体场所、以教师和学生为核心人员构成、由国家负责举办并需要社会共同参与的公共事业。相应主体语词在不同教育法律中的分布情况，既体现了现代国家在工业化进程中，以学校为依托系统构建教育制度的公共责任担当；又体现了我国在教育法律体系构建过程中，不断拓展并细化教育法律关系主体的科学发展。但由于存在着以下两方面突出特征，现行教育法律体系具有将"教育"过度偏重窄化为"学校教育"之嫌，对学校教育之外的公共教育活动及其参与主体的规范不足，尚不能充分满足现代教育治理的需要。

其一，从整体词频来说，作为家庭教育主要责任人的"父母或者其他监护人"和作为社会教育主体的"其他教育机构""企业""社会组织""行业组织""社会团体"等各类社会组织在教育法律文本中出现的频率显著低于公权力部门和"学校""教师""学生"等学校教育的直接参与主体。

其二，从词频分布来看，教育活动的家庭和社会参与主体不仅出现频次低，而且在法律体系中的分布不均衡。首先，"父母"作为家庭教育主体的代表语词，在除《家庭教育促进法》之外的其他教育法律中被使用的次数之和不足 10 次。其次，虽然"社会"的总频次在法律关系主体语词中排第 5，但这一概念较为笼统抽象。相比之下，"企业""行业组织""事业单位""群团组织"等具有明确法律界定的社会主体在教育法律体系中出现的频率明显较低，并主要集中于 2022 年修订的《职业教育法》。但是在教育实践中，各类社会主体对公共教育的参与并不只集中于职业教育领域，参与的途径也并不只有举办学校这一种形式。然而通观整体教育法律，即使是作为教育部门法"母法"的《教育法》也主要以"社会组织""企业事业组织"等为表述方式对公共教育的社会参与主体进行少量笼统规定，恐尚不足以对类型多元并且结构关系灵活复杂的社会主体在教育中的自治共治进行充分合理的法律规制。

（二）教育法律关系主体的共现网络

为进一步了解当前法律对教育活动各主体之间协同情况的关照程度，研究以在同一法条中的共现情况为编码依据，建立法律关系主体语词的强连带共现矩阵。数据编码后导入社会网络分析工具 UCINET，以矩阵中每行均值为参照进行共现频率的二值转化，构建了法律关系主体的共现网络（见图 2）。以此为基础，研究对相关法律关系主体的共现情况进行网络密度、中心度和凝聚子群分析，以进一步揭示当前教育法律体系的治理特征。

1. 网络密度分析

网络密度是测量网络结构形态的重要指标之一，其取值范围在 0—1，数值越大即网络关系越紧密。研究使用 UCINET 对矩阵进行密度计算，得到法律关系主体强连带共现矩阵密度为 0.2141。这一密度显示出，当前教育法律体系中，各法律关系主体语词之间的强连带关系整体薄弱。由此可知，教育法律在规范教育活动时，立法关注点主要放在对各主体权责的确定上，对各主体之间的联系和协作较少进行制度设计。

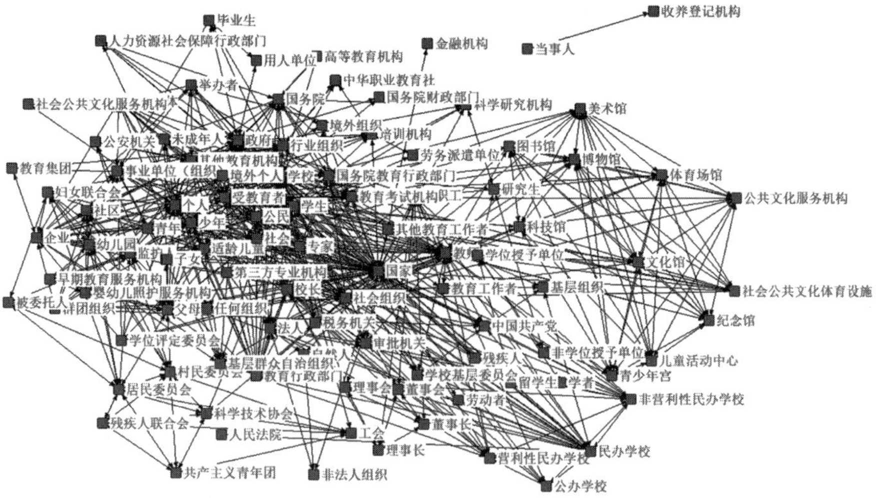

图 2　法律关系主体语词在教育法律体系中的强连带共现情况

注：图中各点即法律关系主体语词，语词之间的连线代表二者共现于同一法条的频率高于均值，存在强连带关系。左侧没有连线的语词，即在教育法律中与其他法律关系主体语词之间不存在强连带关系。

当然，由于现行有效的教育法律制定年代不同，各单行法律对于法律关系主体的规范方式也因调整领域的差异和立法技术的发展而存在一定差异。例如，同样是以未成年人所受的教育为调整对象，2021 年颁布的《家庭教育促进法》中法律关系主体的数量和联系程度都明显高于 2006 年修订的《义务教育法》（见图 3 和图 4）。由此亦可知，新近的教育立法比过去更加关注教育活动主体间的复杂关系，并开始在法律层面上构建更加契合治理理念的教育治理结构。

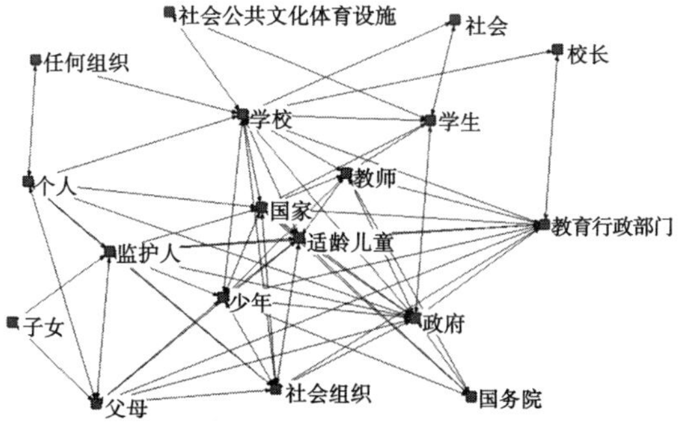

图 3　《义务教育法》中法律关系主体的强连带共现

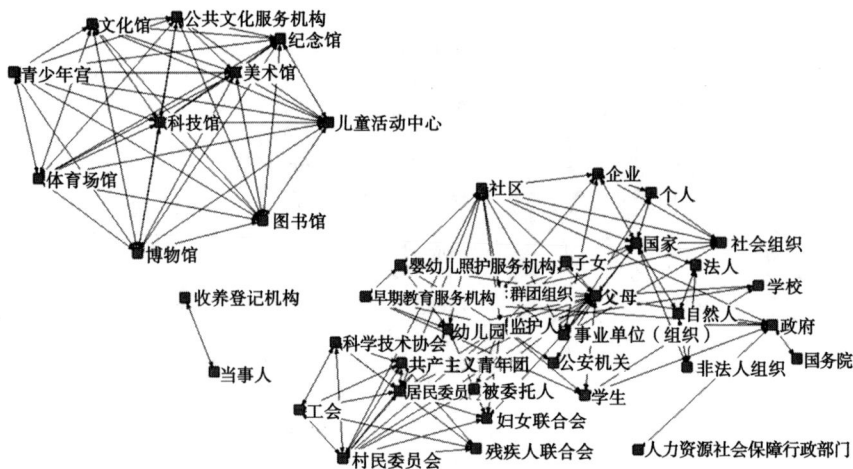

图 4 《家庭教育促进法》中法律关系主体的强连带共现

2. 中心度分析

为了解哪些法律关系主体在法律关系网络中居于重要位置，本研究对强连带共现网络进行了程度中心度分析。在社会网络分析中，程度中心度通常用来衡量各参与者在关系网络中的位置，程度中心度的数值越高，说明其在网络中的位置越中心，即具有越重要的影响力。（诺克 等，2012）[103-104] 因受篇幅限制，研究呈现了程度中心度排序为前 10 名和后 2 名的法律关系主体，如表 2 所示。"学校"的程度中心度为 305.000，标准化后程度中心度达到 4.533，是所有语词中最高的；117 个语词中只有 14 个语词的标准中心度在 1.000 以上，还有 45 个语词的标准中心度不足 0.100；将 117 个法律关系主体语词的中心度排序与词频排序进行对比，整体位次相差不大。程度中心度分析再次凸显了我国教育法律体系的学校教育中心特征。

表 2　强连带共现矩阵的程度中心度数值（部分）

词频排序	语词	绝对中心度	标准中心度	份额
1	学校	305.000	4.533	0.098
2	国家	272.000	4.043	0.087
4	政府	162.000	2.408	0.052

词频排序	语词	绝对中心度	标准中心度	份额
3	教师	129.000	1.917	0.041
13	监护人	124.000	1.843	0.040
12	父母	122.000	1.813	0.039
11	个人	113.000	1.680	0.036
14	社会组织	112.000	1.665	0.036
9	其他教育机构	106.000	1.576	0.034
8	民办学校	103.000	1.531	0.033
…	…	…	…	…
113	社会工作者	0.000	0.000	0.000
114	医疗保健机构	0.000	0.000	0.000

3. 凝聚子群分析

凝聚子群分析是社会关系网络分析中区分研判网络内部结构状态的常用技术，子群集合中的成员间具有直接、紧密、经常的较强关联度（张笑梅 等，2020）。本研究使用 UCINET 软件的 Concor 方法对教育法律关系主体的强连带网络结构进行聚类分析，该方法将网络中相关系数相同的法律关系主体语词划归到一个子群，进而考察各语词间的关联关系及各子群在教育法律关系网络中所处的位置。聚类分析中，当切分深度为 7，即对相应语词进行七级聚类时，结果拟合度为 0.577，大于 0.5，拟合结果较为理想。该分析最终将当前教育法律关系主体语词归纳为 4 个集群，如表 3 所示。其中，子群 1 和子群 2 基本涵盖了参与教育基本公共服务的主要责任主体，但这两个子群间的区别并不是特别清晰，子群 3 主要是承担家庭教育与家庭教育指导服务的责任主体，子群 4 主要是未能纳入上述强连带集群中的、对教育事业承担部分辅助支持责任的社会主体。

表3　教育法律关系主体的凝聚子群结果

子群	成员
子群1	学校、其他教育工作者、社会、金融机构、公民、民办学校、公办学校、非营利性民办学校、营利性民办学校、审批机关、其他教育机构、法人、学位授予单位、第三方专业机构、科学技术协会、科学研究机构、非法人组织、自然人、事业单位（组织）、个人、社会组织、社会团体、企业、青年、基层群众自治组织、群团组织、学位评定委员会、妇女联合会、社区、境外组织、任何组织、社会公共文化服务机构、境外个人、社会公共文化体育设施
子群2	国家、中国共产党、教育工作者、学校基层委员会、人员、残疾人、未成年人、教师、受教育者、学生、专家、国务院教育行政部门、中华职业教育社、行业组织、培训机构、工会、人员、举办者、教育集团、理事董事会、校长、基层组织、教职工、人民法院、理事长、董事长、教育行政部门、人力资源社会保障行政部门、政府、税务机关、教育考试机构、少年、适龄儿童、高等教育机构、国务院、国务院财政部门、用人单位、毕业生、子女、幼儿园、早期教育服务机构、劳务派遣单位
子群3	监护人、父母、婴幼儿照护服务机构、公安机关、村民委员会、居民委员会、被委托人、共产主义青年团、残疾人联合会、收养登记机构、当事人、图书馆、体育馆、美术馆、文化馆、科技馆、博物馆、儿童活动中心、公共文化服务机构、青少年宫、纪念馆
子群4	学术团体、家庭教育指导服务站点、劳动者、婚姻登记机构、未成年人救助保护机构、研究生、非学位授予单位、留学生、学者、行业主管部门、家庭成员、志愿者、检察院、国家公务员、居民、社会工作者、医疗保健机构、人民政府教育督导机构、村民、学术委员会

从子群聚类的结果来看，当前的教育法律对学校、家庭和社会三大不同领域实施的教育均有所规范，并且格外重视教育活动中的未成年人权益保护，体现出了覆盖范围的全面性，但在法律规范的系统性上仍然存在较大的改进空间。首先，各单行法律对法律关系主体语词的使用尚不完全一致，存在不同法律中使用不同语词指代同一主体的情况，法律话语体系的同一性有待提升。例如，《教育法》中的"基层群众性自治组织"，在《家庭教育促进法》中表述为"居民委员会、村民委员会"；《教育法》《义务教育法》中的"社会公共文化体育设施"，在《家庭教育促进法》中以枚举的方式表述为"图书馆、博物馆、文化馆、纪念馆、美术馆、科技馆、体育场馆、青少年宫、儿童活动中心等公共文化服务机构"；《职业教育法》中的"培训机构"，在《教育法》《民办教育促进法》中归于"其他教育机构"；等等。法律关系主体语词的不同一，在一定程度上影响了教育法律话语系统的协调性，也难以满足教育法律

进一步体系化的要求。本研究凝聚子群后，子群1和子群2之间区分度不清晰，也与各教育法律中法律关系主体的语词表述不齐整有较大关系。其次，相较于学校教育的核心地位、家庭教育的专项立法支持促进，社会领域教育的规范从丰富性和系统性来看都相对薄弱。部分社会主体实施教育活动的内容规定高度同步于学校教育。例如，《教育法》将"其他教育机构"和"学校"并行表述为"学校及其他教育机构"，就其设立、权利、义务、管理、保障和法律责任等各方面进行了同一规定。《民办教育促进法》延续了这一将"其他教育机构"视同"学校"的立法技术，在第六十五条中规定"本法所称的民办学校包括依法举办的其他民办教育机构"。这种处理虽然较好地把握了各类公共教育的共性之处，有利于统一管理并保障基本质量，但是也确实未充分考虑到各级各类培训机构、少年宫等"其他教育机构"在培养目标、教育内容、实施方式、条件要求、组织管理乃至法律地位上与学校的差异。从实践层面看，"双减"之前校外培训领域为资本冲击，带来一系列问题，在一定程度上与《民办教育促进法》修定时未同步对分类管理必然带来的复杂利益格局设计相应细分的分类治理预案有关。

三、总结与讨论

本研究使用社会网络分析方法，对8部现行教育法律文本中的法律关系主体语词进行词频统计、共现网络密度分析、中心度分析和凝聚子群分析。结果表明，当前教育法律突出地以学校教育为调整重心，对学校教育相关法律主体做出了相对明晰的权责规定，但对学校教育以外的教育形式的规定相对薄弱，法律条款中各法律关系主体的协作程度不高，对不同主体的分类管理和系统规范亦存在改进空间。

40余年的改革开放过程中，在社会结构调整和信息技术革命的双重引导之下，传统工业社会的生产方式正在经历急剧变革。与此相应，教育领域中，政府与市场之间，学校、家庭与社会之间的关系也在教育实践中持续经历着主动或被动的调整创新。尤其是在工业4.0时代，在人工智能快速发展的推动下，教育格局在当下及可预见的未来将持续调整。联合国教科文组织在2015

年和 2021 年的两份报告中均明确指出了这种趋势。其中，2021 年发布的《一起重新构想我们的未来：为教育打造新的教育社会契约》更针对性地呼吁以确保人们终身接受优质教育的权利，强化教育作为公共行动和共同利益的形式为原则建立新的教育社会契约（龚向和，2022）。在新形势下，"教育"这一因具有复杂实践形态而"涵义不会固定不变，其与周边概念必然是有着交叉和混淆"（余庆，2019）的独特领域，不仅需要依法治理以规范教育活动，更需要建立契合现代治理的法律规则以支持引导教育现代化发展。从教育实践发展的这一重大现实需要来看，当前我国教育法律体系在公立学校教育之外体现出的上述粗略薄弱特征，恐尚不能充分回应实践发展的需要，也与建立高度体系化的教育法典的要求存在较大距离。由此而言，对于教育法典的编纂研究来说，无论支持汇编型法典化模式，认为我国教育法典即法律行政法规的合成物（湛中乐，2021），还是认同体系型编纂模式，认为我国教育法典需要以突破传统法律藩篱的法理创新彻底革新现行法律体系（任海涛，2021），都必然需要在整合过程中对当前教育法律进行深度调整。在通往法典化这一宏大目标的路途上，研究者也必须进一步打破法学与教育学两门学科之间的藩篱，深入"教育"这一法律规制的对象本身，在对教育实践格局及其发展变化有深刻理解的基础上统一对"教育"的认识，并以粗细得宜、宽紧兼济的立法技术创新进行有效的整体结构设计，以保证教育法典的研究编纂能够积极助力教育改革发展。

参考文献

格兰诺维特，2007. 镶嵌：社会网与经济行动［M］. 北京：社会科学文献出版社.

龚向和，2022. 教育法法典化进程中的终身学习权保障研究［J］. 国家教育行政学院学报（1）：20-31.

诺克，杨松，2012. 社会网络分析［M］. 上海：上海人民出版社.

任海涛，2020. 论教育法的体系化是法典化的前提［J］. 湖南师范大学教育科学学报（6）：15-24, 76.

任海涛，2021. 论教育法法典化的实践需求与实现路径［J］. 政治与法律（11）：17-29.

余庆，2019. 论作为教育哲学研究方法的教育概念分析［J］. 教育学报（3）：10-16.

袁贵仁，2014. 深化教育领域综合改革加快推进教育治理体系和治理能力现代化：在 2014 年全国教育工作会议上的讲话［J］. 人民教育（5）：7-16.

湛中乐，2021. 论教育法典的地位与形态［J］. 东方法学（6）：111-122.

张笑梅，张攀峰，2020. 我国自适应学习研究热点及发展趋势：基于共词分析的可视化研究［J］. 中

小学电教（5）：61-64.

The Current Legal Basis of the Compilation of Education Code: A Social Network Analysis with the Subject of Legal Relationship as the Observation Point

He Ying   Gong Liqun

Abstract: The compilation of education code needs to fully consider the current education legal system as the institutional basis, and accord with the realistic needs of the modernization of educational governance. Using the method of social network analysis and taking the subject of educational legal relationship as the observation point, this research analyzes the governance structure of the current educational legal system constructed by eight existing education laws. The results show that the current education law focuses on school education prominently, however the provisions for other forms of education are relatively weak; the cooperation among the legal relationship subjects is not widespread; the classified management and the systematically regulation of different subjects are also need to improve. Based on the current legal system, the research on the compilation of education code needs to take helping the modernization of education as the important function orientation, and actively respond to the development of the pattern of educational practice.

Key words: education code   educational legal system   social network analysis   subject of legal relationship   educational governance

作者简介：

何颖，教育学博士，首都师范大学教育学院讲师，研究方向为教育政策学与教育法学。

公立群，首都师范大学教育学院硕士研究生，研究方向为教育政策学与教育法学。

□ 刘一玮

再论教育软法

【摘　要】丰富繁多的教育软法现象催生了包含定义、范围、功能、效力等在内的教育软法基本理论研究。教育软法的概念借鉴了软法理论，蕴含了制定主体、规范特点、效力等关键要素。教育软法的范围涵盖法律法规中的软法条款、规范性文件和社会组织自治性规范，发挥着规制工具、行为规范、观念塑造的功能。教育软法具有法律效力，其来源于制度规范愿景与共识性基础，并且借助自愿服从、习惯性服从、社会强制力与国家强制力的影响获得实效。在教育法典编纂的时代背景下，教育软法与教育硬法的混合共治是实现教育法治的最优进路。

【关键词】教育软法　软法理论　非国家强制力　教育法治

教育软法概念的产生及适用迄今不过 15 个春秋。在中国知网数据库中以"教育法、软法"作为主题进行检索，可发现早在 2008 年就有学者提出，义务教育法治中存在着硬法与软法，同时伴生了硬法软化和软法硬化等不良现象，通过发扬硬法权威与规培软法，促使软硬法协调一致（明世法，2008）。目前，教育软法概念及其理论的影响力不断扩大，学者们的研究议题涉及义务教育学校制度及标准化建设、班级规则制定与执行，高等教育体制改革发展、大学章程、学术权力运行，民办教育治理，家庭教育引导，等等。不过，现阶段教育软法的基础理论研究仍旧停留在点到为止的程度，无法深入解构教育软法现象，促进教育法治发展。由此，本文从与教育硬法对比的角度出发，全面阐述教育软法理论，勾勒出包含教育软法定义、范围、功能、效力以及未来发展在内的理论图景，从而为教育法治实践提供强有力的理论支撑。

一、概念澄清：定义教育软法的积极尝试

概念是人类从感性认识上升到理性认识、把握事物本质的认知工具。语词的概念澄清无疑是社会科学研究的前提性、基础性工作。由于教育软法概念及相关理论缘起于公域之治中的软法理论，所以要阐释教育软法的概念，就不得不回溯软法概念。

软法概念自诞生起就充满争议。从生成机制看，软法是中西传统法律文化碰撞而形成的新法域（梁剑兵 等，2012）[31-33]。从制定主体看，美国格尔森（J. E. Gersen）和波斯纳（E. A. Posner）认为软法是立法机构所颁布的规则，但不符合规则颁布所必需的法律程序（Gerson et al., 2010）。法国学者斯奈德（F. Snyder）、荷兰学者森登（L. Senden）及我国学者罗豪才等从效力角度界定软法。其中，罗豪才的观点常被引用，即软法指代那些效力结构未必完整、无须依靠国家强制力保障实施，但能够产生社会实效的法律规范（罗豪才 等，2006）。以上所列举的具有代表性的软法定义均是从某个角度出发揭示软法的内涵，失之片面，并未体现定义的概括性、全面性与整体性。德国耶拿大学学者克劳夫（M. Knauff）对于软法的界定较为全面，值得借鉴，他综合了制定主体、规则内容、法律效力等多个关键要素，将软法概念提炼为：由行使公共权力的行政当局或主体制定的行为规则，它不具有或仅在规则制定者内部产生法律约束力，能够产生法外控制影响（Knauff, 2010）[228]。

以软法概念为基础，教育软法的概念界定同样需要融合制定主体、生成机制、规则内容、法律效力等关键要素。详言之，一是从制定主体看，教

育软法一般由政党、国家、自治组织、公民等教育相关者参与制定。以大学章程为例，《高等学校章程制定暂行办法》第十六条规定："章程起草组织应当由学校党政领导、学术组织负责人、教师代表、学生代表、相关专家，以及学校举办者或者主管部门的代表组成，可以邀请社会相关方面的代表、社会知名人士、退休教职工代表、校友代表等参加。"二是从生成机制看，教育软法借助商谈、沟通机制，更多运用协商、灵活、开放的方式，促成利益相关者共识的达成。例如，义务教育学校办学标准从制定、实施到评价的整个周期均是形成多元主体合意的开放性过程（张新平 等，2017）。三是从规则内容看，教育软法排除了惩罚性、强制性规范，体现为宣示性、鼓励性、促进性、指导性规范。例如，有学者以法律条文结构三要素为依据甄别出《高等教育法》中"软法性条款"占68.84%，半软法性条款占29.71%，其中赋权性条款、陈述性条款、宣示性条款和倡导性条款又分别占37.89%、35.79%、17.89%和8.43%（廉睿 等，2021）。四是从法律效力看，教育软法并不依靠国家强制力，而是主要借助柔性或者非国家强制性手段促使规范效力转化为实效。有学者提出，教育的本质是培养人、影响人，强制性手段无法从根本上干预人的成长进而实现预期的教育结果。同时，教育的长周期性与复杂性直接决定了强制性规范缺乏社会认同基础与可操作性（王鹏炜，2015）[50-51]。在吸收借鉴相关有益经验的基础上，本文尝试将教育软法定义为：享有一定公共权力的主体所制定的、以非国家强制性为根本特征、针对教育活动的法律规范，能在制定者内部产生约束力以及在一定程度上产生对外约束力。

二、众里寻他：教育软法的范围划定

教育软法的范围，也就是教育软法究竟包含哪些规范形态，直接关系到研究的外部边界。教育软法的范围划定众说纷纭，学者们一般采用列举法予以描述。程雁雷等从引导和推动我国高等教育历次重大改革的规范形态出发，将教育软法的主要表现形式归纳为：党制定的政策性规范、人民代表大会批准的规划纲要和行政机关制定的软法等（程雁雷 等，2009）[38-39]。余丙南等以高等教育为例，提出教育软法包含法律法规中的软法条款、党和国家机关制定的规范性文件以及高校自身制定的各类管理规范（余丙南 等，2012）。刘永风等从学生体育权利保障的视角切入，认为政府及其教育行政部门依据上级教育政策发布的通知、纲要、规划等规范性文件，学校章程、规则、守则等内部治理规范等隶属于教育软法的范畴（刘永风 等，2009）。张新平等将义务教育学校办学标准归在软法框架下（张新平 等，2017）。

　　客观上，教育软法的范围并不是完全封闭的，而是不断扩充和丰富的。现阶段教育软法的典型形态可分为三类。第一类是法律法规中的软法条款，即教育法律法规中的非强制性法规范。这里存在的一个谬误是将教育法律法规等同于教育硬法，如有学者提出《教育法》《高等教育法》《职业教育法》等属于硬法的范畴（韩香云，2016）。但实际上，软法的非强制性、不依靠国家强制力保障等特性决定了教育法律法规中那些描述法律事实或具有宣示性、号召性、鼓励性、协商性、指导性的法规范同样属于教育软法。第二类是党和国家机关创制的名为纲要、规划、意见、办法等的规范性文件。第三类是学校、行业协会等社会组织创制的自治性规范，代表性的如章程、内部规章制度、行业标准等。教育部政策法规司原副司长王大泉对于教育软法范围的总结比较全面，他认为教育活动的属性和特点决定了教育软法的柔性取向，具体涵盖"不具有强制性的教育法律法规及条款；党中央国务院发布的有关教育改革发展的重大决定、政策，教育部发布的部门规章，教育部及各级教育部门发布的规范性文件，办学标准、教学规范、评估办法与专业标准，学术规范、评审制度、发展规划，以及学校规章和内部管理制度等等"（王大泉，2019）。

　　需要注意的是，教育软法范围的划定必须避免所谓"泛软法主义"的错误倾向，即主张除了硬法外凡是能够约束教育活动参与者行为的规则均为教育软法，典型的如教育专业伦理、教育观念和文化乃至尚待形成的教育规则与原则等。"泛软法主义"的支持者不在少数，其危害性不容忽视。一方面是忽略了教育软法隶属于法规范的大前提，阻碍形成相对封闭独立的规范体系，对教育软法理论的科学构建造成干扰；另一方面则是令教育软法沦为"口袋概念"，无端陷入合法性与合规性危机（邢鸿飞 等，2012）。就像法律与道德之间"剪不断、理还乱"的复杂关系一样，教育软法与其他规范也并不全然是泾渭分明、毫无关联的，但是教育软法在形成主体、创制方式、效力形态、实施手段、意义面向、问题意识等方面的独特性较为明显（沈岿，2016），可以与其他规范相区别。

三、意在何为：教育软法的功能

教育软法功能的阐释支撑了对于教育软法价值的说明。教育软法的存在与教育硬法息息相关，两者共同贯穿教育治理的全过程。通常，教育软法的功能被描述为弥补教育硬法的结构性缺陷。不过，基于教育领域的特殊性与传统教育制度体系的惯性，教育硬法在我国现有教育法规范体系中占比较少，以至于一些学者主张教育法为软法。借鉴匈牙利塞格德大学学者布卢特曼（L. Blutman）归纳的论证软法亦法的"功能理论"与"接近理论"，对于教育软法功能的描述同样存在两种进路。其一，在"功能理论"指导下，教育软法发挥着法规范的作用，提供行为预期、协调与塑造行为、促进组织内部与社会秩序的形成。此时，教育软法是教育硬法的"半影"，能够与教育硬法分庭抗礼。其二，在"接近理论"框架下，教育软法因为与教育硬法的特殊关系而接近于教育硬法，表现为产生法律实效、法律相关性、法律成分、法律价值等。具体而言，通过三种方式呈现：一是前法律功能（pre-law function），在教育硬法制定不合时宜时，教育软法能够率先提供行为的规范性指导，填补规制空白与漏洞，为后续教育硬法的制定积累经验；二是法律附加功能（law-plus function），教育软法补充、解释教育硬法；三是准法律功能（para-law function），教育软法作为教育硬法的替代性监管手段，作为一种次优的解决方案得以适用。（Blutman，2010；沈岿，2014）

从一般意义上讲，教育软法的功能体现在以下三个方面。第一，规制工具。教育软法因制定时间成本低、灵活易修改、适用性强、规制效果好等固有优势，成为行政管理者偏好的规制工具。例如，冠以纲要、指南、意见、办法等名称的教育政策，自新中国成立以来就发挥着引导教育改革与发展的重要作用。第二，行为规范。教育软法是一种早已嵌入教育活动的规则现象。无论是宏观上的教育政策，还是微观上学校等教育机构的制度规范，教育软法一以贯之地影响与控制组织、成员的行为选择。例如，校规校纪作为典型的教育软法，在大学章程的统摄下规范教师、学生、行政人员以及其他人员的活动，保障大学正常的教育教学秩序。再如，在国家政策法律与省域要求下发布的省域义务教育办学标准，借助学校规模与建设标准、教育教学保障、校园环境与装备等的量化数据与指标，直接干预、矫正政府决策与行政裁量，规范学校的办学行为（张新平　等，2017）。第三，观念塑造与治理转向"助推器"。教育软法获得独立地位，突破了国家唯一中心的教育法范式，契合以多中心、多向度、开放性等为特征的公共治理潮流，将法律约束机制嵌入教育领域，逐步构建起符合我国发展实际、具有中国特色的教育治理模式。

四、在有无与强弱之间：教育软法的效力

伴随着教育软法研究的深入，学者们开始触及教育软法的效力问题。首先，教育软法效力的有无存在争议。否定者不认同教育软法的存在，主张教育软法并不是法律，因而不具有法律约束力。而赞同者认为，教育软法是软法理论在教育领域的具体适用，软法理论的一个重要内容是对于软法效力的承认与描述。其次，教育软法效力的强弱并无定论。例如，有学者认为，社会适应性、易变性更强的教育政策效力各异（靳澜涛，2021），义务教育办学标准具有"软约束力"（张新平　等，2017），有研究者提出，软法性条款在拘束力上弱于国家强制力，但就个体而言，它在某些特定空间内所释放的效力不亚于国家强制力（廉睿　等，2021）。再次，教育软法的效力来源解释不同。以大学章程为例，一些学者提出各利益主体协商与博弈后形成的共识为其效力的发挥奠定了合法性基础，还有学者认为，大学精神产生的认可性约束力赋予了大学章程效力（陶好飞　等，2018；王韦丹　等，2017）。最后，教育软法的实效不容置疑。例如，法国著名公法学者斯奈德和荷兰学者森登均提出，软法具有法律效果，而且旨在产生或可能产生实际效果（Snyder，1993）（Senden，2004）[112]。廉睿等将《高等教育法》中软法性条款的运行模式归纳为权力主导型、政策辅助型和资源引导型三类（廉睿　等，2021）。总

体上，学者们关于教育软法效力的探讨集中于某一教育软法规范形态，亟须从一般意义上加强对于教育软法效力的研究。

教育软法效力的判断具体包含效力有无、效力强弱、效力来源、效力实现四个维度。

第一，教育软法具有法律效力。著名法学家凯尔森将法律效力界定为：法律规范有约束力，人们应当像法律规范所规定的那样行为，应当服从和适用法律规范（凯尔森，1996）[42]。以典型的教育软法为例，无论是法律法规中的"软法性条款"还是教育政策、办学标准、学校规章制度、学术规范等，在被制定出来后，就共享了法的特征，即指向普遍遵从、反复适用的规范性，特定群体应当服从和适用（张新平 等，2017）。

第二，教育软法效力存在差异。教育软法效力的强弱可以从两个方面描述。相较于教育硬法，教育软法具有弱约束力、弱拘束力、软约束力等。德国弗赖堡大学学者施瓦策（V. J. Schwarze）提出，"软"是软法的特色，就软法的法律效力和约束力而言，其规范内容和法律后果均存在局限，导致软法整体有效性降低（Schwarze，2011）。教育软法效力的"弱"不仅归因于其弹性、灵活性与易变性，更是源于其较弱的公共性。罗豪才等提出，软法与硬法效力区分的实质标准是公共性强弱，硬法关照的利益更具普遍性，是为绝大多数公众或组织所承认的基本社会价值，而软法保护与追求的价值不如硬法普遍和重要。这就导致在法治资源有限的现实中需要给不同的规范配置不同的效力要素（罗豪才 等，2009）[308-310]。就教育软法效力的强弱而言，由于教育软法形态的多样性，需要区分具体情况给出相应判断。在同一教育软法规范内部存在着效力强度的差异。例如，在高校时空场域内，软法因所代表共同体成员意志的多少呈现出不同的效力层级，由强到弱依次为章程、校规校纪、院系制度规则等。相较而言，不同教育软法规范之间的效力强弱不能一概而论，否则将出现认识片面化的风险，通常情况下不同教育软法表现为一种平行关系，难以准确区分出彼此的层级或位阶。

第三，教育软法的效力来源于相同的规范愿景与共识基础。教育软法的产生与教育硬法一样，是基于我国教育改革与发展的实际，这种"同源性"奠定了教育软法效力的实践基础。与此同时，教育软法因汇集了多元主体的共识而形成的认可性约束力，搭建了教育软法效力的认知基础。最为典型的如大学章程，在制定阶段经历校方、教师、学生等校内外利益主体的意志表达、协商互动、达成合意等过程，最终产生被参与各方认同的章程文本。由此，章程获得认可性约束力，其效力及于参与各方（陶好飞 等，2018；王韦丹 等，2017）。

第四，教育软法的效力实现机制排除了国家强制力。教育软法的软法性质决定了其不依赖于国家强制力保障实施，而是借助四类方式产生实效。一是行为人自愿服从。自愿的动机可能来源于道德自律、沟通后形成的共识与认同、软法规范中的利益诱导与激励等（沈岿，2014）。例如，中小学对于义务教育学校办学标准的遵循有助于学校硬件与软件资源的改善，吸引优质生源与优秀教师，为学校争取长远利益。二是依靠习惯性服从。罗豪才等指出习惯性服从是人的社会性的体现，人们无须对软法进行理解、认知与反思，而是在从众心理与路径依赖作用下接受软法。虽然习惯性服从并未融入行为人的理性认知，但是这种服从机制的社会成本低，引导、示范与教育功能显著（罗豪才 等，2009）[196]。三是社会强制力敦促行为人遵从。社会强制力来自社会舆论、组织内部监督、同行监督、文化传统等产生的外部压力（罗豪才 等，2006），以及教育软法内含的制裁手段与责任制度，主要包括群体压力、禁忌、声誉损害、道德谴责、纪律处分、剥夺自由与财产、取消成员资格、共同体内部确定的其他制裁形式等（毕雁英，2006）[266-268]（徐亚文 等，2014）。例如，中国教育装备行业协会的行业规约约束在我国境内从事教育装备产品生产、经营、研究的单位。各会员单位须形成自律意识，实行自我管理，自觉遵循行业规约并相互监督。对于违反行业规约的企业或个人，该协会将视情节轻重，给予警告、业内批评、通报批评、经济赔偿、取消会员资格等处分。再如，有学者主张《高等教育法》中的"软法性条款"作为集体意向的产物，可以通过社会舆论机制影响多元主体的行为（廉睿 等，2021）。四是借助教育硬法保障机制得以实施。教育软法无须依靠国家强制力并不意味着与其毫不相干，而是可以凭借与教育硬法的密切关系，依凭国家权威及强制的影响力与辐射力实现其规范目标（罗豪才 等，2006）。例如，依据教育硬法发布的教育政策及规范实施细则凭借国家权威与国家强制力获得实效。

五、未来可期：教育软法向何处去？

教育软法的未来发展是受到普遍关注的问题。在教育软法的性质、地位与作用被发现及接受之后，其向何处去的问题就会自然而然得到一个答案，即教育软法与教育硬法作为教育法规范体系中的重要组成部分，唇齿相依、相得益彰，形成一种混合法模式而共同服务于教育治理现代化。根据软法理论，软法与硬法并存且密切关联，表现为法逻辑上的错综复杂、法功能上的优势互补及法规范上的相互转化（罗豪才 等，2009）[406-413]。教育软法与教育硬法混合而治的必要性体现在：其一，渊源于"和合共生"的传统文化。中国传统的"和"思想、"和合"文化是中国传统文化的精髓，烙印在普罗大众的心中，积淀了"求同存异""兼容并包"的民族性格与文化底色。得益于"和合"文化的影响，教育软法与教育硬法虽然个性不同，但相互间并非对立排斥，而是融合共生的，有着相同的发展愿景（潘怀平 等，2019）。其二，两者有着共同的生成背景。教育软法与教育硬法的制定与实施均根植于我国教育改革发展实际，甚至在特定情形下，两者相互转化。有学者将两者相互转化描述为一种"钟摆现象"，提出两者是在对立统一的矛盾中不断前行与突破，虽然路上满布荆棘与摩擦，甚至可能出现异化，但这是法治发展过程的必经阶段（胡天弄 等，2018）。其三，两者旨在达成一致的制度目标。教育软法与教育硬法相辅相成、刚柔并济，共同服务于我国教育治理现代化的目标。

教育软法与教育硬法混合共治的具体落实可以从以下两个方面着眼。一方面，教育软法在实现教育治理的过程中肩负起更重的责任。通常认为，广义上的教育是运用专业知识教育人、引导人的活动。教育事业自身的特殊性决定了教育法规范体系是以引导性、开放性、参与性、非国家强制性为主导。一个形象的比喻是，教育硬法犹如教育软法"海洋"中的"孤岛"（罗豪才 等，2009）[3-4]。由此，教育软法不应成为教育硬法的附庸，而是应积极主动地弥补硬法的结构性缺陷，与硬法一道回应生动复杂的教育现实。另一方面，教育软法在教育法法典化过程中发挥更大的积极作用。《全国人大常委会 2021 年度立法工作计划》指出，研究启动教育法典等条件成熟的行政立法领域的法典编纂工作。至此，国家层面对于教育法法典化提出了明确的立法预期。当前，理论界与实务界对于教育法典的编纂体例、内容、制度框架及具体规则等的研究不断深入。在这一宏观背景下，教育软法的可能作用进路在于：一是教育法典应坚持"非强制性为主，强制性为辅"的价值取向。教育软法的核心元素在于非强制性，其存在与发展所依赖的社会现实沿着协商共治、多元开放的发展轨道前进，教育法典应秉持非强制性的价值追求，在基本原则、程序性规范、具体制度中确立非强制性规范内容。二是教育软法引领教育法典注重权利保障。教育软法突破了自上而下权力赋予式的教育管理体制，推动教育治理模式逐步转型为自上而下与自下而上相结合的权力赋予与权利保障相结合的模式，在此基础上以不同教育参与者权利的实质性保障为中心的规范安排是教育法典编纂的必然遵循。无论是以教育法律关系还是不同学段作为编排主线，教育权利的制度性保障均应当具有可及性与可操作性。三是教育法典及其实施细则所依托的教育软法的合法性塑造。教育法典作为教育领域的基本法，无法事无巨细地规范各级各类教育行为，借助教育软法细化不同领域、不同层次的教育行为成为法律制定与实施中自然而然的选择。由此，教育软法的合法性问题随即产生，教育软法可能出现异化、违法现象。例如，以规范性文件为载体的教育政策可能存在违背上位法之虞，侵犯相关主体的教育权利，忽略程序性规范的适用等。为了防范与矫正此类现象，教育软法在制定与实施中应遵循法治精神与基本原则、完善程序性规范、健全备案审查制度。

参考文献

毕雁英，2006. 社会公法中的软法责任［M］// 罗豪才. 软法与公共治理. 北京：北京大学出版社.

程雁雷，廖伟伟，2009. 法治视野中的高等教育改革［M］// 劳凯声，余雅风. 中国教育法制评论：第 6 辑. 北京：教育科学出版社.

韩香云，2016. 从软法到硬法：高职素质教育法治保障之完善［J］. 江苏高教（3）：145-147.

胡天弄，王涛，杨卫东，2018. 体育治理中"软法"硬化、"硬法"软化钟摆现象的管窥［J］. 武汉体育学院学报（2）：32-35.

靳澜涛，2021.何为"依法治教"之"法"：一个概念的探讨与拓展［J］.教育学术月刊（8）：87–94.

凯尔森，1996.法与国家的一般理论［M］.北京：中国大百科全书出版社.

廉睿，卫跃宁，2021.《中华人民共和国高等教育法》中的"软法性条款"研究［J］.中国高教研究（5）：56–62.

梁剑兵，张新华，2012.软法的一般原理［M］.北京：法律出版社.

刘永风，何金，汤卫东，2009.论学生体育权利保障中的软法之治［J］.河北体育学院学报（6）：44–46.

罗豪才，宋功德，2006.认真对待软法［J］.中国法学（2）：3–24.

罗豪才，宋功德，2009.软法亦法［M］.北京：法律出版社.

明世法，2008."硬法"软化及"软法"硬化现象的法社会学解析［J］.华中科技大学学报（社会科学版）（5）：92–97.

潘怀平，石颖，2019.软规则：公域之治的法理指引与规范性实现［J］.中共杭州市委党校学报（3）：52–57.

沈岿，2014.软法概念之正当性新辨［J］.法商研究（1）：13–21.

沈岿，2016.为什么是软法而不是民间法［J］.人民法治（2）：81.

陶好飞，徐雷，2018.大学章程性质的法理透视［J］.北京联合大学学报（人文社会科学版）（3）：109–115.

王大泉，2019.教育软法探究［J］.教育家（28）：40–43.

王鹏炜，2015.教育"软法"现象分析［M］// 劳凯声.中国教育法制评论：第 13 辑.北京：教育科学出版社.

王韦丹，史万兵，2017.大学章程与治理法治化重考［J］.东北大学学报（社会科学版）（1）：85–90.

邢鸿飞，韩轶，2012.中国语境下的软法治理的内涵解读［J］.行政法学研究（3）：3–8.

徐亚文，徐钝，2014.论自治型软法的司法治理［J］.学习与实践（10）：22–27.

余丙南，柳友荣，2012.高校治理的软法之维［J］.中国高教研究（6）：27–31.

张新平，何晨玥，2017.软法治理视角下的义务教育学校标准化建设［J］.教育研究（11）：41–49.

Blutman L, 2010. In the trap of a legal metaphor: international soft law [J]. International and Comparative Law Quarterly, 59 (3): 605–624.

Gersen J E, Posner E A, 2010. Soft law: lessons from congressional practice [J]. Stanford Law Review (3): 573.

Senden L, 2004. Soft law in European community law [M]. Oxford: Hart Publishing.

Snyder F, 1993. The effectiveness of European community law: institutions, processes, tools and techniques [J]. Modern Law Review, 56: 19–54.

Sossin L, Smith C W, 2003. Hard choices and soft law: ethical codes, policy guidelines and the role of the courts in regulation government [J]. Alberta Law Review, 404 (4): 868–893.

Knauff M, 2010. Der Regelungsverbund Recht und Soft Law im Mehrebenensystem [M]. Tübingen: Mohr Siebeck.

Schwarze V J, 2011. Soft Law im Recht der Europäischen Union [J]. Europarecht, 2011 (1): 3–18.

Re-thinking Education Soft Law

Liu Yiwei

Abstract: The various phenomena of soft law in education have given birth to the basic theoretical research including the definition, scope, function and effectiveness of soft law in education. The definition of soft law of education refers to the theory of soft law, which contains the key elements such as the subject of enactment, the characteristics of norms and the effectiveness. The scope of education soft law covers soft law clauses, normative documents and self-governing norms of social organizations in laws and regulations, playing the role of regulation tools, behavior norms and concept shaping. Education soft law has legal effect, which originates from the vision of system norms and consensus basis, and obtains practical effect by virtue of the influence of voluntary obedience, habitual obedience, social compulsion and national compulsion. Under the background of the codification of education code, the combination of soft law and hard law is the best way to realize the rule of law in education.

Key words: education soft law　soft law theory　non-state compulsion　rule of law in education

作者简介

刘一玮，首都师范大学教育学院讲师，研究方向为教育法学。

□杨颖秀

教育评估能力：一个不容忽视的问题

——基于博士学位论文评审中的权利保护分析

【摘　要】博士学位论文评审具有很强的专业性，充分体现教育管理过程的法治性和教育评估能力的强弱，对保护博士研究生的学习权、研究权、知情权、个人信息保护权具有重要作用。实践中，教育评估能力在对博士学位论文价值属性的关注、评估工具的建构、论文评估的规范管理等方面有明显的缺失，正在影响高层次人才的培养质量。提升博士学位论文评审能力需要从优化博士学位论文评审系统、正视博士学位论文评审的网络关系以及依法规范博士学位论文的评审程序等方面入手。

【关键词】评估能力　博士研究生　论文评审　权利保护

一、问题的提出

党的二十大报告提出：人才是第一资源、创新是第一动力。博士研究生是人才资源和创新动力的储备库，事关国家人才培养的数量和质量。博士学位论文评审是培养、保护、激发博士研究生的必要环节，能否使这一环节发挥应有的作用，直接影响着博士研究生的未来发展。为此，我们需要思考：谁有资格对博士学位论文进行评审？应当遵循什么程序进行评审？如何保障论文写作者的权利及评审结果的有效性？这一系列问题指向的是论文评审者的评估能力（evaluation capacity）。如果论文评审者的评估能力有欠缺，那么，博士研究生的培养就可能因此误入歧途。因为博士学位论文评审具有很强的导向性，它不仅涉及对论文选题的评估，也涉及对论文创新点的评估，而这两者都要求评审者了解选题的价值及前沿性，要求评审者熟悉党和国家的政策，了解政策的发展动态，懂得政策的价值选择，明确政策要解决什么问题，在实践中是如何运行的。而这些方面说到底，就是对政策制定和政策执行的理解，因为政策是党和国家决策与管理的手段，教育问题的确定、分析和解决都离不开政策。也就是说，博士学位论文的评审者需要具有足够的教育政策水平和在此指导下的教育评估能力，否则将无法保障论文评审的公平、公正及质量，也无法保障受审者的研究权利。不仅如此，要保障博士学位论文评审能力，还需要有对评审过程的管理能力，做到有效选择评审者，科学制定评审机制。否则，除博士研究生的研究权之外，其知识产权、个人信息保护权也可能受到侵犯。在国家急需人才的背景下，这些问题不容我们继续忽视。

二、博士学位论文评审中的评估　能力缺失及其成因分析

联合国开发计划署将能力界定为"个人、机构和社会以可持续方式履行职能、解决问题、确定和实现目标的才能"（Solano-Flores et al.，2016）。对于评估能力，有学者认为其包括三个方面的条件。第一，支持评估活动的有利环境，具体指一个国家在多大程度上已经或能够开发和使用技术健全的评估工具。第二，评估活动和工具与系统的其他组成部分保持一致，具体指一个国家在多大程度上已经或能够建立和维持评估系统。第三，使用已有的评估工具进行测量的质量，具体指一个国家能够在多大程度上利用评估工具和评估系统提供的信息对其政策和实践施加影响。（Solano-Flores et al.，2016）由此得知，教育评估能力可由教育评估环境或工具、教育评估系统、教育评估质量或教育评估对政策与实践的影响三个方面的因素构成，这三个方面以

其相互支持、相互制约、缺一不可的复杂关系，共同构成教育评估的能力结构，其模型可由图 1 表示。

教育评估工具在教育评估发展的历史进程中经历了测量、描述、判断、响应、协商五个不同的发展阶段，每个阶段都在相应理论的影响下反映着评估工具与价值间的互动。在彰显社会公平与质量的新时代，教育评估必然要选择体现这一价值的响应式、协商式的评估工具，为评估对象创建良好的教育环境。

教育评估系统维度包含管理者、评估委托者、评估对象等利益相关者，他们围绕教育评估的价值准则，依据一定的内容体系和相关效度，实施教育评估。因此，利益相关者的素质如何、依据什么价值准则进行评估、评估的内容体系是否有效等，就成为能否构建利益相关者之间良好互动关系的必要条件。

检验教育评估能力的强弱，要看教育评估工具应用能力如何，教育评估系统的构建效度如何。如果教育评估工具健全，营造了良好的评估环境，教育评估系统的管理者及评估委托者在对评估对象的评估中，价值定位准确，使用工具的能力强，内容体系健全且效度高，则会带来教育评估质量维度的

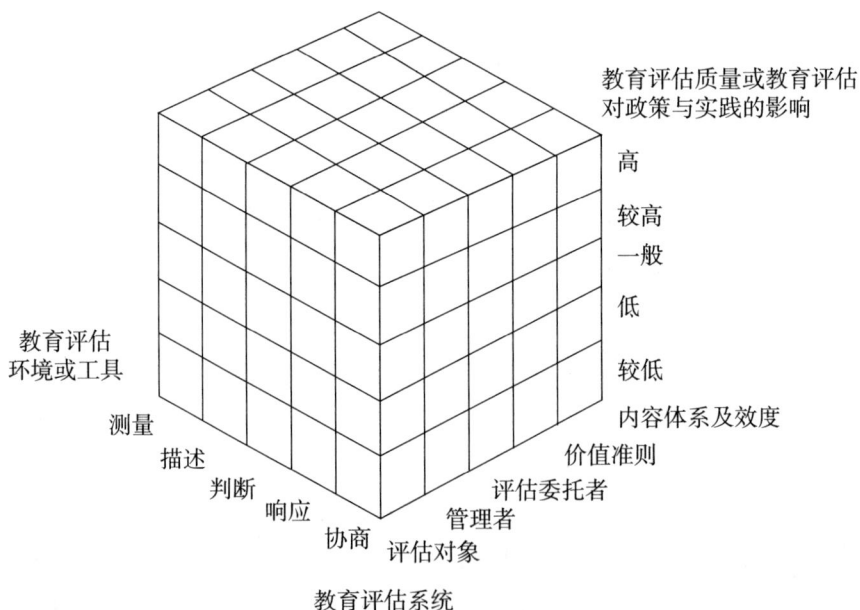

图 1　教育评估能力结构模型

高绩效，或促进实践中教育政策的制定与执行，否则将适得其反。

由此可知，受较多因素的影响，教育评估的整体能力必然有强弱之分。教育政策的制定和执行及教育实践均需要高质量的教育评估，以充分体现教育评估的价值和有效性。但事实并非如此，在实践中，包括在博士学位论文评审中，教育评估能力存在差异或缺失，由此带来了教育评估的不利后果。

（一）缺乏对论文价值属性的评估能力

邓恩在对教育政策绩效评估的研究中特别强调：评估与监测的重要区别之一在于评估（evaluation）关注价值，监测（monitoring）关注事实。他还明确指出，科学注定要受到社会、文化、经济、政治和心理学的大量影响，作为标准的价值，不仅关注作为目的的价值，而且关注选择价值的标准。而对价值的选择又与个人的、标准的和理想的价值起源的不同语境有关。价值在个人语境中，以偏好、需求和需要的方式表达，表现为我喜欢什么，在标准语境中表现为个人或团体喜欢什么，而在理想语境中则涉及价值判断，这种判断不可以简化为个人语境中的价值表达或标准语境中的价值陈述，因为它的作用在于使决策标准和规则正当化，为社会的整体成员带来最大的净收益。（邓恩，2011）[240-241] 聚焦博士学位论文评审，不排除评审者出于个人需要或团体需要，以评审者或评审单位"喜欢什么"为标准，扭曲博士研究生学位论文选题的价值意义，忽略国家宏观政策的决策要求和发展方向的可能。之所以会出现这种情况，有两个方面的原因是不可忽略的。第一，评审者的价值判断能力欠缺。对博士学位论文的评审不仅包括对论文做得是否规范、字数是否充分等进行事实判断，更重要的还有对论文选题进行价值判断。价值判断在各单位的论文评审指标中往往都位于首位，权重较高。但在评审过程中，如何判断是评审者的个人选择行为，其价值判断取决于评审者的个人爱好及其政策知识储备状况。如果评审者不了解或不理解作者选题的政策依据、政策问题，就难以准确判断作者学位论文的价值，由此带来对价值指标赋予低分的结果。从实践中得知，有博士研究生对国家引智政策的执行情况进行研究，但不仅学位论文评审库中没有"引智"这一关键词，许多评审者也不了解国家这一重要的人才政策。因此，无论论文做得如何，在起点上就可能陷入评审误区，最终影响博士研究生学位论文的研究进程及其作用的及时发挥。第二，评审单位的价值判断能力欠缺。目前，很多评审单位对博士学位论文的"把关"是出于规避"问题论文"的风险，而忽略了论文的研究价值。这无疑使论文评审充满了与"五唯"如出一辙的功利主义色彩。在此前提下，论文评审过程缺少了权力与权利、权利与义务的对等性，功利主义的价值选择替代了学术研究的价值追求，围堵了研究的创新空间，这难免使学位论文写作陷入种种束缚与困境。

（二）缺乏对论文评估工具的建构能力

一个世纪以来，评估作为教育项目或公共政策的检测手段，先后以测量、描述、判断、响应、协商为特征，经历了五个发展阶段。传统意义上的教育评估以测量、描述、判断为技术手段。现代意义上的教育评估以响应和协商为技术手段。测量是以考试分数作为原始数据而对学生学习成绩进行评估的技术，这种评估为学校教育带来的导向作用是强化基础知识训练和追求效率，学校被视为加工学生的"工厂"，考试是学生升学的基本程序。描述源于泰勒（R. W. Tyler）1933 年开始的 8 年项目研究，研究的目的在于检验卡内基学分体系课程学习之外的高中生能否在大学的课程学习中取得成功。项目实施过程中，评估者的作用在于描述特定目标的优点和缺点，"描述"则成为项目研究的评估技术。判断是应教育者希望评估者承担裁判员的责任而出现的评估技术。20 世纪 60 年代中期以后出现了一系列以"判断"为导向的评估模型，如以决策为导向的 CIPP 模型，以效果为导向的无目标（Goal Free）模型等。在以测量、描述、判断为技术手段的教育评估中，管理者与评估委托者忽略对评估行动的价值定位（古贝 等，2008）[10]。评估过程体现的是评估者和评估对象之间自上而下的纵向管理关系，反映的是单向的权力控制活动。评估设计更注重对评估结果与现实之间的因果关系做出预期，评估结果的产生是为了增强和证明评估的预测与控制功能，评估对象只能在无条件接受各种评估结论的前提下调整后续行动。

针对传统意义上教育评估的弊端，20 世纪 70 年代中期以后出现的以响应和协商为技术手段的教育评估，强调评估环境对评估对象的影响，重视评估对象在评估过程中的自我感受，以及他们对评估议题的"主张""焦虑""争议"。这实际上是将评估对象视为评估过程的参与者，主张评估者从评估对象的角度出发，关注他们提出的"观点""担心""不同意见"，尽力规避他们面临的各种风险，并在此基础上确定评估议题（古贝 等，2008）[15]。显然，这一过程产生的评估事实和结果不是基于管理者和评估委托者的权利转让与利益保护，而是在管理者、评估委托者和评估对象三者之间平等协商的过程中，从评估对象的角度得到他们在不同环境中的真实信息，通过三者之间的"协商"和"回应"相向而行，达到了解客观事实、建构客观事实、总结评估结果的目的。这种评估将管理者、评估委托者和评估对象均视为评估活动的利益相关者，在评估过程中更注重各方主体的共同参与，传统评估中存在的管理者与评估委托者的关系转向管理者与评估对象的关系，评估委托者成为二者融合的中介，任何评估结论的产生都是在管理者、评估对象、评估委托者等利益相关者的讨论、分析、重述的过程中共同建构的。同时，在响应式和协商式教育评估看来，评估对象的行动受到他们所处环境的影响，包括他们对学习任务的理解，文化和家庭背景、社区环境等因素的影响等。教育评估需要考虑他们各自的环境状况对其行为结果的影响，不能简单地以分数等量化指标统一衡量其绩效。

评估工具的转换反映的是评估理念的转换。以响应和协商为主的现代教育评估技术更多地是从评估对象的视角看问题，关注环境对评估对象的影响，赋予每一个评估对象解释自身行为的空间。这是一种纵向主体与横向主体互动的评估技术，具有矩阵式的网络交流特征，应用起来相对复杂，且耗费时间。正因为如此，教育评估对这种技术的使用还不够普遍、不够成熟或流于形式。例如，对博士学位论文的评审基本是自上而下的，博士研究生与管理者之间的平等对话、平等交流少之又少。加之评审单位的急功近利行为，协商式的评估技术在实际中更难以体现。由于评估工具的错位，博士学位论文评审不仅不能很好地解决论文存在的问题，还可能导致博士研究生内卷和躺平的不良倾向，进而缺乏对教育政策和实践的反馈作用。内卷是形容某一领域因发生过度竞争而引发无意义消耗的现象。诸如进行偏离目标的工作、低水平的模仿和复制、制定限制创造力的内部竞争制度等现象，都是内卷的表现。躺平是指一些人在生活或工作中表现出不努力、不抗争的现象。内卷在一定程度上会导致躺平。由于内卷对人们精力的过度消耗，可能使人产生逆反心理，进而导致以躺平的方式发泄内卷带来的压力。在博士论文评审中，受审者一方面忙于应对评估体系中的各种指标，另一方面又无法找到发展的突破口，久而久之，收益和努力比逐渐下降，即形成无意义消耗的内卷。而这种情况进一步发展则可能导致受审者的躺平现象，即在未能获得自身期待的目标的情况下，以放任的逆反心理应付论文评审过程。更有甚者，在评审结果达不到评审单位出于各种目的制定的"毕业标准"的情况下，以退学结束自己的学业。显然，内卷和躺平的结果都不可能是博士学位论文评审的目的和价值追求。所以，能否正确使用评估工具直接反映着评估能力的强弱，影响着评估的有效性。

（三）缺乏对论文评估的规范管理能力

价值判断能力和工具建构能力的缺失，衍生了对论文评审的无序管理，甚至侵犯受审者的权利。主要表现为：第一，评审者的泛化。如前所述，评审单位出于功利性目的而无限制地聘请评审者，忽略评审者的专业、资质、能力、品行等综合因素，广泛聘请校内外人员反复对博士学位论文进行评审，往往出现反馈意见冲突和敷衍了事的情况。第二，评审程序的滥用。有的评审单位对博士学位论文的评审信息不透明，不清楚地告知评审流程，特别是博士研究生对评审结果的复议流程和受理复议的主体，校院两级意见不统一、朝令夕改的现象时有发生，致使博士研究生对论文修改无所适从。第三，缺少对博士研究生信息的保密意识。评审过程中，有的评审单位并不对受审者的个人信息及学位论文信息进行加密，评审者清楚地知道受审者是谁。在受审者多、评审者多、管理层级多的状态下，受审者一方面可能受到不公正的评审，另一方面可能交叉流失个人信息和学位论文信息。在学位论文未答辩和未公开发表的情况下，不加密的论文评审对具有创新性的研究来说不可避免地存在侵犯知识产权的风险。

上述博士学位论文评审中评估能力不足的种种表现，究其根源，不排除管理者的法治观念薄弱、法律知识贫瘠，以及管理者的专业性不强，管理机制不规范、不科学等因素。实践中，有的评审单位对博士学位论文采取外审和内审并存的机制。外审一般来说是盲审，评审者主要在专家库中抽取。但抽取的评审者的研究领域是不是与论文撰写者的研究领域密切相关，主要取决于专家本人在专家库中上报的个人专业信息和研究领域信息，这就存在很大的不确定性。评审单位的内审由于"三多"现象的存在，不仅存在非盲审的情况，跨学科评审也成为事实，对此，评审单位的主要理由是"避嫌"。然而，博士研究生属于高层次人才，其学位论文的专业性很强，如果以跨学科的视角评审其论文，难免出现专业认识上的分歧，即使是盲审和专业人员的评审，也可能存在对论文的误判。有研究指出：即使外审专家具有比较高的论文鉴别能力，完全基于外审专家意见来判断毕业论文质量仍会存在相当大的"错判"风险。毕业生总体论文质量越高，外审意见为不合格的论文中高质量的论文比例越高。随着外审专家论文鉴别能力的下降，此类错判出现的概率也随之升高。（胡安宁　等，2021）这说明，评审所提建议尽管可能具有一定的参考性，但对修改论文的帮助极其有限。特别是在管理者硬性规定根据评审意见修改论文、禁止复议、一票否决、少数否决多数等情况下，还会侵犯博士研究生的科学研究权。非盲审及评审程序的信息不对称，则将侵犯受审者的个人信息保护权和知情权。

三、提升博士学位论文评审能力的建议

（一）优化博士学位论文评审系统

优化博士学位论文评审系统，首先要确立评审的价值标准，这是评审的方向，偏离方向可能导致南辕北辙的行动。博士学位论文评审过程就是对教育培养人的方向及其影响下的行动效果做出检验的过程，执行党的教育方针是践行这个方向的保障。所以，博士学位论文评审首先要把握的是能否通过评审激发博士研究生为党、为国家努力创新的积极性，保障其研究初衷和创新权利，进而提高论文写作质量。其次，要提升博士学位论文评审的管理者和委托者的素质，使其具备较高的论文评审能力和教育评估能力。评审的管理者和委托者要提高政策素养，具备制定微观政策和执行宏观政策的基本能力。要了解教育评估理论的发展动态，掌握教育评估工具的变化，恰当地选择和使用教育评估工具。要能甄别评审内容的有效性，不断增进评审内容的科学性。

（二）正视博士学位论文评审的网络关系

社会网络理论源于怀特（H. C. White）的《市场从哪里来》、格兰诺维特（M. Granovetter）的《弱连带的优势》和《经济行动与社会结构：镶嵌问题》，以及伯特（R. Burt）的《结构洞：竞争的社会结构》等著述，旨在强调个体与社会环境中的网络关系是影响个体行为的重要因素。新公共治理理论的代表人物奥斯本（S. P. Osborne）认为，网络中的各主体地位往往是不平等的，权力也是不对等的，这就需要对网络中的各个主体进行有效的控制与协调（奥斯本，2016）[8]。遵循这些理念，博士学位论文评审也应当在网络关系中，加强评估视角和评估过程的整体性、系统性，追求管理与服务的协作共赢性。管理者、论文评审委托者既是论文评审的组织者，也是提高论文质量的服务者。论文评审的目的应是培养更多高质量的人才，解决博士学位论文写作中的问题，而不是淘汰。这就要求管理者和评审者有承担责任的勇气，不能将论文评审中的问题仅仅归于博士研究生，也要从管理者、评估者的角度寻找问题的根源，承担引发问题的责任。

（三）依法规范博士学位论文评审程序

撰写一篇有质量的博士学位论文需要一个精雕细刻的过程，如何在客观上给博士研究生创建一个能发挥其个人智慧的有序环境，是保障博士学位论文质量的前提。而理论上的论证提醒和工具性的措施转换仍然无法保障实践行动的规范运行。在教育评估能力急需提升的状态下，依靠法治手段改进博士学位论文评审过程，形成责任与义务的统一、权利与权力的对等，是管理实践的必然选择。针对博士学位论文评审的现实问题，依法治理的起点在于依法保障评审程序的制定与执行。

首先，依法保障博士学位论文评审程序的制定。可以说每个评审单位都有博士学位论文评审程序，但问题在于程序的制定是否公平合理、公开公正。依法保障博士学位论文评审程序的制定，一方面需要依法规范评审程序本身，另一方面需要依法规范制定程序的程序。实践中，很多程序的制定都呈封闭状态或是管理者的单独行动，缺少民主的讨论和监督，缺少制定程序的程序。这就给不合理的程序制定留下了空隙。在此情况下，虽然也有论文评审程序，但不公正的程序说到底并不具有法律效力。遗憾的是，这样的程序在博士学位论文评审中却依然能得到执行，诸如博士学位论文的非盲评审现象、不加密评审现象、对评审结果随意公开的现象等，均属于此类乱象。在此情况下，博士研究生并不知晓通过什么程序评审其论文，但碍于权力与权利的非对等性，只能在所谓的"程序"中接受论文评审的一系列错误做法。因此，这种不公正的程序制定需要尽快依法规范，使程序在阳光下运行。在这方面，《个人信息保护法》中关于"取得个人同意""为履行法定职责或者法定义务所必需""个人有权撤回其同意""国家机关为履行法定职责处理个人信息，应当依照法律、行政法规规定的权限、程序进行，不得超出履行法定职责所必需的范围和限度""个人对其个人信息的处理享有知情权、决定权，有权限制或者拒绝他人对其个人信息进行处理""采取相应的加密、去标识化等安全技术措施"等规定，是博士学位论文评审中程序制定和评审信息处理等方面的重要法律依据。

其次，依法保障博士学位论文评审程序的执行。程序只是保障权利的前提，并不能代替权利的运行。如果程序有效，还有如何执行的问题。管理者若不能规范执行程序，即使程序有效也会流于形式。朝令夕改的现象、溯及前情的现象、有条件执行程序的现象等，均属于不规范的程序执行，这同样会侵犯受审者的相关权利。要杜绝这类现象，一方面要有目的地将程序的制定者和程序的执行者分开，避免执行者有选择地执行程序、形式化地执行程序，以及在"按程序执行"等标签下，侵犯博士研究生的种种权利。另一方面，要允许博士学位论文受审者对评审程序提出异议，允许对论文评审结果提出合理复议，程序的执行者或管理者无权随意增加执行程序的附加条件，否则，程序的执行仍会流于形式。总之，依法规范博士学位论文评审程序的目的在于保障博士研究生的实质权利，而不是限于程序制定本身。

参考文献

奥斯本，2016.新公共治理?：公共治理理论和实践方面的新观点［M］.北京：科学出版社.

邓恩，2011. 公共政策分析导论：第四版 [M]. 北京：中国人民大学出版社.

古贝，林肯，2008，第四代评估 [M]. 北京：中国人民大学出版社.

胡安宁，李东雨，陈滔，2021. 毕业论文匿名评审制度中的"误判"问题 [J]. 复旦教育论坛（2）：70–77.

Solano-Flores G, Milbourn T, 2016. Assessment capacity, cultural validity and consequential validity in PISA [J]. Electronic Journal of Research, Assessment and Evaluation, 22 (1): 1–16.

Educational Evaluation Capacity: An Issue of Concern: Analysis of Rights Protection in Doctoral Dissertation

Yang Yingxiu

Abstract: The evaluation of doctoral dissertations is highly professional, which fully reflects the rule of law in the process of education management and the strength of education evaluation capacity, and has an important impact on the protection of doctoral students' right to learn, research, know, and personal information protection. In practice, the educational evaluation capacity has obvious deficiencies in paying attention to the value attribute of doctoral dissertations, constructing evaluation tools, and standardizing the management of dissertation evaluation, which is affecting the training quality of high-level talents. To improve the evaluation capacity of doctoral dissertations, it is necessary to optimize the review system of doctoral dissertations, face up to the network relationship of doctoral dissertations review, and manage the review procedures of doctoral dissertations according to law.

Key words: evaluation capacity   doctoral student   dissertation review protection of rights

作者简介

杨颖秀，博士，东北师范大学教育学部教授、博士生导师，中国教育学会教育政策与法律研究分会副理事长，主要研究方向为教育管理、教育法律、教育政策。

□李正茂　薛晓芳

国家程序正义保障义务视角下的
高校学位撤销权 ①

【摘　要】基于学位撤销权的学术与行政双重属性，法院多借助程序审查限制权力行使。但《学位法（草案）》中缺乏学位撤销程序的宏观设计，在保障各高校自主权的同时也导致各高校在具体规范层面有较大差异，且存在程序设计缺陷。通过对120所"双一流"高校的学位撤销制度文件及其设计理念进行实证分析，发现其中的组织结构缺陷、错用调查性裁决模式等问题影响着学位撤销行为的正当性及公信力。自治的无效、司法审查效果的不彰及宪法所内嵌的国家程序正义保障义务都揭示了需从立法的角度保障正当程序。一方面需回归对抗性裁决模式，优化具体流程中的关键程序；另一方面应厘清各部门组织结构，为形成公正、专业的学术判断提供组织保障。

【关键词】国家保障义务　学位撤销　正当程序　组织保障

2021年3月教育部发布的《学位法草案（征求意见稿）》中未见对学术不端认定程序的具体规范，相关程序

---

①　本文系北京市教委大学生创新创业训练计划项目"从实质标准到组织保障——高校学位撤销权的理由与限制"项目（S202110006226）的研究成果。

设置权则被简单规范为：可根据法律条文和实际制定自行实施办法，为学位撤销程序设置留下巨大制度空间。目前，各高校基于自治权设计符合自身需求的学位撤销制度，却也形成了组织保障模式差异较大、存在诸多制度缺陷的局面，在具体流程上也出现了差异化处理及运行漏洞。目前对学位撤销的规制主要有实质理由与程序设计两大进路，其中最主要的实质理由为学术不端。但学术不端性质、程度的判断属于高校学术自治的范畴，难以形成统一的认定标准。何况，立法干预具体学术标准是不妥当也不现实的，法院往往仅能通过程序视角审查学位撤销行为。本文将立足优化组织结构及弥补程序漏洞，权衡效率与相对人权益保护，在尊重高校自治的基础上，从宏观制度上构建一个相对合理的学位撤销程序。

本文运用实证分析法，通过官方网站、线上联系高校申请公开、线下邮寄信息申请公开等途径依法获得 120 所"双一流"高校的学位撤销制度文本，其中通过官方网站获得 115 份样本，通过申请公开获得 5 份样本。有17 所高校因文件仍处于修订阶段、文件仅对校内公开等原因未能申请公开，因而不计入有效数据范畴。笔者根据已有的 120 份样本梳理了高校学位撤销程序的运作模式及各阶段的责任主体，以此作为后续研究的实践认知基础。

近年来，无论是法学界还是审判实务界，都有对高校学位撤销相关制度进行规范的呼声。教育部也出台多份文件对学术不端的查处进行宏观指导，但高校基于学术自治而进行的制度设计与运行中却出现了自治无效、操作混乱等情形，此时完全依靠高校学术自治已然难以确保学位撤销程序运行的公正合法，而个案上司法的"纠偏"亦难以保证高校制度上的调整，需要从国家法律层面设置学位撤销程序条款引入他治。本文将针对当前高校学位撤销程序的现状及其核心问题，提出规范学位撤销程序的可能路径。

一、问题的提出

本研究中的程序包含具体流程和组织结构安排两部分，现今学位撤销的流程在整体上可以分为受理、调查、认定、建议、决定等五个阶段。调查样本中，118 所（占比 98.33%）高校采用了上述模式，在分工层面较为有效地发挥了各部门的职能特点与优势，有助于学位撤销程序高效、公平、公正地运行。具体而言，学位撤销程序可能涉及四类主体：（1）学术机构如学术委员会及负责学术不端处理的专门机构；（2）学术与行政性质兼备的学位评定委员会；（3）政治机构如党委联席会议；（4）教务处、研究生院等学校行政部门或组织。各机构承担着不同角色。笔者将基于对调研样本的模型化归纳，形成对高校学位撤销组织程序设计现状的宏观认识，并明确相关程序的症结。

（一）高校学位撤销程序运行现状

根据所获样本，笔者归纳了学术不端调查权、认定与建议权、决定权行使的主体及行使方式，并根据调查及认定程序与决定程序是否由同一主体行使，梳理出"合一模式""分离模式"及特殊情形，形成了如图 1 所示的学位撤销流程，并统计了各高校采取具体模式的情况（见表 1、表 2）。

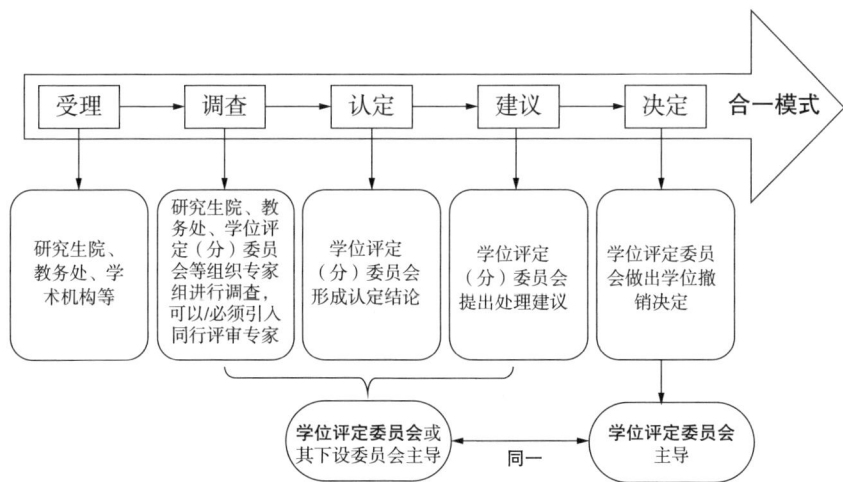

图 1　不同模式的学位撤销程序流程图

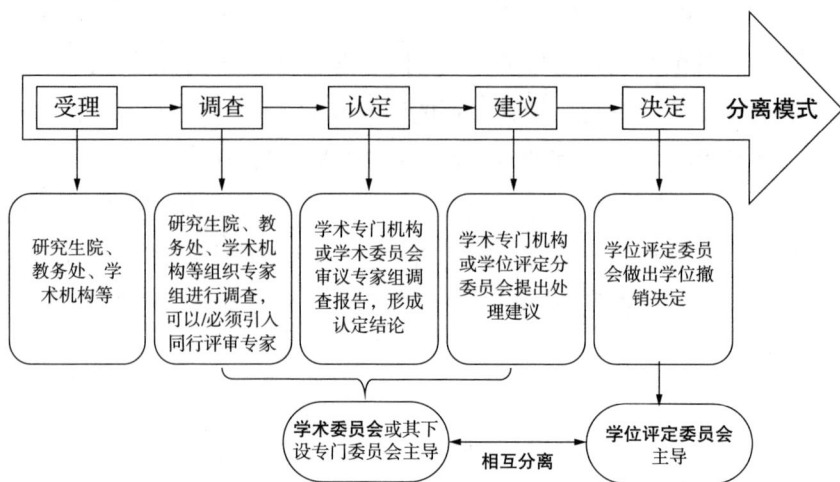

图 1　不同模式的学位撤销程序流程图（续）

表 1　高校学位撤销模式类型总体情况

模式类型	高校数量（个）	占比（%）
合一模式	25	20.83
分离模式	92	76.67
特殊情形	3	2.5

表 2　特殊情形类型汇总

特殊情形	调查主要由学位评定分委员会进行，但要由学术委员会核实，主体不明
	调查与建议环节由学风建设领导小组负责，但由校长办公会形成认定
	学位评定委员会做学术认定，但申诉阶段由学术委员会做学术认定

　　调查中各高校学术委员会等学术组织在撤销程序中的定位相对明确。多数高校由学术委员会或其授权的专门机构负责调查、认定及提出处理建议，120 所"双一流"高校中，有 91 所高校采用了学术委员会直接或授权其他组织对学术不端行为进行认定的方式，有 29 所高校非由学术委员会进行认定，而是将认定权划分给学位评定委员会或学校职能部门。具体认定程序类型如表 3 所示。

表3　现有学术不端行为认定程序类型

认定主体		认定方式
学位评定委员会 （26所）		学位评定（分）委员会认定
		学位评定委员会与学术委员会商定
		专家组认定后交由学位评定委员会审定
		学位评定委员会组织专家组认定
学术委员会 （91所）	设立专门机构 （如学术道德 委员会等）	专门机构直接认定
		学术委员会根据专门机构提交的调查报告进行认定
		专门机构认定后交学术委员会审议
	不设立专 门机构	学术委员会直接认定
其他机构（3所）		学术委员会形成初步认定结果，报请校长办公室讨论形成最终认定结论
		学位评定委员会、学术委员会以外的其他机构认定

调研中各高校均由学位评定委员会做出学位撤销决定，反映出学位评定委员会处在学位撤销过程的末环，承担决定主体的角色。但学位评定委员会在高校中的实际定位存在一定差异，有6所高校将学位评定委员会定位为学术委员会的下属委员会。

教务处、研究生院、学生工作部等多数高校行政部门在学位撤销的信息传达与决策执行中发挥着重要作用。但调研中发现部分高校将组织调查学术不端事实的职责划分至学生处或者教务处等行政部门，有违《高等教育法》对学术委员会调查认定主体的定位。此外，部分高校还将对学术委员会的调查或认定结论的审查权、处理建议权置于高校专门行政部门之下，事实上混淆了学术部门与行政部门的职能边界。

调研中，有2所高校明确由党委常委会或党政联席会议做出撤销学位的处罚决定，再由学位评定委员会做出撤销决定。有19所高校将纪委工作人员列为学术不端事实调查组的可选择组成人员，一定程度上强化了学位撤销过程的内部监督。

（二）高校现有学位撤销程序的关键症结

分析现有高校学位撤销程序相关文件，在总体肯定高校"五阶段式"流程设计的基础上，笔者总结出以下两点亟待解决的症结。

1. 程序漏洞：对抗性裁决模式与调查性裁决模式的混淆

当前高校学位撤销程序漏洞归根结底在于学位撤销的对抗性裁决模式变为了调查性裁决模式（马肖，2005）[188]。对抗性裁决模式作为学位撤销程序的整体框架，各主体在其内部基于各自的特殊性履职。该模式的出现从根本上可以归于行政司法化的整体环境。尽管长期以来"行政与司法分离"的思想深入人心，但是经过漫长的社会发展，行政程序中已逐渐出现司法程序元素。对抗性裁决模式的发展与行政权力的快速扩张紧密关联，甚至需要引入公正的程序方可使民众继续忍受（韦德，1997）[94]。而行政司法化并不意味着行政管理的内涵发生根本的变动，而是仍停留于使行政决定做出的过程更加类似于司法审判而非传统的"指令式"行政管理模式（林广华，1995）。对抗性裁决模式引入了司法程序的要素，如申辩、认证等，使得学位撤销程序与一般的行政判断产生差异，即学位撤销程序倾向于中立。对于法定主体的具体论述将在本文第三部分展开，目前可认为现有制度文本将调查、认定权及建议权分配至学术委员会，将学位撤销的决定权分配至学位评定委员会，二者的职能分离也与学位撤销的程序模式对应：我国的学位撤销程序在宏观上应当属于"等边三角形"状的对抗性裁决模式，即学术委员会作为学术共同体的代表基于学术判断对相对人进行"指控"，相对人通过有效行使申辩权为自身"辩护"，学位评定委员会作为"居中裁判者"在决定过程中采取中立化态度对"指控"和"辩护"进行综合衡量，最终形成是否撤销学位的决定并向相对人及时且有效送达。而调查性裁决模式则更多呈现调查机构与被调查者的单线联系结构，缺乏中立第三方的简单结构背后隐藏着相对人申辩权难以有效实现等巨大隐患。

然而，在实际运行中，部分高校将对抗性裁决模式与调查性裁决模式混同处理，甚至以调查性裁决模式替代对抗性裁决模式，具体可表现为未及时告知相对人享有申辩权或程序倒置、公示中缺乏重要信息等。

部分高校未及时告知相对人其有权行使申辩权，或是未向相对人告知认定结论的论证理由与现有证据，亦未说明可能对相对人做出何种处理，相对人处于"程序黑箱"中，难以就可能面临的不利后果进行充分准备从而展开有针对性的申辩。在栗婷诉中国海洋大学撤销硕士学位案中，相关单位仅在调查前期，允许栗婷提供一份情况说明，后续决定过程中不再告知其有申辩权利。此时，相对人无法平等对抗"指控方"，学位撤销的程序因相对人无法进行申辩而从"控辩对垒"的对抗性裁决模式转为单方主导的调查性裁决模式。

此外，高校的公示中存在"信息空白"，具体表现为缺乏裁决说理与救济途径的说明。对抗性裁决模式下需要予以充分说理并允许社会监督，在社会公众无从知悉学位撤销过程中的人员组成、认定结论、相对人申辩理由等重要信息的情况下，难以基于此进行社会监督，学位撤销的裁决性结论也难免面临公信力危机。此外，部分高校在学位撤销程序中忽略了救济途径的释明，仅向相对人发出一纸通知书便了结学位撤销程序，不利于当事人继续通过行政复议或行政诉讼保障自身权益。

2. 组织缺陷：主体间权力错位与组织自身的不足

高校的组织缺陷既和调查性裁决模式取代对抗性裁决模式紧密关联，又与程序正义在组织上的具体要求即组织本身的专业性、社会性要求相关。从对抗性裁决模式的要求观察，学术委员会与学位评定委员会间存在权力错位。根据《高等教育法》第四十二条，高校学术委员会作为在学科建设、学术评价、学术发展和学风建设等领域具有重要作用的组织，负责学术不端这一学位撤销的主要事由的调查、认定，其基于《高等教育法》做出的认定具有最终法律效力。同时根据《高等学校学术委员会规程》第十八条，学术委员会对于高校处理学术不端行为也有建议权，可能影响到是否做出学位撤销这一决定本身。上述规范文件还允许其他专门学风机构如学风道德委员会进行调查和认定，但是其他专门学风机构进行调查和认定的基础在于学术委员会的授权，即并未超出学术委员会作为法定主体的基本逻辑。然而在学位撤销程序中，各高校部门间职责划分不甚明确，尤其是学术机构与行政或党政部门容易混淆，难以实现职能分离。

根据《学位条例》第九条的规定，学位评定委员会是法定的撤销决定主体，而部分高校采取"合一模式"，将认定权一并归属于学位评定委员会，实际上混淆了权责关系，对认定权力进行了错误划分。学位评定委员会是高校中直接管理学位事务的组织，因行使学位授予、学位撤销的行政权力而具备浓厚的行政属性。其向下对接学位评定分委员会，向上承接国务院学位委员会，具有立足校内而面向校外的特殊性质，与学术委员会等处理校内学术事务的单一对内性质的组织存在本质区别。因此，将认定主体和决定主体合一，难以实现行政与学术的分离，干扰学术权力的自由行使。更为重要的是，对抗性裁决模式将认定权与决定权分配给相互独立的主体，从而形成"等腰三角形"结构以确保相对人的权益不被忽视或者刻意减损，而"合一模式"则将对抗式简化为单线的调查模式，缺乏中立第三方将难以实现各阶段相对人权益的充分保护。

组织缺陷还存在于对抗性裁决模式框架以外的其他视角。首先，党委在此过程中存在权力"越位"。调查中出现的党委做出处罚决定的模式看似符合"党委领导下的校长负责制"，实则不然。在高校治理中需明确党政分工界限、理顺党政工作流程、规范党政议事规则（冯玉军，2021），不能简单地让党的政治组织代替行政组织或者学术组织行使职权，由党委等政治组织做出学位撤销的处罚决定混淆了党务和学术与行政的边界，不利于高校治理体系的良性运转。此举并不是将高校党委等政治组织排除出学术不端行为的调查惩处过程，相关部门可以积极承担辅助主体角色。

其次，调查与认定组织人员构成也存在专业性、社会性欠缺的问题。高校学术委员会在组织调查组对学术不端事实进行认定的过程中，少见引入社会资源和专业人士的做法，部分高校仅在文件中声明"可以邀请校外专家"，无法保证校外专家的实际参与，更难论引入律师等社会资源和专业人士以确保听证等程序中相对人的合法权益。此外，学术委员会的行政色彩严重，来自行政部门的人员比例过高，行政干预学术认定甚至行政引导学位撤销的情形仍然存在，部分高校在撤销学位的相关通报中仅列明党政／行政部门，而未出现学术委员会或学位评定委员会等组织，一定程度上说明了党政／行政部门在学位撤销过程中参与度较高，充分反映出对学位撤销程序的参与人员需要更加谨慎地选择，行政部门的参与需要更加规范且谨慎。

二、国家程序正义保障义务的来源

综合上文提及的调查与研究，针对现行法和学位撤销相关案件引发的争议，可以得出一个较为明确的结论：在学位撤销程序缺乏宏观法律规定的背景下，各高校在制度设计中存在错误运用调查性裁决模式、各主体之间权力错配、各主体内部存在组织缺陷等症结。不可否认，诸如学术委员会是否应当设立专门机构及设定表决程序等具体细节都可归属于各高校的学术自治范畴，因而本文不做过多讨论，而将重点论述宏观法律层面应予明确的组织定位与关键流程中的程序设计。

如今学界对于程序条款设计的呼声主要从程序权利的视角切入，有学者主张将客观程序权利变为主观程序权利（汤建 等，2015）。程序正当的重要性已然成为学界的共识，但已有的论证并未解释国家通过立法干预自治的义务来源。而事实上，国家立法以"他治"的模式介入高校自治的底层逻辑是自治已然失灵且司法纠偏效果不彰，同时国家还负有在法律文本中划定"最低限度"的正义的义务。笔者将从国家立法保障程序正义义务的视角为下文具体的程序设计提供理论铺垫。

（一）高校自治的失灵与司法纠偏的不彰

首先，高校自治中出现的相关乱象导致实体法中相对人的权益难以保障。学位撤销的自主程序设计及运行并未完全发挥学术自由的作用，行政权力的越位导致学术权力在学位撤销程序乃至高校总体发展中处于边缘化地位，将对抗性裁决模式变为中立性不足的调查性裁决模式，偏离了国家保障高校自治的初衷。尽管高校制度存在较大的自主空间，但是其运行基础仍应是相关法律法规，高校制度与上位法相抵触的现象一定程度上暴露出自治的失灵。为规范学位撤销权的行使，使相对人得以平等地于法律面前行使权利（Osakwe，1982）[260-264]，国家层面的立法式"他治"将不得不"介入"原先的高校制度范畴。

其次，司法纠偏的效果不理想。高校的内部制度可以在上位法的框架之内自主设计，但是高校的自主权并不排除司法对于高校制度的审查权（湛中乐，2019）。司法审查的确能从侧面推动高校自行修改章程，部分高校在学位撤销相关案件发生后会按照法院判决和实际运行中的缺点进行制度优化。法院自"田永案"起，长期通过判决对各高校制度设计或运行予以评价，的确对高校的制度设计产生了"涟漪式"效应，高度的司法能动性呈现出"以判例发展法律"的特征（何海波，2000）。

然而判例并不能约束高校，且我国并非判例法国家，法院的个案判决对其他法院判决影响十分有限（湛中乐，2017a）。相当一部分高校或因并未发生学位撤销诉讼案件，或因对司法裁判结果的重视不足，对修改已有学位撤销制度文件缺乏动力。在栗婷诉中国海洋大学撤销硕士学位案中，法院通过判决明确强调了上位法确立的学位撤销的调查、认定主体应当是学术委员会而非学位评定分委员会，然数年过去，中国海洋大学的公开文件中仍然保留违反上位法的相关条款。

溯其根源，司法纠偏效力不彰源于法院判决的属性。法院的判决并不涉及行政指令性内容，无法强制高校在实践中实现对制度文件的修改，判决的效力也仅及于具体的行政行为而非章程制度本身，因而裁判中对于高校制度违反上位法的判断也仅能发挥社会治理的作用。但是判决在社会治理层面具有较大的局限性，欠缺权威和强制力（施新洲，2014）。尽管从现有公开的司法判决中可以发现法院对于程序制度进行了诸多改良的尝试，如北京大学等学校也及时根据相关判决和上位法进行了制度完善，然而仍不能掩盖制度上纠偏效果的天然缺陷。

综上，实践已然揭示了单纯依靠高校"自治"存在程序正义缺失的可能，而未经正当程序生成的决定在效力上是存疑的（赵旭东，2003）。并且，仅凭现有的司法审查模式也难以满足社会对于该制度运行的期待，更难以稳定保障相对人权利，国家层面的立法式的"他治"介入已成迫切需要。

（二）国家保障最低限度程序正义的义务

国家保障最低限度程序正义的义务是国家立法完善学位撤销程序的根

本理论出发点，也是"他治"介入"自治"的必要性来源。国家创制程序性法律条款的直接根源在于尊重和保障人权。基本权利具有"主观权利"与"客观价值秩序"双重属性。作为"客观法"，基本权利构成法所确立的"价值秩序"，构成立法机关构建国家各种制度的原则，也构成行政权和司法权在执行和解释法律时的上位指导原则（张翔，2005）。在这一属性下，国家具有保障公民基本权利免受其他主体侵犯的积极作为义务。客观价值秩序功能包括制度性保障、组织及程序保障（张翔，2005）。制度性保障强调国家制度的设立，此外，基本权利的实现依赖于一定的组织和程序，因而作为客观价值秩序的基本权利便要求国家提供组织和程序上的保障。如为了保障学术自由的真正实现，国家应该建立"学术委员会"等组织来决定学术事项而排除纯粹行政人员的干预（张翔，2005）。同时，国家层面的程序性立法作为程序法治化的一种具体体现，需对已有司法实践中的经验予以总结，将局部的法制经验上升至普遍的法律规范（陈瑞华，2012）。

　　人权是以尊严和自由为核心的价值体系，应由国家予以保护（韩大元，2004），而对宪法上的尊严价值加以维护是正当程序裁判的核心功能（陈瑞华，2000）。程序正义的独立价值在于使那些受裁决结果直接影响的人的尊严得到尊重（陈瑞华，2000），而程序上的侵犯将不可避免地与一定程度的不尊重个性联系起来（马肖，2005）[175]。由于相对人在程序中不得不面对与己方地位悬殊的公权力，剥夺其程序参与权本质上是对其人格价值的一种忽视。相对人有权主动掌握自身命运而非单纯旁观者式地等待公权力的裁决（陈瑞华，2000）。例如在学位撤销过程中未得到充分申辩权利即属于独立发展权被迫弱化，亟须国家从立法层面予以积极保障。

　　当相对人面对"非赢决定"时，其已经面临一种滑向更坏状态的可能，此时需要体现更为强烈的程序正义原则，而法律则需要对此做出更加严格的具体化的程序正义要求（贝勒斯，2005）[154]。这一对程序正义的保障义务在我国的诉讼制度中也有所体现，不少程序的设计初衷不纯粹是追求结果的公正，而是切实保障当事人的充分参与，维护其人格尊严。我国行政法规定了公告程序、依照法定程序进行听证、程序中立等相关的程序制度以保障最低限度的程序正义。在这些制度设计下，当事人不仅能够参与其中，而且能够感知到参与行为对与自己权益相关的程序发挥了实质性作用，其人格尊严在国家设立的公正程序中得到了尊重。而在教育立法中，也有学者呼吁从粗犷式立法向精细化立法转变。为了切实维护相对人的权益，正当程序原则需要具体法律制度的有效支撑。并非将正当程序原则写进程序法典就能实现"三公"，回避、告知、听证、送达等作为正当程序原则的核心制度，应在法律中予以明确（湛中乐 等，2020）。

我国宪法第三十三条第三款作为国家保障程序正义义务的直接来源，在具体适用于学位撤销领域时还将与宪法其他条文形成复合状的义务结构，进而细化制度设计的具体要求。第四十六条规定的受教育权要求国家对相对人的教育经历予以保障、确认，而学位撤销造成的直接结果便是相对人难以基于已有学位深入学习，为了充分保障相对人的受教育权，需要国家在学位撤销程序上进行更加谨慎的设计。第四十七条规定了学术与科研自由，从根本法上明确了学术的独立地位，也间接强调了学术委员会的独立学术判断权需予以保障，国家的义务在于通过设计程序中的组织分工结构明确学术委员会的主体地位，最终履行国家基于宪法条文的相关义务。

综上，学位撤销程序性条款的设计义务应归国家而非高校甚至行政管理部门，宪法的义务来源要求国家进一步通过立法对学位撤销程序予以细化。但仍需明确的是，国家宏观程序立法的"他治"介入并非排除高校"自治"，高校仍可基于国家立法的法律保留进行规则设计，但只能进行规范的"续造"而不得缩减（倪洪涛，2008），在章程规范中将法的精神和原理、理念进一步个性化和具体化（湛中乐 等，2011）。

三、国家程序正义保障义务在学位撤销中的展开

如前所述，国家的程序正义保障义务体现为制度、组织与程序保障，后两者可视为制度的设计维度，笔者也将从具体流程与组织结构两方面展开程序正义的制度要求，明确宏观制度的应有模式。其中具体流程侧重于回归对抗性裁决模式进而实现程序中立化，推动实现相对人的申辩权，同时对说理与救济途径说明进行强化。而程序正义在组织上的展开则重在调查主体的社

会资源引入与专业性强化、认定主体的学术主导与引入同行评审委员会、决定主体的法定化及尊重学术判断。

（一）程序正义在具体流程中的展开

1. 程序中立化：保障相对人的申辩权

如前所述，国家对于程序保障存在相应义务，然而基于对我国现有学位撤销程序的分类整理结果，部分高校的程序难以与现有法律设计的对抗性裁决模式对应。造成这一现象的根本原因在于部分高校采取了调查性裁决模式，而忽略了学位撤销应有的对抗性裁决模式。若无法对此加以矫正，则国家保障程序正义义务的履行效果相对有限。

撤销学位的重要前提在于学术委员会的学术判断，此外，学术与行政的职能分离导致两个委员会之间的分工差异，在最终做出学位撤销决定的过程中，学位评定委员会是中立的"第三方"。基于现行法的制度设计可以认为此时的关系呈现"控－辩－审"的对抗性裁决模式，学位评定委员会已然成为裁判者而非简单的涉及学位事项的行政管理者（丁煌，2005）[428]。

然而实践中，部分高校却将对抗性裁决模式与调查性裁决模式混用，主要表现为欠缺考虑地快速处理、缺乏申辩、程序倒置和公告中缺乏说理与救济途径的说明等。简单粗暴式的快速处理流程并非裁决模式的合理样态，反而是快速调查性裁决模式的具体应用，这导致学位撤销决定难免遭受民众质疑：是否经过充分的考虑？是否已经充分实现相对人的权利？缺乏这些因素将使高校的决定陷入"塔西佗陷阱"。如前所述，调查性裁决模式更多的是单线结构即"调查主体－被调查人"，这一模式中缺乏对于结论的审查与确认，一般得出调查结论后便直接做出决定，被调查者无法在程序内进行自我辩护，其义务被限于配合调查和必要时提供供述材料，与调查主体间天然存在实力分配的差异，相对人在此时已然陷于地位上的不利处境。

对抗性裁决模式需要先对相对人的申辩进行审查，再进行最终决定。然而现实中还存在对抗性裁决模式的程序倒置情形。在2017年李涛诉华南理工大学案中，学位评定委员会在确认撤销李涛博士学位的过程中并未提前告知其具有申辩权利，而是在通知撤销其学位时直接告知其有申诉权利，致使李涛在学位撤销决定做出后方才进行申辩事由说明，程序的倒置实际上剥夺了相对人在过程中的申辩权。学位撤销的正当程序原则在诸多案例中反映出的共同特点在于"听取相对人意见"，通过有效送达材料和完整运行申辩程序，在学术委员会形成学术不端认定前或学位评定委员会做出学位撤销决定前允许相对人充分说明自身意见、观点，形成完整程序闭环，在对抗性裁决模式中实现最低限度的程序正义。

2. 公告详尽化：说明理由与救济途径

对抗性裁决模式在程序上还存在与司法程序极其类似的环节，即说理与公告。无论是行政程序还是司法审判，做出决定的基础都是充分的证据和高度盖然性，为了充分实现对于社会的警示作用、向社会提供监督基础并为相对人进行后续的诉讼提供可主张的事由，高校在公告中进行说理并公开程序中的关键细节必不可少。学位授予单位通过官方途径对相关材料予以公布，必要时应当举行新闻发布会予以说明，同时在公布内容中还应包含学术委员会调查和认定人员名单、学位评定委员会做出最终撤销决定的人员名单、相关程序启动的起始时间等，接受社会大众监督，最终强化学位评定委员会在学位撤销程序中的中立性。

为了充分保障相对人的申诉权利，采取对抗性裁决模式的学位撤销程序也需要由学位评定委员会在公告中对救济途径予以明确说明。在学位撤销中，正当程序原则的根本目的在于维护相对人的权益，当学位撤销程序进入公告环节，相对人在学位授予单位内部的申诉、抗辩已难以进行，即使存在校内申诉途径，更改撤销结果的可能性也接近于零，此时学位撤销相对人更需要的是校外的司法救济或上级行政申诉。学位评定委员会应在公告和相关处理文件中对相对人的救济方式选择予以释明，使相对人得以高效地向第三方寻求救济，以对全流程进行复盘、审查。

综合以上论述，学位撤销作为一种行政行为，在社会公信力、相对人权益保护等不同需求的综合作用下，在相关法律法规的职能设计基础上，呈现出"行政司法化"的对抗性裁决模式外观。部分高校用调查性裁决模式取代对抗性裁决模式，淡化了相对人的申辩权实现基础，也造成决定的公信力欠缺，难以完全实现学位撤销的行为目的。要切实履行国家程序正义保障义务，应针对此症结，于宏观制度中明确中立的对抗性裁决模式。

（二）程序正义在组织上的展开

组织结构的缺陷是大量案件中的共同"痛点"，调查程序尤为显著，主要体现为学术委员会与学位评定委员会的组织职能划分不清以及调查和认定过程中组成人员欠缺社会性及专业性。在组织层面的具体设计中，既存在对于调查性裁决模式的纠正，也有针对学位撤销各主体特殊性进行的优化。

1. 调查主体：引入社会资源与强化专业性

调查程序是学术委员会就学术不端事实进行发掘的过程。观察各高校已生效的相关规定，尽管部分高校对社会资源进行了适度引入，但是在调查组专业性、社会资源代表性等方面仍有缺陷。高等教育的管理机构必须由专家和院外人士共同组成，学术自治方能有效（布鲁贝克，2001）[37]，通过运用社会资源，避免与公众目标脱节，可最大限度避免学位撤销的程序运行超出社会大众的普遍接受程度。王利明教授亦认为，正义和公正也可以由社会一般人士观念来评判（王利明，2001）[15-17]。调查除了需要社会资源进行外部的权益实践监督外，还具备较强的证据需求和学术专业性要求。

就引入社会资源而言，"于艳茹案"中北京大学的调查组织方或主持方并非学术委员会而是学位评定分委员会，且通告材料中也仅说明可以邀请校外专家，至于事实上是否有校外专业人员或社会人士参与则不得而知，终使认定及处理结果颇受争议（湛中乐 等，2016）。华中农业大学在听证程序设计中也较为创新地引入了法律专业人员，可谓国内相关制度设计的有益尝试。为增强学术自治的社会公信力且强化对相对人权益的社会保护，在学术自治的基础上可引入律师等社会法律专业人士。

就证据需求而言，学位撤销过程中需要充分的证据以保证调查过程的科学性。在调查中引入法律专业人士，辅助收集和鉴别证据，协助调查组完成证据审查，这在世界范围内诸多大学的实践中也有所运用。

此外，学位撤销的调查也须强调学术专业性。学位撤销作为一种学术权力的对象，属于学术团体基于专业水平和学术能力而行使的管理性权力（湛中乐，2017b）[45-46]，引入本专业的学术人员组成调查组则是管理性权力的具体表现。由于学位撤销不仅会影响到高校和相对人，还将产生社会效应，因而单纯依靠本校的学术人员进行调查，将使调查结果的公信力存疑。对此，需引入校外同专业学者组成调查组，形成学界内部监督的"闭环"，增强学术判断的社会公信力。

2. 认定主体：学术主导及同行评审委员会的引入

认定程序是判断是否构成学术不端的程序，涉及学位撤销法定要件是否成立的认定。该阶段的核心问题在于认定权如何分配。尽管学位评定委员会具有对授予学位相关的学术事项进行评价的权力，其通过答辩委员会对相对人达到学位授予标准进行确认并授予其学位。然而正如上文所述，学位评定委员会并非法定的学术不端认定主体，其较强的行政职能倾向也导致其作为认定主体时极有可能导致行政权力干涉学术自由。同时，"合一模式"也与法律文本所确立的对抗性裁决模式相背离，不利于相对人的权益保护。

根据《高等教育法》第四十二条的规定，学术不端成立与否这一学术事项的判断权应属于学术委员会。但调查中有 24.17 % 的高校在学位评定委员会与学术委员会的关系安排上存在权力错位，即学位评定委员会这一被学界普遍认为兼备学术权力与行政权力的机构（周佑勇，2018）存在越界现象，导致整体程序呈现调查性裁决模式外观。正如贺麟所言，学术必然是本质上独立且自由的，否则难以称为学术（周光礼，2003）[10]。高校学术事项需要有其独立运行空间，否则难以实现学术权力与行政权力相分离。尽管两种权力同时汇聚于学位评定委员会，但是两者无论是功能还是运行逻辑均存在较大差异（湛中乐，2018）[256]，在程序运行机制的设计中需妥善安排。学位撤销程序中既有学术事项，又有学位撤销这一行政事项，应适当运用分权原理，采用对抗性裁决模式，遵循"不做自己案件的法官"的程序正当原则，使认定主体回归法定的学术委员会，而学位评定委员会则作为独立的第三方。此外，研究生院、教育部等其他机构亦不宜作为认定主体。

实践中高校认定主体内部还存在行政人员比例较高的问题，这与高校传统的行政管理模式导致的学术权力行政化兼边缘化（湛中乐，2018）[224]密切相关。然而，行政部门如教务处、研究生院等更多应当是辅助性质的，如协助调查、协同学术委员会共同商议处理建议等。而党委领导下的纪委等部门在学位撤销过程中也可以积极发挥内部监督的作用。

综上，认定权应当归属于学术委员会。需要明确的是该认定权是否由学术委员会成员直接行使。

上文的程序设计更多侧重于学术与行政相分离的组织职能层面，使学位撤销程序回归对抗性裁决模式，而撤销程序设计还需兼顾具体学科的专业性，以进一步强化认定的公信力并维护学术诚信。部分高校在具体设计中将初步认定权授予相关的专家组，其中，部分高校规定必要时可以邀请校外专家参与认定。其核心意旨均在于由最专业的人做最专业的判断。而各高校学术委员会的组成，更多的是照顾全校各学科的均衡发展，学术委员会委员间的专业方向有所差异，这本是为了确保委员会代表性的制度安排，却也为学术委员会直接认定学术不端造成阻碍。学位撤销的重要目的在于维护学界内部的诚信秩序，更类似于一种内部处理安排。此时便可以通过设置学术委员会的临时机构，即同行评审委员会予以实现。

引入同专业校内外专家，可提高学术代表性，使得认定结果和处理建议体现学界内部决定属性。同行评审委员会在一定程度上也需要规避高校内部行政人员成为委员会的当然成员，将行政色彩尽可能降至最低。这并非矫枉过正，而是为避免异议者因行政顾虑而难以自由表达意见（彭德清，2011），是学术行政相分离原则的具体体现。但同行评审委员会并不绝对否定行政人员的参与，而是行政人员只能承担辅助性工作，不能直接参与最终结果的认定，最终形成认定过程中兼顾学术和行政双重取向的平衡与协调局面（孙绵涛，2013）。

公信力产生的基础在于社会评价，公众确认的权威性、在社会上的信誉度和对公众的影响力使得相关结果更为公众所接受。同行评审委员会通过引入校内外同行专家提升专业性并降低评审中的行政色彩，强化认定的学术色彩，最终使得相关认定结果具备更强公信力。

纵观各高校的程序细则，学术委员会的认定权行使存在直接认定、授权认定、审定等多种模式。部分高校在学术委员会下设专门机构如学风建设委员会等具体负责学术不端的认定，亦有部分高校规定专门机构的认定结论需交学术委员会审定。虽然高校在组织设定上存在诸多差异，但循上述设计理念，无论其在学术委员会下是否设有负责处理学术不端事件的专门机构，学术不端的初步认定权均应交由同行评审委员会，并在学术委员形式审定通过的基础上以学术委员会的名义做出认定。

概言之，在制度设计上应明确认定主体为学术委员会，由其判断是否存在学术不端等可撤销学位的情形（徐靖，2019）。学术委员会将部分权力让渡，让更具专业性的临时学术机构，即同行评审委员会进行认定，最终实现学术与行政相分离并强化认定的学术专业性。学术委员会组织相对人陈述申辩，对认定结果进行确认并移送学位评定委员会。

3. 决定主体：回归法定主体与尊重学术判断

首先，决定主体应回归法定主体。决定程序是学位评定委员会行使其学位管理权力的中心环节，这一环节中学术权力与行政权力交叉，学位评定委员会的权力在同行评审委员会以学术委员会名义做出学术认定和相对人申辩的基础上行使。进行形式审查和做出撤销学位决定的机构应当是《学位条例》规定的主体，即学位评定委员会，而非高校行政部门或党政部门。尽管在高校内部事务管理中，行政或党政部门具备行政管理专业知识，但是学位撤销作为一种特殊性质的行政行为，与传统的行政管理事项有着本质区别，将其纳入传统行政管理部门的管理事项或许失之偏颇。不可否认在学位撤销程序中，肩负学生日常管理职能的高校行政机关不可或缺，但是从现有制度体系观察，其并不适合作为学位撤销中的决定和认定审查机构，更不适合成为对抗性裁决模式的居中裁决方。

其次，决定主体应尊重学术判断。学位评定委员会在做出撤销学位决定时需要充分考虑认定事实、处理建议，具体而言其应当对程序规则履行情况、事实认定是否有偏差、是否偏离评判标准、是否有无关因素被采纳（翁岳生，2009）[78]等进行审查。

认定事实属于学术委员会的职能范围，其基于调查而产生专业性判断和处理建议是行政权力的行使基础。所谓"尊重学术判断"并非指完全不审查，而是指学位评定委员会不能以行政权力否定前者的学术认定结论，其审查模式应为"形式审查"，即结合相对人的申辩与现有材料，居中判断调查与认定过程中是否存在程序瑕疵。尽管程序瑕疵属于相对人抗辩事由，但是基于《学位条例》第十七条关于学位评定委员会进行复议的表述，由其依职权主动采取形式审查便是对抗性裁决模式的要求，将更有力地保障相对人的权益。

处理建议由学术委员会基于对学术不端事实的认定做出。如何更好地惩治学术不端行为，如前所述，由学术共同体提出的效果远好于由学位评定委员会这一学术与行政属性并存的机构提出的效果。除非形式上存在瑕疵，否则学位评定委员会对于这一学术共同体意志达成的处理建议应当尊重并于最终的决定阶段予以体现。在于艳茹诉北京大学案中，更具专业性的调查结论和建议并未受到校学位评定委员会的认可，引发学界争议，也让前置的相关程序形同虚设，最终并未直接作用于决定程序。

综上，学位评定委员会是决定的法定主体，由于学位撤销程序中的决定属于校内的终局性决定，其居中裁判方的角色在对抗性裁决模式下处于核心地位，需不偏袒任何一方进行独立裁量，在确定学术委员会对相对人的指控是否存在瑕疵的同时听取相对人的申辩，结合各方的意见，在形式审查的基础上最终做出学位撤销与否的决定。而此时学校行政职能部门及党委部门仅应起到辅助作用，对抗性裁决模式中的三方限于学术委员会、学位评定委员会和相对人。

四、结论

在学位撤销的程序设计上，各高校内部存在较多差异。在当今司法以程序审查为基本思路的背景下，下放完全的自主权仍难以避免程序的重大缺陷，司法纠偏效果不甚理想，难以根治高校自治中制度与上位法背离的问题。学位撤销权的行使仍需受到宏观制度的约束。学位撤销程序设计作为国家程序正义保障义务的一个面向，必须坚持严谨而公正的要求，最大限度实现正当程序原则，以对抗性裁决模式作为设计基础，即学位评定委员会作为决定主体，中立地听取学术委员会的认定结论及相对人的意见，从而形成处理决定。

在具体流程中需坚守程序的中立性，避免采用调查性裁决模式减损相对人的申辩权利，应及时通知且确保通知、公告中涵盖与申辩相关的重要信息，如认定理由及证据、拟处理决定等。此外，程序正义在学位撤销的组织层面还体现为学术性、专业性和社会性的结合，明确学术委员会的认定主体地位，通过成立同行评审委员会并引入社会资源参与认定程序，充分维护学术诚信秩序和社会秩序。前述诸多措施和理念仅为宏观制度上的程序优化设计，具体流程操作细节的设计仍有待各高校结合自身实践进一步细化。

参考文献

贝勒斯，2005. 程序正义：向个人的分配［M］. 北京：高等教育出版社.

布鲁贝克，2001. 高等教育哲学［M］. 杭州：浙江教育出版社.

陈瑞华，2000. 程序正义的理论基础：评马修的"尊严价值理论"［J］. 中国法学（3）：144-152.

陈瑞华，2012. 法律程序构建的基本逻辑［J］. 中国法学（1）：64-76.

丁煌，2005. 西方公共行政管理理论精要［M］. 北京：中国人民大学出版社.

冯玉军，2021. 坚持和加强党对高校的全面领导［J］. 红旗文稿（21）：38-40.

韩大元，2004. 宪法文本中"人权条款"的规范分析［J］. 法学家（4）：8-13.

何海波，2000. 通过判决发展法律：评田永案件中行政法原则的运用［J］. 行政法论丛（3）：437-471.

林广华，1995. 行政司法刍议［J］. 法学（3）：6-7.

马肖，2005. 行政国的正当程序［M］. 北京：高等教育出版社.

倪洪涛，2008. 论法律保留对"校规"的适用边界：从发表论文等与学位"挂钩"谈起［J］. 现代法学（5）：14-28.

彭德清，2011. 书记校长退出学术委员会［N］. 解放日报，2011-08-14（1）.

施新洲，2014. 司法权的属性及其社会治理功能［J］. 法律适用（1）：59-65.

孙绵涛，2013. 高等学校学术委员会规则研究［J］. 国家教育行政学院学报（7）：3-10.

汤建，张晶，2015. 高校学位撤销制度的完善：北京大学撤销于艳茹博士学位案的法理评析［J］. 沈阳大学学报（社会科学版）（6）：781-783.

王利明，2001. 司法改革研究［M］. 北京：法律出版社.

韦德，1997. 行政法［M］. 北京：中国大百科全书出版社.

翁岳生，2009. 法治国家之行政法与司法［M］. 台北：台湾元照出版有限公司.

徐靖，2019. 高等学校学术委员会与学位评定委员会的法律关系［J］. 高等教育研究（2）：47-54.

湛中乐，2017a. 保障学生正当权利　规范高校管理行为［J］. 中国高等教育（9）：14-16.

湛中乐，2017b. 学生权利及其法律保障［M］. 北京：中国法制出版社.

湛中乐，2018. 高校行政权力与学术权力运行机制研究［M］. 北京：北京大学出版社.

湛中乐，2019. 司法对高校管理行为的审查：田永诉北京科技大学案评析［J］. 中国法律评论（2）：50-53.

湛中乐，高俊杰，2011. 大学章程：现代大学法人治理的制度保障［J］. 国家教育行政学院学报（11）：15-20.

湛中乐，靳澜涛，2020. 我国教育行政争议及其解决的回顾与前瞻：以"推动教育法治进程十大行政争议案件"为例［J］. 华东师范大学学报（2）：1-18.

湛中乐，王春蕾，2016. 于艳茹诉北京大学案的法律评析［J］. 行政法学研究（3）：97-107.

张翔，2005. 基本权利的双重属性［J］. 法学研究（3）：21-36.

赵旭东，2003. 程序正义概念与标准的再认识［J］. 法律科学（西北政法学院学报）（6）：88-94.

周光礼，2003. 学术自由与社会干预：大学学术自由的制度分析［M］. 武汉：华中科技大学出版社.

周佑勇，2018. 法治视野下学位授予权的性质界定及其制度完善：兼述《学位条例》修订［J］. 学位与研究生教育（11）：1-9.

Osakwe C, 1982. The bill of rights for the criminal defendant in American law, in human rights in criminal procedure [M]. Boston: Martinus Nijhoff Publishers.

The Degree Revocation Power from the Perspective of National Procedural Justice Guarantee Obligations

Li Zhengmao　Xue Xiaofang

Abstract: Based on the academic and administrative dual attributes of the degree revocation power, courts often restrict the exercise of power by means of procedural review. However, the Law of the People's Republic of China on Academic Degrees (Draft) lacks a macro design of degree revocation procedures, which guarantees the autonomy of colleges and universities, but also leads to large differences in specific norms among colleges and universities, whose systems exist procedure defects. Through empirical analysis of the degree revocation system documents and design philosophy of 120 Double First-Class universities, it can be found that problems such as organizational structure defects and misuse of the investigative adjudication model, affecting the legitimacy and credibility of degree revocation. The invalidity of self-government, the ineffective judicial review, and the obligation to guarantee the national procedural justice embedded in the constitution all reveal the need to guarantee due process from the perspective of legislation. On one hand, it is necessary to return to the adversarial adjudication model and optimize the key procedures in the specific process; on the other hand, the organizational structure of each department should be clarified to provide organizational guarantees for the formation of fair and professional academic judgments.

Key words: national guarantee obligations degree revocation justifiable procedure organizational guarantee

作者简介

李正茂，香港大学2023级普通法学硕士，研究方向为宪法基本权利、行政法。

薛晓芳，北京航空航天大学工业和信息化法治研究院研究助理，北京航空航天大学法学院2023级诉讼法学硕士，研究方向为民事诉讼法、教育法。

□朱　军　曹朋帅

高校校规中开除学籍处分事由的
规范分析及其合法性审查

【摘　要】复旦大学对三名在外嫖娼的研究生做出了开除学籍的处分决定，引发了社会关于高校校规开除学籍处分事由的争议。从我国典型高校的校规文本分析中不难发现，开除学籍处分事由的相关规定存在合法性、合理性、语言规范性、校际公平性等方面的适用困境。构建以教育行政机关的备案审查为主、高校内部事先合法性审查为辅、法院的司法审查为兜底保障的多元审查模式是解决上述困境的可行选择。在多元审查模式的基础上，合法性审查技术的选择亦至为关键，以功能主义立场确定开除学籍处分事由的审查方法可从以下方面展开：目的性审查标准层面，大学自主权的行使应以维护学术自由和保障学生的受教育权为目的；一般性审查标准层面，将不同类型的开除学籍处分事由分为学术性事由和非学术性事由，并确立层级化审查标准和统一审查标准相结合的二元审查；附加情节审查标准层面，要以是否具有"情节严重""性质恶劣"等不确定法律概念为标准，将开除学籍的处分事由进行分类，适用不同的审查标准。

【关键词】高校校规　处分事由　合法性审查　规范主义　功能主义

一、问题的提出

2021年9月，复旦大学对三名研究生做出开除学籍的处分决定，处分文件被张贴在校内公示栏中。文件内容显示一名博士研究生因在校外嫖娼，被警方处以"行政拘留三日"的处罚，两名硕士研究生因在校外嫖娼，被警方处以"行政拘留十日"的处罚。对于这三名研究生嫖娼被行政处罚的事实，学校在经过相关会议讨论后，决定给予这三名学生开除学籍处分。该事件经互联网传播后，社会舆论持续发酵，复旦大学在其社交平台上回应：关于我校学生因违法违纪被处分的信息，情况属实。根据警方行政处罚决定书，依照《复旦大学学生纪律处分条例》，学校给予涉事学生开除学籍处分，并在校内相关单位公告处分决定。① 在该事件中，因嫖娼而被开除学籍是否合理成为人们争议的焦点。与此事件形成鲜明对比的是，2020年4月浙江大学学生努某因犯强奸罪被判处缓刑，浙江大学根据《浙江大学学生违纪处理办法》给予努某留校察看的处分。② 这两个案例，前者是违反社会治安类的行为，涉事学生受到了开除学籍的处分，后者是犯罪行为，但涉事学生仅受到留校察看的处分。由此可见，两所高校处罚的严厉程度和两类行为的社会危害程度成反比，对于违反校规事实的判断和进行处分的判断，两校的标准存在较大区别。

由上可知，问题的关键在于考察两校在校规校纪的适用层面是否存在差异。《复旦大学学生纪律处分条例》第四十条规定："卖淫、嫖娼，或者组织、强迫、引诱、容留、介绍他人卖淫的，给予开除学籍处分。"据此，复旦大学对三名研究生给予开除学籍的处分并不违反该校的纪律处分条例。《浙江大学学生违纪处理办法》（2017年版）第十七条第三款规定："被司法机关判处管制、拘役或独立适用附加刑的，或被判处有期徒刑被宣告缓刑的，给予留校察看或者开除学籍处分；被判处有期徒刑以上刑罚的，给予

① 参见复旦大学校处字〔2021〕21号、22号、23号，2021年9月18日。复旦大学官方微博，https://m.weibo.cn/1729332983/4684995384312754，最后访问日期2021年12月1日。

② 参见浙江大学学工部文件浙大发本〔2020〕38号，2020年7月17日。

开除学籍处分。"由于努某是被法院判处了缓刑，因此浙江大学对努某适用了留校察看处分。浙江大学对努某所做出的处分决定也并未违反该校的违纪处理办法。可见，这种处罚结果和违法犯罪事实明显不匹配的现象并不是校规校纪适用过程中存在的问题，而是需要更深入地分析校规校纪规定本身是否存在与国家法律法规不一致之处，或者校规校纪的规定严于国家法律法规的内容。

因此，对高校的校规文本进行分析归纳就显得十分必要。只有深入分析研究各高校校规中的具体规定，客观呈现高校校规校纪中的开除学籍处分事由，才可能发现校规规范中存在的问题。故本文选取了10所高校的校规文本，在立足规范的基础上，从当下高等教育的发展实际出发，主张对规范中的相关事由，尤其是对所谓"情节严重""性质恶劣"等不确定法律概念（张文显，2018）[115]遵循功能主义（洛克林，2021）[342]的价值立场进行解释与适用，协同运用规范主义与功能主义，确立更加严密、更加科学的合法性审查标准。

二、高校校规中开除学籍处分事由的规范内容及其适用困境

随着高等教育领域依法治校的推进，我国高校的法治建设取得了一定的成绩，有关高校学生管理的法律法规陆续出台与修改。开除学籍处分作为高校纪律处分中最为严厉的一种，自然成为高校学生管理法律法规和校规中重点规定的内容。下文将详细论述我国有关高校学籍管理的法律法规及样本高校的校规，分析这些规范适用时所面临的困境。

（一）高校校规中开除学籍处分事由的规范内容

高校校规，尤其是高校的纪律处分规定对于开除学籍处分及处分适用的相关事由都有特别规定。高校校规中规定开除学籍处分是高校自主管理权的内在要求，同时也有相应的法律依据。我国规定高校开除学籍处分的法律法

规主要包括《教育法》①《高等教育法》②《全日制普通高等学校学生学籍管理办法》③《普通高等学校学生管理规定》④ 等，可见，高校校规中开除学籍处分事由的上位法规范体系已初步形成。其中，《普通高等学校学生管理规定》对于高校开除学生学籍规定得最为明确，包括高校开除学籍的权限、事由、程序等。

实践中，各高校依据上述法律法规，陆续制定了适用于本校的学生管理规定和纪律处分办法。本文选择了 36 所世界一流大学 A 类建设高校中的 10 所大学的校规文本展开分析。之所以选择这 10 所大学，主要原因有两点。其一，世界一流大学 A 类建设高校代表了新时代我国高等教育事业发展的最高水平，其所制定的一系列校规校纪也基本能够体现我国高校的总体治理水平，具有相应的代表性。其二，这 10 所高校的选择综合考虑了不同地域、不同类型等因素。这 10 所高校按地域划分，东部地区 5 所，中部地区 3 所，西部地区 2 所；按类型划分，综合类 5 所，理工类 2 所，师范类 1 所，农业类 1 所，民族类 1 所（见表 1）。

表 1　样本高校概况

地域	综合类	理工类	师范类	农业类	民族类
东部	浙江大学、复旦大学、东南大学		北京师范大学		中央民族大学
中部	武汉大学	中国科技大学、华中科技大学			

① 参见《教育法》第二十九条："学校及其他教育机构行使下列权利：……（四）对受教育者进行学籍管理，实施奖励或者处分；……"

② 参见《高等教育法》第四十一条："高等学校的校长全面负责本学校的教学、科学研究和其他行政管理工作，行使下列职权：……（四）聘任与解聘教师以及内部其他工作人员，对学生进行学籍管理并实施奖励或者处分；……"

③ 参见《全日制普通高等学校学生学籍管理办法》第四十条。该条列举了学校可酌情给予学生勒令退学或开除学籍的处分的五种情形。

④ 参见《普通高等学校学生管理规定》第五十一条至第五十八条。其中，第五十一条规定了学生违纪的五种处分类型，从处罚最轻的警告到最严厉的开除学籍。第五十二条列举了学校可以给予开除学籍处分的八种情形，并且没有兜底条款。第五十三条至第五十八条属于高校做出纪律处分时应当遵循的程序。

地域	综合类	理工类	师范类	农业类	民族类
西部	兰州大学			西北农林科技大学	

为方便研究样本高校纪律处分的微观特征，本文以学生实施了卖淫、嫖娼的行为是否可以作为开除学籍处分的事由加以分析（见表2）。《普通高等学校学生管理规定》虽然没有直接规定实施卖淫、嫖娼行为将受到何种纪律处分，但其在第五十二条第三款规定，"受到治安管理处罚，情节严重、性质恶劣的"，学校可以给予开除学籍的处分。而卖淫、嫖娼行为是受到治安管理处罚的一种情形[①]，因此各高校校规规定的对卖淫、嫖娼行为的处罚是对上述条款的细化。我们通过对样本高校校规中有关卖淫、嫖娼行为的条款展开分析，总结出两方面的微观差异。一方面，高校校规对卖淫、嫖娼行为的认定不同。在这10所高校中，直接对卖淫、嫖娼行为做出规定的有5所。兰州大学和华中科技大学的校规中虽然没有使用"卖淫、嫖娼"的字眼，但使用了"提供或接受色情服务"的表述，此种表达就包含了卖淫、嫖娼这一行为[②]。浙江大学、武汉大学、西北农林科技大学则直接使用了《普通高等学校学生管理规定》中"受到治安管理处罚"的表述。另一方面，高校校规对卖淫、嫖娼行为的处理方式也有所差异。5所高校对卖淫、嫖娼行为的处理方式是"给予开除学籍处分"；浙江大学和西北农林科技大学照抄了《普通高等学校学生管理规定》的原文，即受到治安管理处罚，情节严重、性质恶劣的，学校可以给予开除学籍处分。武汉大学则做出了不同的规定：受到治安管理处罚，视情节轻重，给予记过及以上处分。可见，针对同一或者同类型的违反校规校纪的行为，不同高校之间规定的处分结果差异较大。从最轻的记过处分，到给予留校察看处分、可以

[①]　《治安管理处罚法》第六十六条："卖淫、嫖娼的，处十日以上十五日以下拘留，可以并处五千元以下罚款；情节较轻的，处五日以下拘留或者五百元以下罚款。"

[②]　"提供或接受色情服务"与"卖淫、嫖娼"之间的区别是有争议的。一般而言，前者的范围大于后者，也即"提供或接受色情服务"包含着"卖淫、嫖娼"行为。参见：理发店提供色情服务老板获释　广东高院：手淫不属卖淫［EB/OL］.（2013-06-26）［2021-09-20］. http://politics.people.com.cn/n/2013/0626/c70731-21971883.html.

给予开除学籍处分、直接给予开除学籍处分，横跨三种处分类型、四个处分档次。①（见表 3）

表 2　样本高校开除学籍处分事由统计

高校	给予开除学籍处分	可以给予开除学籍处分	留校察看或开除学籍处分（或留校察看及以上）	"直至"开除学籍处分	合计
复旦大学	8	0	13	0	21
浙江大学	5	8	6	0	19
东南大学	8	0	4	15	27
武汉大学	11	0	3	0	14
兰州大学	6	0	6	0	12
中国科技大学	14	2	28	8	52
华中科技大学	4	19	5	0	28
北京师范大学	32	0	7	0	39
西北农林科技大学	21	0	12	1	34
中央民族大学	12	0	9	0	21

表 3　样本高校对卖淫、嫖娼行为的处理

高校	是否直接规定对卖淫、嫖娼行为的处理方式	处分类型
复旦大学	是	给予开除学籍处分
浙江大学	否（治安处罚）	情节严重的，可以给予开除学籍处分
东南大学	是	给予开除学籍处分
武汉大学	否（治安处罚）	视情节轻重，给予记过及以上处分

---

①　高校学生纪律处分类型分别为警告、严重警告、记过、留校察看、开除学籍，参见《普通高等学校学生管理规定》第五十一条。

高校	是否直接规定对卖淫、嫖娼行为的处理方式	处分类型
兰州大学	否（色情服务）	给予记过及以上处分
中国科技大学	是	给予开除学籍处分
华中科技大学	否（色情服务）	视情节轻重，给予留校察看或开除学籍处分
北京师范大学	是	给予开除学籍处分
西北农林科技大学	否（治安处罚）	情节严重的，可以给予开除学籍处分
中央民族大学	是	给予开除学籍处分

（二）高校校规中开除学籍处分事由的适用困境

上文对样本高校开除学籍处分事由的规定进行了梳理，从中我们不难发现，高校在规定和适用开除学籍处分事由时存在着合法性、合理性、语言规范性和校际公平性等方面的问题。

第一，在合法性方面，部分高校开除学籍处分事由的规定涉嫌违反上位法。虽然《立法法》中规定了下位法违反上位法在效力上的瑕疵，但是实践中如何判断下位法与上位法相冲突则存在诸多困难，如判断主体、判断方式等都尚不明确。为了解决这一问题，最高人民法院在 2004 年发布了《关于审理行政案件适用法律规范问题的座谈会纪要》（以下简称《纪要》）。《纪要》归纳了下位法不符合上位法的若干常见情形，成为实务界判断下位法是否违反上位法的主要标准（胡建淼，2016）。《纪要》归纳的下位法不符合上位法的其中一种情形即下位法扩大或者限缩上位法规定的给予行政处罚的行为、种类和幅度的范围。虽然理论界对高校开除学籍处分的法律性质存在争议，但即使将其定性为行政处分的学者，也认为高校开除学籍处分的设定和做出同样受到法律保留、程序正当、公平公正等原则的限制（申素平 等，2018）。因此，判断高校开除学籍处分的事由是否违反上位法时同样适用《纪要》的规定，根据《纪要》并结合作为主要上位法的《普通高等学校学生管理规定》的相关内容，可以认定部分高校扩大了《普通高等学校学生管理规定》确定的开除学籍处分的适用范围。例如，根据《普通高等学校学生管理规定》，受到治安管理处罚，情节严重、性质恶劣的，学校才可以给予开除学籍的处分。而样本高校中的复旦大学、东南大学、中国科技大学、北京师范大学和中央民族大学则对卖淫、嫖娼行为直接规定了给予开除学籍处分，占样本高校的一半。可见高校的校规文本违反上位法的情形普遍存在。

第二，在合理性方面，高校开除学籍处分事由无量化的裁量基准。行政裁量是法律赋予执法者的一种手段和工具，是为了更好地实现公共利益和更好地保护相对人利益（姜明安，2015）[209-212]。然而，行政机关的裁量权本身是一把双刃剑：执法者可运用裁量权实现法定的行政目标，追求实质正义，也可以利用法律赋予的裁量空间滥用权力和谋私。行政裁量权需要约束已经成为学界共识，而制定裁量基准则是对弹性条款或裁量幅度过大的条款的具体化、细化和量化。（姜明安，2015）[209-212] 因此，在具有裁量空间时，特别是自由裁量权的行使关乎相对人基本权利时，需要通过裁量基准控制自由裁量权的行使。裁量基准研究的代表人物周佑勇教授认为，裁量基准的目的在于对裁量权的正当行使形成一种法定的自我约束（周佑勇，2015）[37]。由于《普通高等学校学生管理规定》第五十二条规定的八种"开除学籍处分"事由属于概括性规定，因此高校在制定和适用校规校纪，尤其是开除学籍处分事由的过程中就拥有了部分裁量权。但与此同时，高校在适用开除学籍处分事由时却无量化的裁量基准。

相对于行政机关的裁量权，高校校规制定和适用中裁量权的限制要小很多。在裁量基准不健全的情形下，高校在适用校规校纪对相关学生做出开除学籍处分时就存在相对任意的裁量空间，此时高校行使自主管理权的过程与高校学生的受教育权之间就存在一定的冲突。从表3可知，针对提供或接受色情服务这一行为，兰州大学的处分是"给予记过及以上处分"，这意味着在适用这一规范时，兰州大学可以在记过、留校察看和开除学籍这三种处分类型中自由裁量。但是，校规中没有适用这三种处分类型的具体量化的裁量基准，此时高校适用开除学籍处分事由的裁量权缺乏约束和控制。这不仅会侵犯高校学生的受教育权，还容易滋生教育腐败和权力寻租。

第三，在语言规范性方面，高校校规中存在大量不确定法律概念。不确定法律概念是导致裁量权较大的原因之一。对不确定法律概念与行政自由裁量的区分依据是行政机关做出行政处分决定的过程，不确定法律概念存在于法律要件中，而自由裁量存在于法律效果之中（刘志峰，2019）。英国著名的丹宁法官认为成文法起草人的主要目的是得到必然的东西——就其本身来说，这是一个值得称赞的目的，但是在追求这个目的的过程中，他忽略了另一个同等重要的目的——明晰，起草人设想了必然的情况，但是却造成了模糊，有时甚至是荒谬（丹宁，2015）[9]。不确定法律概念与数理逻辑和科学语言有着明显区别，它是具有弹性的文字表达，外延并不是很明确，其涵义就会在一定的波段宽度之内摇摆变化（许春晖，2020）。但是，社会生活的多样性和法律的保守性所具有的矛盾以及个案的差异，使得不确定法律概念的使用在制定规范性文件时又是无法避免的，因而高校校规中存在大量的"情节严重""性质恶劣"等不确定法律概念。这种现象进一步加深了高校校规中开除学籍处分事由的适用困境。

第四，在校际公平性方面，针对同一行为不同高校做出的处分类型不同，甚至差别较大，导致同案不同罚。校际不公平主要表现在资源不公平、机会不公平和管理不公平三个维度，其中管理不公平主要是指管理方法和管理政策方面的不公平（吴筱萌，2015）。各高校开除学籍处分事由适用时的不同情形，属于校际管理不公平。从表3可知，样本高校的处分规定相差甚远，同样针对卖淫、嫖娼这类色情服务行为，兰州大学可以在记过、留校察看和开除学籍这三种处分类型中自由裁量，复旦大学、东南大学、中国科技大学、北京师范大学和中央民族大学规定的则是"给予开除学籍处分"。以复旦大学三名研究生嫖娼被开除学籍案为例，如果发生在其他高校，也许结果会不同。此种同案不同罚的情形明显违反了现代法治的精神和原则，造成了校际不公平。可见，即使各高校严格适用本校校规，也很难实现实质公平。

三、高校校规中开除学籍处分事由的
多元合法性审查模式

面对上文所述高校校规中开除学籍处分事由的适用困境，有必要梳理目前我国有关高校校规合法性审查的法律规范，以便促进高校合法、合理地适用开除学籍处分事由。与此同时，分析和总结我国实践中运行的监督审查方式存在的优势与不足，以寻求更为有效的多元合法性审查模式。

（一）高校校规中开除学籍处分事由合法性审查模式的规范依据

高校校规中开除学籍处分事由的合法性审查不仅包括教育行政诉讼中法院对高校开除学籍行为以及相关校规的司法审查，而且包括高校自身对校规的事先合法性审查以及教育行政机关对高校报送的校规的备案审查。目前，我国高校校规的合法性审查已建构了较为健全的规范体系，形成了多元化的合法性审查机制，其构建和运行依据主要包括以下几种。

1. 合法性审查的政策依据

《中共中央关于全面深化改革若干重大问题的决定》中提出完善规范性文件合法性审查机制，健全法规、规章、规范性文件备案审查制度。同时，《法治中国建设规划（2020—2025 年）》提到："加强备案审查制度和能力建设，实现有件必备、有备必审、有错必纠。完善备案审查程序，明确审查范围、标准和纠正措施。"此外，《法治政府建设实施纲要（2021—2025 年）》中也指出："全面落实行政规范性文件合法性审核机制，明确审核范围，统一审核标准。严格落实行政规范性文件备案审查制度。"这些文件为完善规范性文件合法性审查机制提供了顶层设计。对教育行政机关的备案审查、高校内部的事先合法性审查及教育行政诉讼中法院对校规的司法审查都具有普遍指导意义。

2. 合法性审查的法律法规依据

根据《行政诉讼法》第五十三条，公民认为规范性文件不合法的，在对行政行为提起诉讼时，可以一并请求对该规范性文件进行审查。即在行政诉讼中可以向法院申请对规范性文件进行附带性审查。第六十四条规定，人民法院经审查认为规范性文件不合法的，不作为认定行政行为合法的依据，并向规范性文件的制定机关提出处理建议。这两个法律条文为教育行政诉讼案件中法院对校规的附带性审查提供了主要依据。《普通高等学校学生管理规定》第五十六条规定，对学生做出开除学籍等涉及学生重大利益的处理或者处分决定的，应当事先进行合法性审查。该条文确立了高校内部的事先合法性审查新机制（叶强，2021），为高校内部的事先合法性审查提供了主要上位法依据。依据《普通高等学校学生管理规定》第六十七条，学校制定或修改学生管理规定或者纪律处分规定，应报主管教育行政部门备案。该条文为教育行政机关的备案审查提供了主要依据。

3. 高校校规中的合法性审查规定

综上所述，对校规的合法性审查初步具备了相应的上位法体系，各高校校规主要对高校内部的事先合法性审查进行了规定。不过遗憾的是，从样本高校中我们发现，高校对内部事先合法性审查并没有给予足够的重视。10所样本高校中有5所没有规定事先合法性审查机制，浙江大学、武汉大学、兰州大学、复旦大学和西北农林科技大学这5所高校规定了事先合法性审查内容（见表4）。其中浙江大学和武汉大学对审查机构的规定几乎照搬了《普通高等学校学生管理规定》，兰州大学规定的审查机构是学校学生管理部门。《西北农林科技大学学生违纪处分规定》第四十四条第四项规定，"学校给予学生开除学籍处分，由学生违纪处理委员会事先进行合法性审查，提出初步处理意见后，报校长办公会研究决定"。《复旦大学学生纪律处分条例》第十一条规定："主管部门提出处分建议后，应当由法律事务室进行合法性审查，分管副校长或者学校党委副书记审批决定；需要给予开除学籍处分的，由校长办公会议研究决定。"比较值得借鉴的是西北农林科技大学和复旦大学规定的事先合法性审查机构，前者是学生违纪处理委员会，后者是法律事务室，并且复旦大学的事先合法性审查不仅适用于开除学籍这类严重影响学生权益的处分，也适用于其他一般处分。

表4　规定事先合法性审查内容的高校

高校	审查机构
浙江大学	校务会议或者校长授权的专门会议
武汉大学	校长授权的专门会议
兰州大学	学校学生管理部门
复旦大学	法律事务室
西北农林科技大学	学生违纪处理委员会

综上所述，对高校校规中开除学籍处分事由的合法性审查具备了政策依据、法律法规依据和高校校规依据，初步形成了从上至下的合法性审查规范体系，为多元审查模式的构建提供了前提和基础。

（二）高校校规中开除学籍处分事由合法性审查的三重模式

根据上文所述，对开除学籍处分事由的合法性审查可分为三类：法院的司法审查、教育行政机关的备案审查和高校内部的事先合法性审查。从三种审查模式的运行机制看，我国应建立以教育行政机关的备案审查为主导、高校内部的事先合法性审查为辅助、法院的司法审查为兜底保障的三重审查模式。

1. 作为主导的教育行政机关的备案审查模式

备案审查的理论基础是教育行政机关对高校的监督，有些是教育行政机关对高校的授权。备案审查的运行需要平衡行政监督权与高校自主管理权。对于高校相关校规校纪，行政机关应当既"备案"，也"审查"。备案是指向主管机关报告事由存案以备查考，审查是指接受备案的国家机关对提请备案的法律文件进行审查以保证社会主义法制的统一性。在一国之内形成以宪法为核心的统一的规则体系，是国家治理现代化和成熟国家治理的标志（胡锦光，2018）。根据《普通高等学校学生管理规定》第六十七条，目前各高校制定的校规都需要向主管教育行政部门备案，在规范意义上，教育行政机关的备案审查机制已经形成，接下来需要从实践中予以完善。教育行政机关的备案审查具有较大优势，在一定程度上可以同时弥补法院外部和高校内部两种审查模式的不足。一方面，与法院的司法审查相比，教育行政机关的备案审查制度具有直接性和高效性。教育行政机关作为相应高校的主管部门，可以直接撤销高校校规中不合理的开除学籍处分事由规定。同时，教育行政机关的备案审查也无须通过行政诉讼启动，与法院的司法审查相比效率更高。另一方面，与高校内部的事先合法性审查相比，教育行政机关的备案审查可以制约高校"自我监督之弊"。在我国，各层次各类型的高校都有对应的教育主管部门，各级教育主管部门对所管辖的高校负有领导和监督责任，对高校做出开除学籍处分的决定及其依据可以实现强有力的监督。综上所述，教育行政机关的备案审查可以最大限度地弥补另两种审查方式的不足，在对高校校规中开除学籍处分事由进行合法性审查时具有综合优势。

2. 作为辅助的高校内部事先合法性审查模式

正如上文所言，各高校内部的事先合法性审查机制处于起步阶段。在现有教育体制下，如何克服高校自我进行开除学籍处分事由合法性审查的保守性、消极性和被动性，以推动高校进行自觉主动且可持续的事先合法性审查成为重要问题。我们认为，推动高校进行事先合法性审查是可能和可行的。（1）在可能性层面，高校对开除学籍处分事由进行合法性审查具有诸多动力。其一，各高校维护学校形象和体现治理有效性的需要。其二，同类型特别是同层次高校竞争优质发展资源的需要。其三，教育主管部门、社会团体和公民通过多种渠道督促高校提高治理水平的客观要求。（2）在可行性层面，高校对开除学籍处分事由进行合法性审查具有诸多优势。高校内部的事先合法性审查是高校的自我控制和自我约束，在这种模式下高校可以及时发现开除学籍处分事由的不合理和不适当之处并且阻止其对外发生效力。同时，高校作为校规的制定主体，对开除学籍处分事由享有直接处理权，可以直接变更或撤销不适当的规定。（3）在具体操作层面，设置相对独立和专业的事先合法性审查机构。譬如，这种事先合法性审查机构可以借鉴复旦大学的"法律事务室"或西北农林科技大学的"学生违纪处理委员会"。但无论设置何种审查机构或者如何命名，都要保障该机构具有合法性审查的专业性和相对独立性。综上所述，高校的这种自我预防和自我纠错机制可以更便捷高效地维护学生的合法权益，但高校内部的事先合法性审查也必然带有"自我监督之弊"。

3. 作为兜底保障的司法审查模式

目前，教育实务界和理论界对法院的司法审查都高度重视，形成了相对成熟的理论体系和值得推广借鉴的处理方法。在法院对开除学籍处分的司法审查方面，学界虽有很多争议，但形成了一种基本观点，即对开除学籍处分的事由要依据不同性质采取不同的审查强度。例如，有学者主张在学术领域应当进行司法的程序审查与合目的性审查，在程序审查与合目的性审查的基础上，进一步按照离学术核心事项的远近来区分审查密度，将高校的纪律惩戒分为纯学术性事项、品德类事项和其他类事项（王霁霞，2018）。也有学者主张，法院的审查强度不应限于程序正当性的最小审查强度，须视处分是针对学生违反学术纪律还是校园秩序，采取中等审查强度或严格审查强度（黄硕 等，2018）。还有学者提出，要基于校规优先、法律保留以及是否涉及学术目的等因素，构建"目的—规范—原则"的三阶层审查结构（伏创宇，2015）。综上所述，目前对高校开除学籍处分的事由要依据不同性质采取不同的审查强度在一定程度上已达成了共识。学界的讨论为法院的司法审查提供了重要理论支撑，法院的司法审查对其他合法性审查程序具有指导价值。

虽然法院的司法审查是开除学籍处分事由合法性审查的最终保障，具有终局性意义，但这种审查方式也存在明显的不足。其一，司法审查的谦抑性。司法本身所具有的谦抑性特征，导致法院在审查高校的开除学籍处分事由时比较踌躇，甚至在有些问题上过度尊重高校的处分决定，导致学生的权益无法得到有效保护。其二，司法审查的附带性。法院的司法审查是建立在学生对开除学籍的处分决定已提起行政诉讼的基础之上，法院并不能直接对违法的校规校纪进行司法审查。其三，司法审查处理方式的有限性。法院对高校开除学籍的处分决定能做出很大限度的处理，可以确认违法也可以撤销，但如果法院发现高校做出开除学籍处分决定的校规依据出现了错误，根据《行政诉讼法》第六十四条之规定，法院对该不合法的校规只能发挥极其有限的作用，不能直接撤销或宣布该校规无效。综上所述，虽然法院的司法审查对开除学籍处分事由合法性审查具有兜底保障作用，但也存在不少问题，而高校内部的事先合法性审查和教育行政机关的备案审查在一定程度上可以弥补上述不足，更有效地维护高校学生的合法权益。

因此，我们提出要形成以教育行政机关的备案审查为主、高校内部的事先合法性审查为辅、法院的司法审查为兜底保障的多元审查模式。这三种审查方式各有利弊，因此在适用时要相互补充使其相得益彰，促进高校校规中开除学籍处分事由的合法合理适用，更好地平衡学术自由、受教育权和高校自治之间的关系。

四、高校校规中开除学籍处分事由合法性审查的方法选择：功能主义的立场

公法中的功能主义相对于规范主义而言，更为强调文本之外的社会现实。规范主义主要探求文本中的应然要素，功能主义则更为关注公法的实然运作问题（朱军，2021）[157]。相比于规范主义的"条件式"审查进路，功能主义更偏向于"目的性"审查进路，认为法律仅仅是实现某些特定目标的工具，评价法律决策的唯一根据就是它们的结果（周佑勇，2019）。因此，相关主体在对开除学籍处分事由进行司法审查时，不能局限于校规规范本身，要综合考虑相关因素，要在学术自由、学生受教育权和高校自治权之间寻找平衡，理性判断。基于功能主义的立场，对于开除学籍处分事由合法性审查的技术和方法，我们提出以下几点主张。

第一，目的性审查方法。高校自治权的行使要以维护学术自由和保障学生的受教育权为目的。虽然高校自治权的行使也需要具有维护校园秩序的目的，但是维护校园秩序最终还是为了实现学术自由和保障学生的受教育权。从功能主义的立场出发，法院在进行司法审查时，要对开除学籍处分事由的目的进行判断。比如，前文提到的高校学生卖淫、嫖娼行为，有些高校对实施这一行为的学生直接给予开除学籍的处分。从规范主义分析，某些高校的校规违反了《普通高等学校学生管理规定》这一上位法。从我们主张的功能主义立场分析，高校学生在校外的卖淫、嫖娼行为并不必然扰乱校园秩序，

更不必然妨碍学术自由和损害其他学生的受教育权，因此这部分高校的校规规定是明显不当的。

第二，一般性审查标准。合法性审查要承认高校之间的合理差别，确立层级化审查标准和统一审查标准。承认合理差别是追求一种实质上的平等，是为了在一定程度上纠正由于保障形式上的平等所招致的事实上的不平等。基于不同高校在综合实力、教学质量、学生整体素质等方面的差异，相关部门在进行合法性审查时要考虑这些因素，对与这些因素有关的开除学籍处分事由要确立层级化审查标准，对与这些因素无关的要统一审查标准。例如，针对不同层次的高校在学术方面的规定可以做差异化审查，也理应适用层级化审查标准。但是针对卖淫、嫖娼这一类行为的审查，全国高校应统一审查标准，因为是否实施这类行为或者实施这类行为的学生的比例和高校的综合实力、教学质量无关。针对此类行为，对全国高校应统一审查标准，避免出现校际不公，避免出现上文所述的同一行为在不同高校会出现不同结果的荒诞现象。

第三，附加情节审查标准。以是否具有"情节严重""性质恶劣"等不确定法律概念为标准，对开除学籍的处分事由进行分类，适用不同的审查标准。不确定法律概念的模糊性提高了法院司法审查的要求。如果开除学籍处分事由中具有这种不确定法律概念，那法院的司法审查要按照两步走的方式。第一步对行为的基本构成进行审查，此时侧重于对其合法性进行审查。第二步是对该行为的加重或减轻情节进行审查，此时要侧重于对其合理性进行审查，即要特别重视比例原则在这种事由中的应用。例如，《普通高等学校学生管理规定》规定受到治安管理处罚，情节严重、性质恶劣的，可以给予开除学籍的处分。此时法院要考虑相关因素，运用比例原则合理阐释"情节严重""性质恶劣"等不确定法律概念的含义。

综上所述，在开除学籍处分事由合法性审查的技术和方法选择方面，我们采取了功能主义的立场。这种立场强调社会现实的需要，突出规范解决问题的效果，能够更好地指导相关主体对开除学籍处分事由进行合法性审查，促进校园秩序的维护、学术自由的发展、学生受教育权的保障。

结　语

本文通过对 10 所样本高校的校规文本进行分析归纳，客观呈现了目前高校校规中开除学籍处分事由的规范现状，同时从合法性、合理性、规范语言、校际公平等角度分析了高校校规中开除学籍处分事由的适用困境。针对适用困境提出了以教育行政机关的备案审查为主、高校内部事先合法性审查为辅、法院的司法审查为兜底保障的多元审查模式。在合法性审查的技术和方法选择上，采取功能主义的立场，提出在对开除学籍处分事由进行司法审查时应注意的事项。第一，要注意高校自主权的行使是否以维护学术自由和保障学生的受教育权为目的。第二，要以是否具有"情节严重""性质恶劣"等不确定法律概念为标准，将开除学籍的处分事由进行分类，适用不同的审查标准。第三，要承认高校之间的合理差别，针对不同类型的开除学籍处分事由确立层级化审查标准和统一审查标准。同时，在对开除学籍处分事由进行合法性审查时，不能仅仅局限于校规规范本身，还要站在功能主义的立场，结合校规的实然运作状况，综合考虑相关因素，理性做出判断。当然，在本文论述的基础上还有很多值得探讨和研究的地方。例如，高校内部的事先合法性审查具体如何规范和实施，站在功能主义的立场对开除学籍处分事由的合法性审查还可以得出哪些有价值的指导理论等。

参考文献

丹宁，2015. 法律的训诫［M］. 北京：法律出版社.

伏创宇，2015. 高校校规合法性审查的逻辑与路径：以最高人民法院的两则指导案例为切入点［J］. 法学家（6）：127-142，177-178.

胡建淼，2016. 法律规范之间抵触标准研究［J］. 中国法学（3）：5-24.

胡锦光，2018. 论法规备案审查与合宪性审查的关系［J］. 华东政法大学学报（4）：22-28.

黄硕，郝盼盼，2018. 论我国对高校开除学籍处分的司法审查强度［J］. 教育发展研究（21）：61-69，84.

姜明安，2015. 行政法与行政诉讼法［M］. 6 版. 北京：北京大学出版社.

刘志峰，2019. 论行政法规范中不确定法律概念之司法审查：基于相关案例的分析［J］. 内蒙古大学学报（哲学社会科学版）（6）：99–105.

洛克林，2021. 公法与政治理论［M］. 北京：商务印书馆.

申素平，黄硕，郝盼盼，2018. 论高校开除学籍处分的法律性质［J］. 中国高教研究（3）：31–37.

王霁霞，2018. 高校校规司法审查的类型分析与进路重构：基于近 3 年 40 起高校教育行政诉讼案件的实证研究［J］. 中国高教研究（9）：58–63.

吴筱萌，2015. 以人为本的区域教育信息化　促进校际公平应用策略研究［J］. 中国电化教育（3）：75–80，96.

许春晖，2020. 正当程序：解释不确定法律概念的判断标准［J］. 东方法学（3）：56–65.

叶强，2021. 高校校规设定开除学籍处分的权界及其规制：以 32 所教育部直属一流大学建设高校为例［J］. 河北师范大学学报（教育科学版）（2）：22–30.

张文显，2018. 法理学［M］. 北京：高等教育出版社.

周佑勇，2015. 行政裁量基准研究［M］. 北京：中国人民大学出版社.

周佑勇，2019. 高校惩戒学生行为的司法审查：基于最高人民法院相关指导性案例的观察［J］. 南京师范大学学报（社会科学版）（3）：5–15.

朱军，2021. 社会权限制的原理、要素及其控制机制［M］. 北京：社会科学文献出版社.

Normative Analysis and Legitimacy Review of the Reasons for Expulsion from Student Status in the University Regulation

Zhu Jun　　Cao Pengshuai

Abstract: Fudan University's decision to expel three postgraduates who visited prostitutes outside the school has sparked controversy over the reasons for expulsion in the university regulations. Regarding the current debate on the reasons for expulsion in the current academic circles, it is not difficult to find the application predicament in legality, rationality, language normativeness and inter-school fairness. In order to solve the above predicament, it is a feasible choice to build a multiple review mode, which is mainly based on the filing review of the educational administrative organ, supplemented by the internal legality review within the university, and the judicial review by the court as the bottom line. On the basis of the multiple review mode, the choice of legality review technology is also crucial. The review method for determining the reasons for expulsion from a functionalist standpoint can be carried out from the following aspects: at the level of purposeful review standards, the exercise of university autonomy should be based on the following aspects: the purpose is to maintain academic freedom and protect students' right to education; at the level of general review standards, different types of reasons for expulsion from student status are divided into academic and non-academic reasons, and a combination of hierarchical and unified review standards is established. It is necessary to classify the disciplinary reasons for expulsion from students based on whether there are uncertain legal concepts such as "serious circumstances" and "bad nature", and apply different review standards.

Key words: university regulations　reasons for punishment　legality review　normism　functionalism

作者简介

朱军，法学博士，河南大学法学院副教授、硕士生导师，研究方向为宪法学与行政法学、教育法学。

曹朋帅，河南大学法学院法学硕士研究生，研究方向为宪法学与行政法学、教育法学。

□余雅风　张　敏

英国教师惩戒的价值变化、规范重点及对我国的启示

【摘　要】20世纪末，英国投诉教师事件不断增加，公众对教师质量的担忧引起政府的关注。在世纪之交，英国政府宣布将持续关注教师行为监管与质量提升，随后20多年英国历经多次教育机构改革，经历了教师专业自主时期、专业团体规范时期、重新界定专业自主权时期。教师惩戒的价值目标也从"保障教师专业自主权"到"维护最低限度的专业标准"，再向"保护学生权益、提升教师专业标准、维护公众对教师职业的信心"转变。英国教师惩戒在学校自主权与外部监管的平衡、教师失范行为的具体化与类型化、惩戒结果判断的重要标准、社会监督等方面体现出规范重点与特色。对比英国教师惩戒的经验，我国教师惩戒规范尚处在酝酿阶段。可针对性地借鉴英国相关经验，从权责的平衡、标准的改进、惩戒结果的判定、社会监督的补强等方面对我国教师惩戒规范加以改进。

【关键词】英国　教师惩戒　价值变化　规范重点

教师惩戒即通过对教师的失范行为施予否定性的制裁，从而避免教师的失范行为再次产生，促进教师合范

行为的产生和巩固（余雅风，2019）。已有研究表明，频繁曝光的教师非专业化、失职、渎职等失范情况既损害了受教育者的身心健康，也影响了公众对教育的信心（王萃萃 等，2022；王中男，2015）。教师行为监管过程中也出现了惩戒不严、追责不实、惩戒方式不当等问题（程红艳 等，2019；胡洪彬，2018）。虽然 2014 年教育部印发《中小学教师违反职业道德行为处理办法》，但该办法更多体现的是应对社会质疑的时效性，而在教师惩戒具体规范上严谨性与系统性不足。由于缺乏有效的教师惩戒规范，一方面，部分教师的失范行为缺乏监管，许多失范行为仍存在，另一方面，不当的惩戒导致教师合法权益难以保障，教师专业自主权主动或被动地无边界压缩，呈现出一部分教师"乱为"，一部分教师"不知如何为"的混乱局面，致使教师惩戒与专业自主权、教师失范行为监管与职业声誉维护间的平衡得不到良好的维护，我国教师惩戒亟待有效规范。

英国教师惩戒规范源于政府对教学质量下降与教师失范行为频发的批判。英国以"保护学生权益、提升教师专业标准、维护公众对教师职业的信心"为价值目标进行系列改革，对教师惩戒权责、失范行为、结果适用、社会监督等进行系统规范，在教师的专业自主权与外部惩戒、学生利益保护与教师权益保障之间形成很好的平衡。本文旨在总结英国教师惩戒经验，为我国教师惩戒的规范提供参考借鉴。

一、英国教师惩戒的价值目标变化

英国教师惩戒规范的变革与其教育机构改革密切相关，其中以英国教学委员会（General Teaching Council for England, GTCE）被废除前后的改革幅度最大。GTCE 成立前，教师行为主要由 1984 年成立的教师教育认证委员会（Council for the Accreditation of Teacher Education, CATE）和 1992 年成立的非官方独立机构教育标准局（the Office for Standards in Education, Ofsted）负责监管。2011 年 GTCE 被废除后，教师行为监管职责先后由 2013 年成立的教学署（Teaching Agency, TA）和 2018 年成立的教学管理局（Teaching Regulation Agency, TRA）履行。英国教师惩戒规范的价值目标也从 GTCE 成立前的"保障教师专业自主权",到 GTCE 时期的"维护最低限度的专业标准",再向 GTCE 被废除后的"保护学生权益、提升教师专业标准、维护公众对教师职业的信心"转变,这一历程深刻反映了英国教师惩戒规范目标与关注点的转变(见图 1)。

价值目标	保障教师专业自主权	维护最低限度的专业标准		保护学生权益、提升教师专业标准、维护公众对教师职业的信心	
监管机构	CATE+Ofsted	GTCE	GTCE被废除	TA	TRA
		2001年教师标准 2007年教师标准 2011年教师标准			
20世纪80年代	1984年 1992年 专业自主时期	2001年 专业团体规范时期	2011年	2013年 重新界定专业自主权时期	2018年
审查内容	教师资格	不符合"合格教师专业标准"的行为		严重不当行为 教学能力不足 →权力下放→ 学校	

图 1　英国教师惩戒的价值目标、监管机构与审查内容的变迁

(一)突出核心诉求:保护学生权益不受侵犯

英国是个具有自治传统的国家,传统上的教育分权制使得教师享有很大的自主权(Nixon et al., 1997)。但随着社会发展,越来越多的学生被性侵、伤害、忽视等事件被报道,关于教师教学能力不足、行为不当的投诉事件也不断增加,教师传统上享有的专业自主权与教师质量逐渐失衡。一方面,教师的教学无能现象存在,负责检查学校的 Ofsted 督察威尔肖(M. Wilshaw)说,"我们的教育已经容忍平庸太久了,它已经融入系统,七分之一的成年人缺乏足够的识字技能,五分之一的 24 岁以下年轻人失业,贫穷和富裕家庭儿童间的教育差距不断拉大"(Wilshaw, 2012)。另一方面,教师的不当行为不断出现,学生身体、心理保护问题日益突出。这些问题引发了英国政府对教师质量监管的关注,如何有效规范教师行为,依法保护学生权益,成为英国教师惩戒规范的首要目标。2022 年英国教育部修订《确保儿童在教育中的安全法案》,再次明确指出教师有责任为学生提供安全的学习环境。

（二）维护公共利益：增强公众对于教师职业的信心

公众的信心是宝贵的社会资本，维护公众对教师职业的信心十分不易。20 世纪末，随着教师投诉事件不断增多，对教师行为加强监管的呼声越来越高。虽然 2001 年成立的 GTCE 专门负责教师惩戒，但据英国《每日电讯报》报道，GTCE 运行的十年间只有 17 名教师被解雇（Anon，2022），最低限度的专业标准的维护已不足以应对大量出现的教师不称职、无能或行为不端现象。2011 年 GTCE 被废除，英国进入重新界定专业自主权时期，政府开始重新寻找和定义教师专业标准，以应对逐渐对教师群体失去信心的公众。所以，维持公众对于教师职业的信心是英国教师惩戒规范的另一个重要目标。这一点不仅体现在英国教育政策目标中，也表现在英国的公众拥有相较于过去而言更大的举报权与 TRA 有更多权力禁止教师从业上。《教师失范行为：给教师的信息（2022）》明确提出，为了维护公共利益，TRA 可以在案件的任何阶段考虑对涉案教师实施临时禁止令，强制暂停教师在案件调查结束前进行教学。可见，公共利益相较于过去被放在更为重要的位置。

（三）改进教师标准：突出教师行为规范与关注教师声音

从 2001 年至 2011 年，英国政府出台了三部教师标准，从中足以看出英国对教师标准的重视。2011 年颁布、2012 年实施的新教师标准取消了旧标准中五类教师的等级划分，而是统一适用于所有教师，这体现了英国对于教师整体的普遍要求。在结构与内容上，2007 年教师标准与 2001 年教师标准相比无大的变动，2011 年教师标准较 2007 年教师标准有大幅度调整，将 2007 年教师标准中以"教师专业化"为核心的三大板块内容重新划分为"教学"和"个人与职业行为"两大板块（见表 1）。2011 年标准最为突出的亮点为新增了个人与职业行为标准板块，这成为判断教师是否被认定为"不适合继续从事教师职业"的法律依据之一。2011 年标准更加以教师行为规范为目的，以更为详细的行为标准代替了 2007 年教师标准中较为空泛的教师

"职业道德"要求，教学也不再是教师专业标准中的绝对重点。虽然"教学"一直以来都是英国对于教师要求的基本内容，但新标准也突破了原有标准所限定的教学、职业发展等相对封闭的范围。同时，2011 年标准更多关注到教师的声音，给予教师更广泛的专业使命，赋予校长更多评定教师行为的权利，使学校自主权得到了有效扩展，这也是对 GTCE 被废除后教师专业群体的声音被忽视的批判的回应。

表 1　2007 年教师标准与 2011 年教师标准指标对比

2007 年教师标准		2011 年教师标准		改进内容
一级指标	二级指标	一级指标	二级指标	
专业知识与理解	教学与学习、课程与科目、教学计划等 12 条内容	教学	对学生保持高期待、促进学生发展、因材施教、准确而全面地实施评价等 35 条内容	扩展了"教学"要求的范围；新增"个人与职业行为"标准；更多关注到教师的声音
专业技能	学习环境、团队协作、信息通信技术能力等 12 条内容			
专业品质	职业道德、个人职业发展、师生关系等 9 条内容	个人与职业行为	高标准的个人和职业操守、出勤和准时、始终在专业职责的法定框架内行事等 8 条内容	

二、英国教师惩戒的规范重点

英国教师惩戒围绕"保护学生权益、提升教师专业标准、维护公众对教师职业的信心"的价值目标，以 2011 年教师标准、《教师纪律条例（2012）》（以下简称纪律条例）、《教师失范行为：教师职业的纪律惩戒程序（2020）》（以下简称纪律惩戒程序）等法律文件为依据，在学校自主权与外部监管的平衡、教师失范行为的具体化与类型化、惩戒结果判断的重要标准、社会监督等方面呈现出规范重点。

（一）学校自主权、外部监管结合形成权力平衡结构

不同历史时期，面对不同的社会问题与现实需要，英国教师惩戒规范各有不同，经历了教师拥有高度自主权的专业自主时期与教师专业群体内部规约的专业团体规范时期，当前又处于需要重新界定专业自主权的新时期。在一个拥有优质教师和明确标准的学校系统中，尽可能多地将决策权下放到学校，可以确保决策是由最了解学生的专业人士做出的，同时外部高水平的惩戒规范有助于对教师行为、教学质量进行有效监管。过去英国单一主体的监管模式，难以满足既保障教师专业自主权，又提高监管质量的需要。所以英国通过多次机构改革，给予学校与校长更多处理教师教学能力不足问题的自主权，国家教师惩戒的重点放在了教师的严重不当行为上。英国教师惩戒从专业群体的内部规约走向学校自主权与国家外部监管相结合的模式，呈现出一种权力平衡的混合结构。具体来说，首先，学校管理委员会负责对教师教学能力不足的惩戒。学校管理委员会成员包括校长、地方教育行政部门代表、家长、教师和社区代表，负责对课程、教学的内容与过程进行监督，并向全体学生家长做年度工作报告。其次，TRA 负责对教师的严重不当行为进行惩戒。2011 年修订的《教育法》赋予教育大臣规范英国教师行为并形成被禁职教师名单的法定权利，教育大臣的法定职责由 TRA 的官员代替执行。

（二）具体化、类型化教师失范行为

对教师失范行为的厘定是实施惩戒的基础性问题。教育的性质与教师所从事工作的情感需要决定了明晰教师行为边界的难度。对教师失范行为的具体化与类型化是英国教师惩戒机制得以有效运行的重要原因。英国通过多项立法明确教师何种行为是应当为的、何种行为是不可为的，教师与惩戒主体可以较为清晰地了解并判断教师是否在法律规定的职责框架内行事。2011 年教师标准以"标题 + 若干子项目"的清单形式呈现了教师在教学中"应当做什么"，这是教师在教育教学过程中应当遵循的基本要求，教师违反这些

要求将面临学校内部惩戒。纪律条例详细列出了教师"不可为"的内容，具体包括两方面：一是与学校情景有关的内部行为，即与学生利益直接相关的行为，这是对教师职责内行为的追责与评价；二是与学校情景无关的外部行为，其中多数为违法行为，尽管这些行为不是发生在学校之内，但被认为是不利于学生利益保护的禁止性行为（见表 2）。

表 2　英国教师惩戒假设、行为与结果的规范内容

假设	行为	惩戒结果
应当为	设定激发、激励学生的高期望；促进学生取得良好的进步和成果；展示良好的学科和课程知识；计划和教授结构合理的课程；知道何时以及如何适当使用有效的教学方法；准确有效地使用评价；有效管理，确保良好安全的学习环境；履行更广泛的职业职责	学校管理委员会参照《学校教师薪酬与条件》进行审查，惩戒结果包括降职、降薪、减少保障金、调岗等。学校管理委员会只有解聘教师的建议权，是否解聘教师最终由地方教育当局决定
不可为	与学校情景有关的内部行为：与学生的不恰当互动、忽视、学术不端、性侵害等对学生的利益产生直接影响的行为	TRA 依据纪律条例进行审理，根据情节严重程度，判断是否属于不可接受的职业行为、破坏教师职业声誉的行为、涉及犯罪的行为，教师可能面临最短为两年期限的从业禁止或终身从业禁止
	与学校情景无关的外部行为：欺诈、暴力问题、性犯罪、醉酒、恐怖主义犯罪、盗窃、抢劫、吸食毒品等虽然不发生在学校情景内，但被认为是不利于学生利益保护的禁止性行为	

　　如果教师出现失范行为，根据上述内外部惩戒规则，由不同的主体参照相应法律文件进行惩戒，惩戒结果也与教师行为类别相对应，形成假设、行为与惩戒结果要件的统一。纪律条例将教师严重不当行为按严重程度划分为三个类别。第一，不可接受的职业行为，指教师的行为远低于国家、学校所规定的教师职业行为标准，对学生的利益产生直接影响。第二，破坏教师职业声誉的行为，指教师的行为不仅没有达到国家、学校所规定的教师职业行为标准，而且对整个教师职业声誉造成了较为严重的负面影响。由于破坏教师职业声誉的行为与不可接受的职业行为较为接近，因此主要是通过考察教师失范行为的社会影响来确定其是否属于第二类。第三，涉及犯罪的行为，指根据英国法律，教师行为已构成犯罪，即使不涉及学校情景，但教师的行为可能对学生产生不利影响，仍会被视为背离教师标准。值得注意的是，如

果是孤立的轻微盗窃案件、轻微驾驶违规、轻微赌博、个人在远离儿童和教育环境的情况下使用酒精或临时类毒品的轻微犯罪行为将不会被纳入"涉及犯罪的行为"。

（三）将学生利益、公众利益作为惩戒结果判断的重要标准

根据纪律惩戒程序，教师的严重不当行为由 TRA 组成教师评审专业小组进行审查，评审小组由 3 名不受教育部雇佣的独立人员组成，其中必须含有至少 1 名在职教师和 1 名从未从事过教职的非教师，且在整个案件审判的过程中有 1 位不参与任何决策的独立法律顾问，为教师以及整个案件的审理提供法律服务与帮助。在对教师不当行为进行审议的过程中，评审小组将考虑所有证据，并依据相应法律法规，从事件的性质及严重程度、教学环境、教师是否主动认罪、教师教学成就等因素综合判断教师行为是否属于不可接受的职业行为、破坏教师职业声誉的行为、涉及犯罪的行为，并向教育大臣提出惩戒建议。从英国教育部公布的教师惩戒案例来看，教育大臣并不绝对采纳评审小组的建议，有时教育大臣会做出更轻的惩戒决定，有时会给出更为严厉的惩戒结果。评审小组更侧重于对学生权益的保护，对教师的悔过态度尤为重视。教育大臣更加在意是否给学生带来实质性的伤害、教师教学是否优秀、教师失范行为是否被证实发生等因素。虽然评审小组与教育大臣的惩戒建议存在不同，但可以看到学生利益、公共利益始终被视为重要的评判标准。

（四）通过充分、规范的信息公开重拾公众对教师职业的信心

社会舆论影响大多数人对教师职业的价值判断，信息技术加剧教师行为在公众面前的曝光，舆论传播的扩大效应极大地影响了公众对教师职业群体的信心（Goepel，2012）。英国在应对不断增加的教师失范行为与不可阻挡的舆论曝光时，选择通过充分开放对教师的举报、公开教师惩戒案例等方式直面公众的质疑，希望通过充分的互动与信息公开重拾公众对教师职业的信心。

首先，充分开放教师举报之窗，并对公众监督教师行为的具体操作进行详细的说明与指引。通过英国政府官网公布的教师惩戒案例可以看到，启动教师行为审查的入口端有多元举报主体，形成了非常畅通与完备的举报制度。公众、教师的雇主、警方、披露和禁止服务机构、儿童保护相关组织及其他监管机构都可以向 TRA 举报教师的失范行为。此外，教育部发布了《供公众使用的教师失范行为转介表》《供雇主使用的教师失范行为转介表》。可见，英国充分开放了对教师行为的社会监督，同时正确引导并帮助公众与各类组织合法合理参与，满足了社会公众实质性地参与监督教师行为的需要。

其次，教师惩戒结果的详细摘要信息在各大平台上长期公开，公众也可以向 TRA 申请确认某教师是否被禁职。英国通过网络教育信息平台公布教师相关的监测报告、评估报告、结果报告等。2012 年教育部门重组后，所公布的案例由原先的简要记录转变为包含教师信息、事件背景、审判过程、评审小组观点与意见、禁职理由、最终决定、生效日期等详细信息的摘要文件。此外，2018 年英国开始建设教师惩戒信息数据库，有关禁职的信息还会显示在教师雇主访问的网络系统上，以便校长或雇主查看教师的行为记录。

三、对我国教师惩戒规范的启示

（一）权责的平衡：规约专业性与保留自主性

面对教师自主权与外部监管之间的平衡问题，英国通过多年改革形成了"内松外紧"的学校自主权与外部监管配合的局面。当前我国教师惩戒规范在教师自主权与行为监管方面还没有形成一个清晰平衡的局面，各地普遍将教师行为监管权下放至学校，要求学校建立教师失职行为处理监督委员会。但校长作为学校的代表，需要面对上级部门的问责，同时又面临教师权益与学生利益保护选择的两难处境，这必然会导致教师行为监管的效果难以发挥。由于无法有效监管教师行为，同时又难以应对外界对教师行为的曝光与讨论，教师不敢管、不知如何为的现象持续存在，教师只敢实施绝对正确的教育教学行为。加之当前社会发展强调高效率、可控性、可预测性，教师越来越受到学校、家长、学生、社会等多方的影响。社会环境与教师管理中的工具理性与技术理性不断削弱教师的专业自主性，导致教师专业尊严被削弱、工作强度增大。但教育教学活动的内在特点与职业性质决定了教师必须拥有和行使一定的专业自主权。

通过立法规范促进教育发展是各个国家的普遍做法，差别在于法律规范的完善程度与满足社会发展需要的程度。我国当前的教师惩戒，在国家、地方与学校权责关系上仍缺乏明确的法律安排。《教师法》第三十七条规定了学校、教育行政部门为教师行政处分或者解聘的主体，但作为上位法，《教师法》并未对学校与教育行政部门的职责分工进行明确；《教师资格条例》第十九条、《教育行政处罚暂行实施办法》第十八条规定了县级以上人民政府教育行政部门撤销教师资格的处理权限，但作为下位法，二者并未按照上位法《教师法》的立法思路对学校与教育行政部门的职责进行细化。应当在《教师法》修订时明确我国教师惩戒的责任主体及其惩戒权限，明确教师惩戒中学校、教育行政部门等主体之间的权责、法律关系等关键问题。此外，还可借鉴英国，由地方教育行政部门建立教师惩戒专门管理组织，组建教师惩戒评审专业小组，纳入教师与非教师主体，同时聘请独立的法律顾问为案件的审理提供法律服务，推动政府、学校与教师间的顺畅沟通，更好地平衡教师专业性的规约与自主权的保留。

（二）标准的改进：涵盖教学无能与不当行为界定

基于教师专业标准的教师队伍建设已成为各国提升教育质量的主要手段。20世纪80年代至今，英国教师专业标准体现了对教师教学质量的关注与对教师行为底线的监管，是迈向拓展的教师专业性的有益探索。当前，我国出台各学段的教师专业标准、特殊教育教师专业标准、教师信息技术应用能力标准等文件，以专业理念与师德、专业知识、专业能力为基本维度，以教育教学态度与行为、个人修养与行为、学科知识、教学设计与实施、教育教学评价等为具体内容与要求。从文件内容可以看出，我国教师专业标准主要从正面的角度规定教师"应当做"的，内容也主要聚焦于教师的教学行为，没有体现对教师失范行为的要求。如果仅强调教师在教学过程、成果与能力维度的行为专业性，不足以支撑教师终身职业发展，也难以提升教师群体的整体素养与社会认可度。

教师专业标准代表的是作为权威来源的意义与价值体系，其制定需要政治上与技术上的共识（李晓 等，2021）。拥有教师专业标准不等于使用教师专业标准。对于教师专业标准而言，关键问题是如何在实践中得到广泛、有效的应用。英国教师行为得以有效规范的一个重要原因就在于教师专业标准与教师惩戒密切联系，教师专业标准拥有一定的强制规范性。而我国教师专业标准仍处于倡导教师实施正确行为的阶段，无法与教师失范行为的惩戒有效结合起来。对此，首先，应转变教师专业标准的目的，不应仅限于引导和促进教师发展的倡导式目的，更应作用于教师管理与教师评定，聚焦引导、衡量、监管和调控教师个体行为。其次，对于教师教学上应当做的行为，不应仅停留在主要评估什么的"内容层面"，还需要具体和细化到教师可以如何做到的"表现层面"，增强对教师应当做的行为的指引性。最后，增加教师不当行为相关的"禁止性"内容，告知教师职责范围内"不可为"的事情，并且将禁止的教师行为与教师惩戒关联起来。

（三）惩戒结果的判定：兼顾学生利益与教师权益保障

一直以来，英国十分重视对不同主体的权益保护，过去英国教师拥有较大的自主权，在教师权益保障方面值得借鉴，随着教师失范行为的增多，英国也开始重视对学生利益的保护。教师惩戒结果的判定同时影响着学生利益与教师权益，适当惩戒的前提是有统一的假设（糜海波，2021）。《教师法》《教师资格条例》等法律法规是对教师失范行为进行定性的主要依据，但从文件内容来看，其并未对教师失范行为做出明确的界定与分类。

为了更好地遵循教育教学规律，体现教师职业行为特点，便于在实践中辨识和惩戒教师失范行为，应当根据《教育法》《教师法》《中小学教师违反职业道德行为处理办法》《高等学校预防与处理学术不端行为办法》等法律法规，对教师失范行为进行清晰界定与类型化。根据对教师失范行为的分类及后果的严重程度适用不同惩戒方式，注重教师惩戒在假设、行为与结果要件方面的统一。判断教师失范行为究竟属于哪一类别，在定性的过程中，确定后果与行为之间实际的因果联系最为重要，还要综合动机、情景、频次等多种因素进行判断。同时，建议增加终身禁止从业这一惩戒，可参考英国相关规范内容，将教师暴力伤害学生、欺诈、吸毒、性侵害等行为作为教师职业的零容忍标准，充分保护学生利益。

此外，在现有的法律规定之下，我国教师权利救济的整体水平有待提高。《教师法》第三十九条是关于教师救济的条款，但只提出了教师申诉制度，没有列举教师在惩戒过程中享有的其他权利，难以适用。《教师法（修订草案）（征求意见稿）》中建议将教师的救济分为内部救济（申诉）与外部救济（人事争议仲裁），可以看出教师救济渠道优化的趋势，但现实中多数教师惩戒争议常被认为不属于法院受案范围而不予受理，救济途径十分有限。为进一步保护教师权利，一方面，建议优化教师的申诉救济制度，增加复核救济；另一方面，建议合理引入行政复议制度、有限度地引入行政诉讼制度，为教师提供进一步的权利救济渠道。

（四）社会监督的补强：完善举报机制与信息数据库

高度的教师信任可以增强教师的专业身份认同感，稳定教育秩序（西美尔，2018）[485]。虽然网络信息技术极大地便利了对教师失范行为的举报与投诉，但技术发达的背后也体现着缺少规制对社会的稳定性与确定性的破坏，大量恶意剪辑、断章取义的教师举报信息快速传播，加剧了教师信任危机。目前我国针对教师的举报机制还不健全，虽然举报教师的途径呈多样化发展的趋势，但举报的内容与形式未被规范，影响后续调查的启动；举报的回应时间未被明确规定，影响举报的效果；举报的处理方式缺乏规范的程序，影响举报者与公众参与的积极性及政府公信力。可以借鉴英国的举报制度。第一，对举报教师的相关立法进行完善。对举报时需要提供的举报人与被举报人的个人信息、教师具体的失范行为、参考的法律文件、举报者所享有的权利与义务、举报注意事项、查询举报结果的时间与平台、举报人的救济等内容进行具体指引。第二，建立投诉举报教师的专门管理平台，完善一体化的举报信息管理系统，实现全国教师举报信息互联互通。

　　我国 2014 年于教育部门户网站设立"曝光台"，对部分失范教师的行为与惩戒结果予以曝光，但曝光程度十分有限。公众主要通过媒体报道了解极少数的教师惩戒信息，对教师惩戒的过程是如何启动、如何开展、如何实施的并不清楚，这不利于建立教师惩戒的长效机制。英国教师惩戒案例摘要文件的公开机制亦可为我国教师惩戒监督提供借鉴。具体而言，一是建立国家教师惩戒案例信息数据库，不仅公开惩戒结果，而且将教师惩戒处理过程适度公开，提高教师惩戒工作的透明度，也便于公众、学校对教师行为历史进行查看。二是可以在公开数据库的基础上，通过典型案例宣传，以教育为契机，促使教师自觉自律地约束自身行为。

参考文献

程红艳，陈银河，2019. 超越纵容默许与重拳出击：师德失范行为治理的对策研究［J］. 中国教育学刊（2）：64-69.

胡洪彬，2018. 我国教师问责机制的解构与重构［J］. 教师教育研究（3）：13-18，26.

李晓，饶从满，2021. 比较视野下的教师专业标准研制与实施［J］. 外国教育研究（8）：3-18.

糜海波，2021. 师德评价标准、方法和效益三个基本问题的理论思考［J］. 高等教育研究（10）：73-78.

王萃萃，王连喜，刘惊铎，2022. 国家问责视阈下英国教师伦理自主：演进形态、发展策略及启示［J］. 国家教育行政学院学报（6）：65-74.

王中男，2015. 教师伦理道德：失范与复归：基于"个体·社会"框架的一种分析［J］. 教育理论与实践（34）：34-38.

西美尔，2018. 货币哲学［M］. 北京：华夏出版社.

余雅风，2019. 论教育惩戒的必要性与可行性［J］. 人民教育（23）：18-21.

Anon, 2022 Just 17 incompetent teachers barred from the classroom [EB/OL]. (2022–01–28) [2023–03–10]. http://www. telegraph.co.uk/education/education news/8982966/Just-17-incompetent-teachers-barred-from-the-classroom.html.

Goepel J, 2012. Upholding public trust: an examination of teacher professionalism and the use of Teachers' Standards in England [J]. Teacher Development, 16 (4): 489–505.

Nixon J, Martin J, Mckeown P, et al., 1997. Towards a learning profession: changing codes of occupational practice within the new management [J]. British Journal of Sociology of Education, 18 (1): 5–28.

Wilshaw M. High expectations, no excuses [EB/OL]. (2012–01–09) [2023–03–06]. https://www.gov.uk/government/ news/high-expectation-no-excuses.

The Changing Value of Teacher Discipline and Regulatory Focus in Britain and Its Enlightenment to China

Yu Yafeng　　Zhang Min

Abstract: At the end of the 20th century, the number of complaints about teachers in Britain was increasing and public concern about the quality of teachers was a key concern for the government. At the turn of the century, the British government announced that it would continue to focus on the regulation of teachers' behaviour and quality improvement. Over the next 20 years, Britain has undergone a number of reforms of educational institutions, including a period of professional autonomy for teachers, a period of regulation of professional bodies, and a period of redefinition of professional autonomy, and the value of teacher discipline has gradually changed from safeguarding teachers' professional autonomy, to maintaining minimum professional standards, and then to protecting teachers' professional autonomy and protecting the rights of students, raising professional standards and maintaining public confidence in the teaching profession. The British approach to teacher discipline is reflected in the balance between school autonomy and external regulation, the specification and typology of standards of teachers' behaviour, the importance of criteria for judging disciplinary outcomes, and the social supervision. In contrast to the British experience of teacher discipline, China's teacher discipline regulations are still in the gestation stage. It is possible to learn from the British experience and improve it in terms of the balance of power and responsibility, the improvement of standards, the determination of disciplinary results, and the optimisation of social supervision.

Key words: Britain　teacher discipline　value change　regulatory focus

作者简介

余雅风，北京师范大学教育学部教授、博士生导师，研究方向为教育法学。

张敏，北京师范大学教育学部博士研究生，研究方向为教育法学。

□尹　婷

教育法典编纂背景下的《教师法》修订：从问题导向到体系导向

【摘　要】《教师法》修订既要着眼于教育事业发展的现实需求，也要充分考虑教育法典编纂的背景，不仅要回应教师队伍建设中出现的一系列具体问题，也要承担体系化功能。现代社会立法出现了问题导向和体系导向的差异，两者在功能、规范生成路径、立法视角、规范对象和价值追求上有明显不同。《教师法》在制定初期强调问题导向，但过度强调问题导向不符合其总则性立法性质，不适应教育改革实践发展变化，也不具备快速回应调控需求的条件。《教师法》的修订应弥补这一缺陷，把握《教师法》在教育法体系中的定位，明确其作为教师职业基本法的地位，实现局部体系化的功能。

【关键词】《教师法》　教育法典　法典编纂　体系化

一、引言

《全国人大常委会 2021 年度立法工作计划》中提出研究启动环境法典、教育法典、行政基本法典等条件成熟的行政立法领域的法典编纂工作，拉开了教育法典编纂的序幕。法典化浪潮涌动的同时，教育立法工作的另一发展趋势是立法的精细化，以及各教育单行法的修订或制定。在这两股潮流的共同作用下，教育法典编纂与教育单行法的完善势必要同步进行。这一进程中两者可并驾齐驱但不应各行其是，单行法的修订除了要处理本领域突出的实践问题，还要兼顾教育法典的整体布局，体现立法技术上的范式革新，为教育法典编纂打好基础。

1993 年通过的《教师法》不仅是我国第一部以教育法律关系主体为规范对象的专门立法，也是教育领域最早采用分章形式，在立法体例与立法技术上实现突破的法律。其不仅对保障教师权益、规范教师行业发展有重要意义，在立法技术上也体现了先导性、突破性，起到了推动教育立法进入规范建设阶段的作用（孙霄兵 等，2019）。《教师法》施行以来，我国社会、经济、文化面貌发生了深刻变化，《教师法》面临大修。修法既要着眼于教育事业发展，回应新时代教师队伍建设的现实需求，也要充分考虑教育法典编纂的背景，在明确《教师法》定位的基础上，提高立法的理性化、体系化程度，从概念提炼、体系协调、制度完善等方面助力法典编纂。

二、立法过程中体系意识和问题意识的冲突与平衡

《教师法》的修订既要承担体系化功能，也要回应教育法治发展中的一系列问题，前者要求立法加强系统观念和体系意识，后者要求立法加强回应性和问题意识。这又与现代社会立法实践中两种导向的立法类型相对应，即体系导向型立法与问题导向型立法，两者在目的、功能、路径、价值追求等方面都有不同的特征。虽然一部具体的法律通常会兼顾不同性质、不同功能，但在立法过程中仍有必要对两种元素进行区分、平衡，并对立法的重点功能予以辨认。

（一）体系导向型立法与问题导向型立法的区分

1. 法律复杂化背景下的两种立法类型
我们生活在一个日益复杂的世界中，人与人之间的社会交往越来越紧

密，各种各样的社会问题丛生，与之相伴随的是国家干预的范围、程度和手段的升级（施托莱斯，2015）。法律不仅逐渐成为国家干预的重要工具，其本身也日益繁重、复杂，以至于有人感叹今天很多法律的篇幅比19世纪的俄国小说还长（约翰斯顿，2017）[4]。这种立法爆炸是世界范围的现象，国家通过大量的立法事无巨细地调控各种微观行为，法律不管琐碎之事的谚语似乎不再贴切。在这一背景下，大量的法律呈现出与传统法律不一样的特征，不再以稳定、简明、逻辑一贯为核心要求，而越来越被视为一盘大杂烩，一大堆只是由共同的"技术"连接起来的支离破碎的特殊判决和彼此冲突的规则（伯尔曼，1993）[44]。

为此，有学者提出"法律复杂化"的理论，批评立法数量不断增多、法律变动频繁的现象（Schuck，1992），也有学者指出我国教育法体系也有明显的"复杂化"现象，如规范数量庞杂、内容具体细微、重复规定较多（任海涛，2021）。类似批评固然有其现实根据及合理之处，但从现代立法发展看，法律在某些领域作为规制工具，承担目的性调控功能，有较强的政策性和工具性性格，这种趋势几乎无法避免。对此，不宜将所有的"法律"都看作相同的现象，有必要区分不同的立法形式和功能，如在德国立法理论中就区分了法典编纂性立法和调控性立法（或针对同一现象采用不同术语，如"法律性的法"和"具体措施法"）（西蒙，2019）[177-181]，其在发展路径上分别以体系和问题为导向。

2. 体系导向型立法的主要特征

体系导向型立法将法律视为科学，强调对规则的发现，一方面尽可能以抽象原则将社会生活简化为关于权利、义务与责任的规范，另一方面以统一化、系统化的原则将规范编排成内容和谐、体系完整、层次分明的法律，其中最为典型的就是诺尔（P. Noll）所概括的法典编纂性立法（Noll，1973）[215]。法典编纂是体系导向型立法的最高阶段，通过将众多的规范和事实问题安排到一个统一的秩序中，实现法的安定性，降低法的复杂性（陈爱娥，2019）。其背后是体系思维方式，从整体和概念出发，认为法律内部应当形成某种前后和谐贯通的体系，并可以通过体系解释解决法律问题（颜厥安，2004）[13]。

从功能上看，体系导向型立法通过体系化整合实现法律渊源的理性化与简化，为找法、用法、适法提供便利。在各个领域法典化的过程中，对体系性的追求不仅体现为通过简明的语言和清晰的结构使法律便于理解，更体现为以理性的方式整合规范，消除规范间的矛盾，提升法的明确性与安定性。从规范生成路径上看，体系导向型立法是典型的"法学的产物"，民法典体系建构便以民事法律关系理论为基础，刑法典的塑造则基于犯罪构成理论（陈金钊，2021），立法遵循法学理论和司法实践中的主流观点，并以教义学为基础将实务改写成原则与制度（陈爱娥，2019），从而实现精确的体系结构和全面的法律调整（Alfange，1969）。从立法视角看，体系导向型立法是一种回溯性的视角，将已经形成的规范以及学术界系统化的成果体系化，并通过提取公因式和归纳等法典化方法寻找一般原则和稳定的规则。从规范对象和价值追求上看，体系导向型立法通常预设了较为稳定的规范对象和社会关系，将脱离特定时空、特定目的的规则普遍适用于所有的人、所有的场景，消除了现实生活中不同人所具有的禀赋和他们所处之情境的差别（朱明哲，2021），背后是一种乐观的理性主义，推崇"由自由平等之个人组成的社会，受明晰而有条理的法律体系的统治"（埃瓦尔德，2016）[228]。对体系导向型立法的追求在 19 世纪的法典化运动中达到了巅峰。

3. 问题导向型立法的主要特征

与之相对应，问题导向型立法将法律视为规制工具，强调以立法及时回应不断产生的社会问题，立法具有针对性、快速性和时效性。在这种导向下，立法规模不断扩大、立法内容日益细密，法律强调对规制问题的个别解决，具有较强的实践品格。如果说体系导向型立法背后的立法者是法学家，法律的实质渊源是习惯、传统、民族精神，问题导向型立法背后的立法者则是政治代表、行政官员与专家的混合体。

问题导向型立法在思维方式上更接近由亚里士多德提出并由西塞罗引进法学的论题学思维，通过问题定向的思维技术引导人们在具体情境中进行应对，重在发现处理疑难事务的前提（郑永流，2018）。问题思维与体系思维是两种不同的思维方式，对于前者而言，问题的投放引致体系的选择，具体而言，当人们在某个地方遇到一个问题时，可能会简单地采取这样的办法：尝试性地任意选择多少有些随机的观点。人们以这种方式寻求客观上适当的、丰富的前提，以便得出启发我们的结论（菲韦格，2012）[31]。虽然在日常生活中，这是最为常见的思维方式，但在法学发展中，"公理—推演""概念—涵摄"的体系思维始终更具吸引力。特别是在回应型国家的理念下，法律来自国家之外或国家之上（达玛什卡，2015）[97-98]，着重点不是宣布公民应该做什么，而是确立使私人安排能够得到执行的程序，与行为规范相比裁判规范的意义更为重要，高度逻辑、体系化的法律也与裁判规范的特性相适应。但随着社会发展，国家调控需求扩张，国家权力对社会生活介入的程度加深，法律越来越成为国家调控的方式，在很多国家，"调控性立法""具体措施法"成为主流（王银宏，2017）。这表现为社会性立法大量增加，法律较少对国家与社会、公法和私法进行区分，而仅聚焦达到特定目的（施托莱斯，2015），针对特定事项和问题的立法规模不断扩大，问题导向型立法甚至逐渐成为最主要的法律类型。

问题导向型立法与体系导向型立法虽然在形式上并无差别，但在功能、规范生成路径、立法视角、规范对象和价值追求等方面都有明显的不同。从功能上看，问题导向型立法针对特定领域的特定问题，意图实现一定的规制目的，强调回答和解决实践问题。从规范生成上看，问题导向型立法的发展突破了教义学的思维，不仅更多地受到特定时期政策的影响，特定领域的专业知识也会对法律起到塑造作用。从立法视角上看，问题导向型立法不再强调从既有规范中提炼出稳定的一般原则，而强调对不合预期的现实做出直接反应，并随着社会发展而变化。从规范对象和价值追求上看，问题导向型立法面对的社会图景是根据功能差异逐渐分化出诸多相对独立且自成体系的社会子系统，如教育、医疗、环境、食品、交通、互联网等（宋亚辉，2021），立法要根据特定领域、行业的特征寻求个别化、情境化的方案，其背后是功能主义的价值观念。

（二）两种立法类型融合背景下《教师法》的定位

上文所区分的体系导向型立法和问题导向型立法是一种理想意义上的分类，目的在于展现两种不同的立法发展趋势并审慎区分立法的两种功能。具体、现实的立法工作会更加复杂，通常要兼顾两种功能，类型化的意义在于避免以一种形式标准批评另一种立法类型。如以体系化程度标准批评问题导向型立法，这种批评就忽视了不同类型立法承载的功能和立法者所欲达到的目的，故而有失公允。同时，两种立法类型的发展也并非此消彼长、相互替代，现代社会中问题导向型立法的迅速发展并不意味着体系导向型立法不再重要，各个领域法典化实践的再度兴起也不可能完全替代问题导向型立法。两种立法类型不仅始终并存，而且有融合趋势，随着立法规模膨胀，通过法典化提升法律抽象化程度的需求往往会产生，而法典化的探索也无法回避解法典化、再法典化的诉求，因此有必要在这种融合背景下理解《教师法》的定位。

1.《教师法》制定之初的问题导向色彩

《教师法》是明显的问题导向型立法，但也兼顾了体系化需求。其在立法上的问题导向特征主要体现在以下方面。

首先，从立法目的上看，《教师法》以教师队伍建设为中心，主要目的在于回应和解决现实中突出的教师地位低、待遇差、教师队伍素质不高的问题，在篇章结构与条款设计上都具有鲜明的现实针对性。如20世纪80年代，小学教师平均工资居于全国各行业之末，中学教师是倒数第二，很多地区还存在长时间大范围拖欠教师工资的现象，针对这一问题，《教师法》不仅通过专章规定教师待遇，还在法律责任一章中专门规定了对"拖欠教师工资"行为的处理。

其次，从规范生成路径上看，《教师法》在制定的过程中明显受政策的推动和指引，在内容上也有浓厚的政策法律化色彩。《教师法》起草和出台的整个过程都受到邓小平关于尊重教师、珍视教师劳动和调动教师积极性等重要论述的指导，1992年邓小平南方谈话中强调的"经济发展得快一点，必须依靠科技和教育"以及党的十四大报告中强调的"积极改善知识分子的工作、学习和生活条件"，直接推动了《教师法》的起草、审议和通过（吴福生，1994）。在立法思路和具体内容上，《教师法》所确立的教师资格、考核、培养与培训、工资保障等重要制度也主要基于20世纪80年代以来的教育政策。1980年印发的《中共中央国务院关于普及小学教育若干问题的决定》、1985年印发的《中共中央关于教育体制改革的决定》、1993年发布的《中国教育改革和发展纲要》为《教师法》提供了重要依据甚至基础内容。

这也反映了我国教育立法中政策是法律的依据和内容、法律是政策的规范化这一基本特征（湛中乐 等，2019a）。

最后，从立法视角和定位上看，《教师法》面向教育改革和发展的需要，为教师队伍建设提供保障，服务于现实的同时也带有鲜明的时代色彩，是一部适应改革时期需求的法律。《教师法》制定过程中最受关注的部分，即涉及工资水平、住房及医疗政策、聘任制度的条款（朱开轩，1993），都依托于当时的社会政策，具有一定的过渡色彩，近年来也出现了随着社会经济发展而调整的需求（靳澜涛，2020a）。

2.《教师法》制定之初的体系意识

尽管《教师法》有明显的问题导向特征，但它也是从立法理念和立法技术上最早展现体系意识的教育单行法。相较于更早的《学位条例》《义务教育法》，《教师法》在实践需求以外兼顾了体系化需求，这主要体现在以下方面。首先，从立法技术上看，《教师法》是教育法进入规范立法阶段的开端，在此之前的教育单行法受时代局限，存在名称不规范、条文简陋等问题，《教师法》不仅率先采取分章的体例编排，同时也初步形成了比较完整的内容框架，为之后的教育立法提供了新的范式。其次，从《教师法》与教育法体系的整体关系看，《教师法》是第一部以教育法律关系主体为规范对象的专门立法，也是第一部针对特定职业的立法，以群体为划分依据，针对"整体性""聚合性"的问题群，形成外部一致、透明的规则集合，体现了局部体系化的努力。最后，从《教师法》内部体系来看，立法确立了保护教师合法权益的宗旨，并突破性地将其放在立法目的之首位（申素平，2018）[149-150]，开启了以权益保障为基础建构价值秩序的进程。体系化不仅要求协调外部关系，更要求通过"目的性"和"价值性"的法律原则形成无矛盾的价值体系，使法律概念、原则与规则相互协调（克莱默，2019）[64]。《教师法》开始发挥原则及其构成的价值秩序的统领作用，在立法层面加强体系性，通过以教师权益保障为中心轴，克服"逻辑混乱、体系不全"的松散局面（湛中乐 等，2019b）。

可见，《教师法》在制定之初，主要被作为应对教师队伍建设困境的工具，面向教育改革与发展的现实，强调实用性、回应性，具有问题导向型立法的一般特征。但伴随着两种立法类型的融合，在不同的发展阶段，《教师法》的完善要平衡不同的功能和价值，特别要正视问题导向立法下社会变迁的现实以及法典编纂背景下立法体系化水平提升的需求。借《教师法》修订的契机，推动立法从问题导向向体系导向发展。

三、《教师法》过度追求问题导向的缺陷

法律服务于特定目的，追求问题导向本身无可厚非，问题导向型立法在现代国家的迅速发展更是无法避免的趋势。但社会生活的迅速变化、新问题的不断产生也会带来"法与时转"的压力，如果立法过度追求个别问题的解决，很容易导致"立法过剩""立法过时"甚至"一事一法"的现象，陷入只见树木、不见森林的窘境，有损立法的科学性、权威性。故而数量庞大、内容具体、作为调控工具的规范发展到一定程度，反而会推动立法追求"局部体系化""适度体系化"。在这一过程中，《教师法》立法之初过度强调问题导向的缺陷逐渐显现，有必要通过修订，从强调问题意识转向强调体系意识。

（一）不符合总则性立法性质

过度强调问题导向与《教师法》总则性立法的角色不相符合，事无巨细、贪多求全的规范容易和关联性立法上的相关条款产生龃龉。《教师法》是教师行业的"基本法"，其权利义务的规定应着眼于整个教师职业的共性特征，做原则性的规定和框架性的设计。在《教师法》之外，还有《义务教育法》《高等教育法》《职业教育法》《民办教育促进法》等法律对不同教育阶段、不同性质学校中教师的权利、义务、责任进行规范，反映了"分类施策、精准治理"的立法思维，也说明不同类型的教师在公共性和专业性上的差异较大（余雅风 等，2020），面对不同的现实问题，有分而治之的需求。虽然相对于《教育法》，《教师法》是针对教师行业特定事务的专门立法，已具有特别性、明确性、具体性，表现出更鲜明的问题导向，但相对于上述各教育单行法中的专门条款，《教师法》又应作为"一般法"，起到统领与局

部体系化的作用。对于某些涉及教师事务且有现实重要性与紧迫性的社会问题，总是会有"入法"的呼吁，如针对一度引发热议的"教师惩戒权"，就不乏有通过《教师法》加以规制的倡议（任海涛，2019），然而这种惩戒权具有主体特定性，并不适合所有教育阶段，如果贸然通过《教师法》确认和规范，不仅与《教师法》基本法的定位不相适应（靳澜涛，2020b），还会模糊教师惩戒权的性质，混淆不同教育阶段的差别，甚至造成立法体系结构上的混乱。

（二）不适应教育改革实践的发展变化

教育法律关系虽然具有相对稳定性，但不能自外于社会发展，事实上从《教师法》颁布至今，与教师相关的各项事务经历了重大的变化并仍面临变革，随着旧问题的解决，新问题不断产生。仅就最基础的"教师"概念而言，在计划经济体制下，教师作为"国家干部"，其工作乃至生活都由政府安排（劳凯声 等，2009），这一概念在内涵外延上都相当明确。20 世纪 90年代初期《教师法》出台之际，正值市场经济改革和人事制度改革的关键时期，立法开始关注公办学校教师以外新出现的职业群体，民办学校教师与公办学校教师是否具有一体性的法律身份开始出现争议（余雅风 等，2021）。近年来伴随民办学校、民办培训机构乃至各类网络课程的兴起，何为《教师法》所规范的"教师"更面临重新界定（管华，2020）。教师职业的多样化、差异化发展不仅会带来概念上的变迁，也意味着在法律地位、职业规范、待遇保障、聘任制度等方面会不断出现个性化问题。过度强调具体问题难以适应快速变化的社会生活和日新月异的教育改革实践，《教师法》应在调整范围和调整方式上保留空间，通过保持法律的开放结构容纳社会评价、适应现实发展。

（三）不具备快速回应调控需求的条件

从我国立法的现实情况着眼，《教师法》在事实上不具备通过频繁修法来快速回应各种调控需求的条件。根据《立法法》的规定，法律案通过"三审"是一般规则，调整事项较为单一或者部分修改的法律案，且各方面意见比较一致的，可以经一次常务委员会会议审议即交付表决。而根据《中华人民共和国全国人民代表大会常务委员会议事规则》，常务委员会会议一般每两个月举行一次，有特殊需要的时候，可以临时召集会议。同时，社会生活各个领域的立法、修法需求不断增长，十二届、十三届全国人大常委会立法规划项目均在100件以上，快速立法程序的缺失更加剧了立法资源的紧张（赵一单，2021）。在此背景下，《教师法》从1994年实施以来仅经过一次打包修正，没有任何对实质内容的修改，很多在立法时期具有问题导向意识的条款已经在事实上成为"沉睡条款"。这也是目前教育立法普遍面对的现状——应当修订的不能及时修订（侯健，2018），在一般程序下制定或修订一部法律，从部门动议起草到全国人大审议通过，比较顺利的大概也需要3—5年时间（王大泉，2022），2010年《国家中长期教育改革和发展规划纲要（2010—2020年）》提出的"六修五立"的目标迄今没有完成。一直以来在事实上起到快速回应社会问题的作用、作为调控工具的主要不是法律，而是以规范性文件形式发布的教育政策和低位阶的行政立法（薛小蕙，2021）。与解决具体问题相比，《教师法》更重要的功能在于提供合理的体系框架。

四、从强调问题意识到强调体系意识的转型

2018年十三届全国人大常委会立法规划就将《教师法》修订列为第二类项目，2021年教育部发布了对《教师法（修订草案）（征求意见稿）》，学界针对《教师法》修订中的重要议题进行了大量的讨论并提出了相应的修法建议。但《教师法》的修订除了要回应这些具体问题之外，同样重要的目标是加强立法的体系化功能，明确《教师法》在教育法体系中的定位，识别体系化需求，运用体系化方法提炼逻辑主线并形成合理的逻辑结构。正如拉伦茨所言，一部法律要有较强的生命力，那么立法者事先必须对有待规范的生活关系、现存的规范可能性、即将制定的规范所要加入的那个规范的整体、即将制定的这一部分规范必然施加于其他规范领域的影响进行仔细的思考和权衡（拉伦茨，2005）。

（一）把握《教师法》在教育法体系中的定位

《教师法》作为针对教育法律关系主体的专门立法，要与教育法的基本价值相契合。宪法第十九条"国家发展社会主义的教育事业"和第四十六条"公民有受教育的权利和义务"作为教育法体系展开的基础规范，确认了国家保障义务与公民受教育权，提供了最为基本的价值取向。同时，教育作为培养人的事业，具有与一般的民事或行政活动截然不同的属性，以人本身为目的同时要突出思想和知识的尊严（湛中乐 等，2016）。为此，2015年《教育法》修改，第六条增加一款"教育应当坚持立德树人"，作为教育事业发展的根本任务和评价标准。《教师法》要以宪法和教育法提供的基本价值秩序为基础，不仅要在立法目的条款中明确依据和宗旨，同时把各项制度置于"立德树人"这一系统之中。教师在立德树人事业中占有重要地位，德国教育法学奠基人黑克尔（H. Heckel）指出，教师只有在自身自由的情况下，才能朝着自由的方向教学（Heckel usw., 1957）[168]，德沃金同样强调自由的保障对教师实现道德责任的意义（德沃金，2013）[254-255]，由此可进一步衍生出教师权益保障和教师职业规范两项基本原则，并以此统摄《教师法》内部体系。

（二）明确《教师法》的教师职业基本法地位

《教师法》作为规范教师职业的基本法，要明确其总则角色，发挥其统筹作用，处理好教师法律制度中一般法与特殊法、上位法与下位法的关系。首先，《教师法》作为基本法，应明确基本原则，提供科学合理的制度框架，对影响各类型、各学段教师的基础性制度进行系统安排。对于基础性制度，通过基本法的理性规划要比分散式、碎片式的规定更有效率。如目前由《教师法》确立的教师申诉制度运行不畅，与其他救济制度在功能上缺乏区分和衔接，实践中对其存废有较大争议（湛中乐 等，2020；管华 等，2020）。申诉制度被虚置很大程度上是由于《教师法》的规定粗疏，同时申诉又涉及与复议、诉讼、人事争议仲裁等相关制度的整合，不仅部门规章迟迟未能出台，地方立法也难有突破，对此困境的解决有赖于通过《教师法》修订进行顶层设计。

其次，《教师法》作为总则性规范，对规范事项应有所取舍，在规范密度上要适应复杂多变的社会现实。正视教师职业群体的内部差异以及教育改革的实践需求，这就需要处理好《教师法》与《义务教育法》《高等教育法》《职业教育法》等特殊法的关系，为下位法保留规范空间。如1993年《教师法》规定了统一的教师职务制度之后，《义务教育法》《高等教育法》也相应规定了以职称评鉴为核心的职务制度，但高校教师、中小学教师乃至幼儿园教师在工作特点和发展定位上有很大的差别，对1993年《教师法》路径依赖式的职务制度并不能适应不同类型教师职业发展的规律。对此，《教师法》的修订一方面要结合不同学段特点积极引导分类规范，另一方面也要为特殊法规定专门制度留下空间。

最后，从依法治教的原则出发，教育治理要受到法律的拘束。为使这种拘束有效，法律要有具体明确的内容，同时必要的事项只能由法律进行规定，即要遵循行政法上法律优先和法律保留两大原则。《教师法》作为基本法，对规范教师治理、推进依法治教具有重要意义，对涉及教师基础身份的获得与丧失、教师权益的限制与实现的重要事项应该进行较为明确的规定。根据法律保留中的"重要性理论"，对教师基本权利具有重要性的事项应由法律规定，《教师法》修订应重点对此类事项进行规范。如目前《教师法》对教师资格限制和丧失的规定非常简略，仅在第十四条规定了作为刑罚附随性制裁的情况。且不论对这一规定本身的争议，在《教师法》之外，《教师资格条例》第十九条就增加了撤销教师资格的两类情形，2018年教育部又专门印发三个"教师职业行为十项准则"，列举了违反师德的情形并要求依法依规撤销教师资格，但法律、行政法规本身对这些情形并没有明确规定。考虑到撤销教师资格并不是一项普通的行政处罚，而是关系教师基础身份的重要制度，由《教师法》进行明确规定是更为妥善的做法。此外，涉及教师权益限制、保障与实现的制度都应采取更为明确、具体的规定方式，如果法律规定过于空泛而无实质内容，法律优位原则也就丧失了意义，现行《教师法》在此方面的缺失已经受到很多批评（程雁雷 等，2021），此处不再赘述。

（三）利用《教师法》实现局部体系化的功能

法律不应该是为了解决特定问题而偶然汇集在一起的令人费解的、随机的、专断的规范集合。立法本身应该力求通过精确的语言、明晰的结构、清楚的分类系统使法律为人所理解、接受，这样不仅便于找法用法，也有利于推动法律向更加系统的方向发展。而实现体系化功能最基本的手段就是概念化和类型化（湛中乐 等，2022），首先采用精确的统摄性的概念，建立必要的条件式规范，再将这些规范分门别类地排列整合。目前《教师法》界定教师概念过于笼统，缺乏类型化意识，修法应从教师概念与教师法律身份的界定着手分类，并按照"发生、存续、消灭"的思维习惯，辅之以"一般 –特殊""实体 – 程序"的逻辑次序进行编排，进而推动整个教师法体系的精确化和系统化。

对于教师概念的界定和分类，现行《教师法》以"在各级各类学校和其他教育机构中专门从事教育教学工作"这一单一维度界定教师，并将其法律身份统一定位为"专业人员"。这一界定标准更侧重对日常现象的描述，不能体现法律概念的评价背景和规范目的，在实践中也不能起到确定《教师法》适用范围的作用（陈洪磊，2021）。《教师法》修订应在定义中引入"教师资格"标准作为教师概念的形式标准，以体现教师概念的公共性与专业性。在明确法律意义上的"教师"之后，对教师法律地位的界定则要有类型化意识，以教师职业的公共性与自主性为标准，综合考虑不同学段、教师所在学校性质等影响因素，区分公办中小学教师、高等学校教师、民办学校教师的法律地位。通过合理分类促进立法就特别领域进行有针对性的安排，在准入聘任、管理评价、权利义务与法律责任等方面分类规范与发展。

在立法的编排结构上，《教师法》作为我国第一部职业立法进行了很多探索，如采取了分章形式并率先设立法律责任一章，对后来的职业立法产生了明显的影响。按照目前《教师法》的编排结构，在总则之后依次规定了权利和义务、资格和任用、培养和培训、考核、待遇、奖励、法律责任等，虽然覆盖了教师法律制度的方方面面，但内部的逻辑关联性较弱，在有的章节甚至将异质规范放在一起，使原本就不甚清晰的法律秩序变得更加混乱。

　　例如法律责任一章分别列举了侮辱、殴打教师应承担的责任，对教师打击报复应承担的责任，教师违法应承担的责任，政府未履行保障义务应承担的责任，教师申诉的权利。这种规定方式不仅没有区分不同性质、不同主体的责任，在逻辑上也不连贯、不周延。其中规定的某些"责任"在性质上并非教育法律责任（程雁雷，2021），没有专门规定的必要，否则无异于古代立法模式下区分树和无花果树的做法。第三十七条、第三十八条列举的教师责任和政府责任则又与教师义务和待遇保障部分重复，可以考虑以合并的方式规定，保障前后一致，体现职责统一。而教师申诉权利条款附属于权利救济制度，本身就不应归于法律责任一章，而应设专章规定，并协调其与其他救济方式的关系。

　　设置"法律责任"一章体现了20世纪90年代初教育立法重视实施以及让法律"长出牙齿"的迫切期望，但该章的安排不仅不能促进《教师法》的体系化，还带来了逻辑上的混乱，这也是《教师法》立法之初重视回应社会问题，忽视内部体系构造的结果。《教师法》要实现局部体系化的功能，应在教师权益保障和教师职业规范两项基本原则下，按照符合思维习惯的逻辑进行编排，使法律内容和谐一致、结构系统完整、规范层次分明。在编排逻辑上，《教师法》作为对教师职业的专门规范，可根据"教师身份的产生—教师身份存续期间的保障和规范"模式编排章节，并在内部遵循"先一般后特殊""先实体后程序"的次序，尽量避免前后重复和冲突，并在适当的节点为特别法或下位法的发展留下接口。具体而言，在总则与附则之间，可以按照资格准入、聘任制度、权利义务、保障制度、申诉救济的顺序编排内容，合并同类项。

结　　语

　　即使内容完全相同的法规范，经过体系化编纂也会有不同的效益，故而立法者的重点不应只在个别条文的增减改变。法典编纂作为一项系统工程，正是为了解决单行立法目标各异、内容分散、缺乏体系化建构的问题，最大限度实现体系效益。《教师法》的修订恰逢教育法典编纂序幕的开启，不仅要解决突出的实践问题，更应以此为契机提升法律的体系化程度，发挥立法的体系化功能，为教育法典编纂奠定良好的基础。

―――――――――――

参考文献

埃瓦尔德，2016. 比较法哲学［M］. 北京：中国法制出版社.

伯尔曼，1993. 法律与革命：西方法律传统的形成［M］. 北京：中国大百科全书出版社.

陈爱娥，2019. 法体系的意义与功能：借镜德国法学理论而为说明［J］. 法治研究（5）：54-61.

陈洪磊，2021. 司法场域中《教师法》的表达与实践：基于 337 份适用《教师法》裁判文书的分析［J］. 教师教育研究（3）：45-49，56.

陈金钊，2021. 法典化语用及其意义［J］. 政治与法律（11）：2-16.

程雁雷，2021. 论教育法律责任的基本范畴［J］. 东方法学（1）：179-188.

程雁雷，蒋艳，2021. 教育法典编纂背景下教育法律救济制度的规则探究［J］. 青少年犯罪问题（6）：29-39.

达玛什卡，2015. 司法和国家权力的多种面孔：比较视野中的法律程序［M］. 北京：中国政法大学出版社.

德沃金，2013. 自由的法：对美国宪法的道德解读［M］. 上海：上海人民出版社.

菲韦格，2012. 论题学与法学：论法学的研究基础［M］. 北京：法律出版社.

管华，2020. 立德树人与《教师法》的保障［J］. 中国教育学刊（4）：22-27.

管华，余若凡，2020. 教师申诉制度可以废止吗［J］. 湖南师范大学教育科学学报（4）：14-19.

侯健，2018. 改革开放四十年教育立法的经验和问题［J］. 国家教育行政学院学报（12）：10-16.

靳澜涛，2020a.《教师法》修订：新时代教师队伍建设改革的立法表达［J］. 教育科学研究.（4）：24-28.

靳澜涛，2020b. 教师惩戒权入法的冷思考：以《教师法》修订为背景［J］. 中国矿业大学学报（社会科学版）（5）：91-100.

克莱默，2019. 法律方法论［M］. 北京：法律出版社.

拉伦茨，2005. 论作为科学的法学的不可或缺性［J］. 赵阳. 译. 比较法研究（3）：144-155.

劳凯声，蔡金花，2009. 教师法律地位的历史沿革及改革走向［J］. 中国教育学刊（9）：21-27.

任海涛，2019. "教育惩戒"的性质及其法律体系构建：以《教育法》《教师法》为核心［J］. 湖南师范大学教育科学学报（5）：21-29.

任海涛，2021. 论教育法法典化的实践需求与实现路径［J］. 政治与法律（11）：17-29.

申素平，2018. 从法制到法治：教育法治建设之路［M］. 上海：华东师范大学出版社.

施托莱斯，2015. 干预性国家的形成与德国行政法的发展［J］. 王银宏. 译. 行政法学研究（3）：3-18.

宋亚辉，2021. 社会基础变迁与部门法分立格局的现代发展［J］. 法学家（1）：1-14，191.

孙霄兵，龙洋，2019.《教师法》的法治价值和立法原则：兼论我国改革开放 40 年教育立法传统［J］. 中国高教研究（3）：35-38.

王大泉，2022. 教育法典编纂的现实意义与实现路径［J］. 华东师范大学学报（教育科学版）（5）：1-7.

王银宏，2017. 论作为政治性立法的 1811 年《奥地利普通民法典》［J］. 华东政法大学学报（4）：154-166.

吴福生，1994. 一部重要法律的诞生：制定《教师法》的前前后后［J］. 人大工作通讯（1）：29-32.

西蒙，2019. 何为立法？为何立法：法典编纂与调控性立法：立法上规范制定的两种基本功能［M］// 朱勇. 中华法系：第十一卷. 北京：法律出版社.

薛小蕙，2021. 法律：文件共治模式的生成逻辑与规范路径［J］. 交大法学（1）：108-120.

颜厥安，2004. 规范、论证与行动：法认识论论文集［M］. 台北：元照出版公司.

余雅风，齐建立，2020.《教师法》修订对新时代教师队伍建设的应然回应［J］. 中国教育学刊（4）：15-21.

余雅风，王祈然，2021. 教师的法律地位研究［J］. 华东师范大学学报（教育科学版）（1）：49-58.

约翰斯顿，2017. 恶法：关于英国工党执政十三年期间法律之爆炸性分析［M］. 上海：上海三联书店.

湛中乐，李烁，2019a. 我国学前教育立法研究：以政策法律化为视角［J］. 陕西师范大学学报（哲学社会科学版）（1）：45-53.

湛中乐，靳澜涛，2019b. 论《教师法》修订的基本立场和总体思路［J］. 教师发展研究（4）：18-25.

湛中乐，靳澜涛，2020. 教师申诉制度运行的法治困境及其出路［J］. 湖南师范大学教育科学学报（4）：7-13，86.

湛中乐，靳澜涛，2022. 教育法学体系化的域外比较与中国路径［J］. 湖南师范大学教学科学学报（3）：10.

湛中乐，苏宇，2016. 教育法学的理论体系与学科建设初论［J］. 北京师范大学学报（社会科学版）（2）：13-24.

赵一单，2021. 论快速立法［J］. 地方立法研究（5）：21-35.

郑永流，2018. 欧陆法律方法的方向性进程［J］. 清华法学（2）：95-107.

朱开轩，1993. 关于《中华人民共和国教师法（草案）》的说明［J］. 中国高等教育（12）：1.

朱明哲，2021. 法典化模式选择的法理辨析［J］. 法制与社会发展（1）：89-112.

Alfange D, 1969. Jeremy Bentham and the codification of law [J]. Cornel Law Review (55): 58.

Schuck P, 1992. Legal complexity: some causes, consequences, and cures [J]. Duke Law Journal (1): 1–52.

Heckel H, Seipp P, 1957. Schulrechtskunde [M]. Berlin: Luchterhand.

Noll P, 1973. Gesetzgebungslehre [M]. Reinbeck/Hamburg: Rowohlt.

Revision of Teacher's Law under the Background of Education Code Compilation: From Problem-oriented to System-oriented

Yin Ting

Abstract: The revision of teachers' law should not only focus on the needs of the development of education, but also fully consider the background of the compilation of education code. Under this background, the revision should not only respond to a series of specific problems in the construction of the teaching staff, but also undertake a systematic function. There are differences between problem-orientation and system-orientation in modern social legislation, and the two have obvious differences in function, norm generation path, perspective, normative object and value pursuit. Teachers' law emphasized problem-orientation in the early stage of formulation, and overemphasized the problem-orientation did not conform to the nature of general legislation, did not adapt to the development and changes of educational reform practice, and did not meet the conditions for rapid response to regulatory needs. The revision of teachers' law should make up for this defect, grasp the position of the teachers' law in the education law system, clarify its status as the basic law of the teaching profession, and realize the function of systemization.

Key words: teacher's law   education code   codification   systemization

作者简介

尹婷，法学博士，北京交通大学法学院讲师，研究方向为行政法学、教育法学。

□ 贾　楠　秦惠民

英国学徒权利法律保护制度研究 [①]

【摘　要】学徒制是英国职业教育的典型发展模式之一，国家通过一系列制度设计，实现对学徒权利的法律保护。学徒既是受教育者，也是劳动者。基于这一特性，英国教育法与劳动法从不同侧面保护学徒个体的权利，以不同的调控手段，形成协调运作、相互配合、相辅相成的制度体系。英国现代学徒制是一种嵌入式、组织化、结构化的教育与培训方式，通过对英国现代学徒制中学徒权利法律保护制度的观察发现，其具备受教育权与劳动权双重保护、教育法与劳动法协调运作、实体性权利与程序性权利保护并重、国家在校企合作中发挥引导协调作用四项主要特征。教育法与劳动法从不同的角度、运用不同的法律技术手段为学徒教育质量的保障与提升提供法律保护。

【关键词】英国学徒权利法律保护　职业教育法

2022 年 5 月 1 日，新修订的《职业教育法》开始实施。新法第三十条明确规定："国家推行中国特色学徒制，引导企业按照岗位总量的一定比例设立学徒岗位，鼓励和

① 本文系 2021 年度中央高校基本科研业务费专项资金资助项目"劳动教育与业本学习问题研究"（2021JJ002）的阶段性研究成果。

支持有技术技能人才培养能力的企业特别是产教融合型企业与职业学校、职业培训机构开展合作，对新招用职工、在岗职工和转岗职工进行学徒培训，或者与职业学校联合招收学生，以工学结合的方式进行学徒培养。"同时，新法还对职业教育坚持产教融合、校企合作、面向市场以及社会力量的广泛参与提出了新的要求。《职业教育法》的修订为推行中国特色学徒制提供了新的制度依据与改革契机，对我国职业教育发展具有里程碑式的重大意义。如何加强对学徒制相关制度的设计构建，成为落实新法的重要内容。从比较法的视角看，学徒制是英国职业教育的典型发展模式之一，经历数百年沉浮与考验，并在21世纪重新焕发强大生命力，使英国成为世界范围内职业教育较为成功的范本之一。对英国现代学徒制中学徒权利保护的法律制度进行观察和研究，可以为我国学徒权益保障制度设计、新《职业教育法》的进一步落地实施，以及职业教育治理体系的完善提供参考和借鉴。

一、英国学徒制法律政策的历史演变

　　英国传统学徒制产生于中世纪，伴随着手工业的产生和技术传承的需要，以最原始朴素的师傅带徒弟的形式初步对传统学徒制完成了方式和内容上的形塑，实现了经验与技能的代际传递（关晶，2010a）。1802年，英国颁布《学徒健康与道德法》，该法不仅是保护学徒权利的法律开端，亦是近现代劳动法的重要起源（何勤华，1999）[347]。

　　英国学徒制数百年来几经沉浮，在一次次的螺旋式更新上升和波浪式曲折前进中历久弥新。如果按照时间脉络进行更细致的区分，英国学徒制可分为五个发展阶段：中世纪至1900年的起始期；1900年至1992年的曲折发展期；1993年至2004年的大改革时期；2004年至2010年的大发展普及期；2010年至今的新生长期（Mirza-Davies，2018）。也有学者将英国学徒制划分为三个发展阶段：12世纪到1563年以国家干预为基础的大量实践期，也是学徒制初步法制化时期；1563年到1814年行会衰减的学徒制时期；1814年至今的"资源"学徒制时期，这个时期的典型特征包括对多样性的重视以及师傅与学徒之间书面协议的签订（Snell，1996）。

（一）中世纪行会时期的学徒制

11、12 世纪，行会在劳动力市场中发挥着重要作用。在农业、手工业需要大量工作岗位的情况下，儿童作为学徒被行业雇佣是十分普遍的现象。早期的学徒史被一些学者认为就是一部童工史（Dunlop et al.，1912）。15 世纪起，英国行会逐渐走向衰微。为了挽救这一颓势，1562 年英国颁布《工匠学徒法》，首次以法律的方式对学徒制进行干预，将传统的自然状态的师徒关系结构以正式制度的形式确立下来。该法标志着英国学徒制正式进入了法制化阶段（陈明昆 等，2008）。《工匠学徒法》的一些规定为保护学徒权利奠定了规则基础。例如，从学徒成为师傅至少要经过 7 年的学徒训练（熊苹，2004）；在建立师徒关系伊始，双方必须签订书面协议，条陈师傅与徒弟的权利义务（范军，2015）。书面协议对双方具有约束力，师傅与徒弟之间紧密的人身依附关系开始变质（石伟平，2001）[25]，向更为规则化的自然人间的劳动关系转变。

（二）商品经济萌芽时期的学徒制

在 15、16 世纪的英国，资本主义商品经济开始萌芽，在生产力高度提升的同时，规模化的工厂手工业生产方式产生。手工业对劳动力数量的需求呈几何倍数增长。大量的岗位需求在新兴产业，如工程、管道、造船业等行业涌现（Mirza-Davies，2018）。但与此同时，新的生产方式使得行会制度逐渐式微，为学徒制的发展带来巨大冲击。行会作为学徒制管理、规范和议价机构的作用也逐渐丧失。很多学徒尤其是儿童学徒不论是在工作时间、住宿还是饮食方面，都遭受着工厂主不同程度的苛刻对待（Hutchin et al.，1966）[14]，忍受心理和生理的双重折磨，引发了大量的社会问题（Fielden，1969）[74]。1601 年英国颁布《伊丽莎白济贫法》，规范调整教区学徒制（陈靖，2016），教区学徒是该法的主要保护人群之一，法律对行会救济做出了具体细致的规定（赵静，2007）。1802 年，英国颁布《学徒健康与道德法》，限制工作时间、保护儿童权利，该法又被称为"1802 年工厂法"，被认为是英国工厂法的开端，也是"济贫法"的延续（Hutchin et al.，1966）[16-17]。但是，其法律强制力非常弱，规制更具有倡导性，是一部"温柔的法令"（莫尔顿 等，1976）[513]。

（三）工业革命时期的学徒制

工业革命彻底颠覆了原有的生产方式，使英国社会经济与劳动力结构发生了翻天覆地的变化，手工业陷入窘境，学徒制的发展也跌入谷底，面临重大挑战。在此期间，英国对学徒制采取放任的态度，疏于监管和规制。1814年，英国废除"学徒令"，学徒制再次失去法律保护，不再接受政府监管，雇主与学徒之间的协议条款也不再受法律强制力的保护（关晶，2010b），学徒的权利底线受到严重挑战。为改善此种状况，1819年，英国颁布《工厂法》，该法比《学徒健康与道德法》更加完善，有利于进一步保障儿童学徒的权利，尤其是在工作环境安全与健康方面。1831年《工厂法》修订并于1833年开始施行，该法被称为"真正意义上的工厂法"（鲁运庚，2006）。1964年政府颁布《产业培训法》，该法设立了学徒制的监督机构——产业培训委员会，规定了其具体职能，目标是初步建立产业界与教育领域之间的区隔（熊苹，2004）。同时，该法开创性地确立了征税－拨款机制［也可被称为培训税制度或培训税机制（levy-grant mechanism）］。自此，政府改变放任态度，对学徒制进行介入和控制（关晶，2010c）。《产业培训法》的颁布使英国学徒制在政府引导、多元合作、共同治理的道路上更进了一步。

第二次世界大战后，英国经济恢复缓慢，从20世纪70年代开始，英国经济更是进入了长期衰退期，青年失业人数开始迅速增加（潘彦娜，2011）。英国开始加大对劳资关系的调整力度。1971年国会出台了《产业关系法》，以调整集体谈判活动，并设立国家产业关系法庭来仲裁集体纠纷。在学徒制领域，英国议会和政府也制定和颁布了一系列计划和法律，包括新《就业与培训法》、"青年机会计划"等，试图重振学徒制以解决青年的就业问题，但效果并不尽如人意。1973年英国颁布《雇佣与培训法》，设立"人力服务委员会"。尔后，英国政府又相继颁布了一系列教育与培训

相关的法律，对学习者的劳动权和受教育权进行保护，主要有 1978 年的
《职业保护（强化）法》、1981 年的《就业与培训法》、1982 年的《产业
培训法》、1985 年的《继续教育法》、1986 年的《产业培训法》、1988 年
的《教育改革法》、1992 年的《继续教育与高等教育法》等。但是，法律
政策执行的效果不尽如人意，据统计，从 1978 年到 1994 年，学徒工总数
减少了 66%（熊苹，2004）。究其原因，主要是这一时期出台的职业培训
计划流于形式且质量较低，无法满足市场的要求，导致学徒人数进一步
下降。

（四）现代学徒制

　　20 世纪 90 年代，英国经济开始回暖，德国双元制①的成功警醒了英国
当局，政府开始重新审视提高学徒培养质量的巨大潜在价值。生产效率的
低下和国民技能的缺失，使得英国在竞争对手面前处于明显的劣势（Mason
et al.，1994）。1993 年，以梅杰（J. Major）为总理的保守党政府决定振兴学
徒制，宣布发展 3 级水平的新学徒制计划——现代学徒制，以弥补巨大的技
能差距（skills gap）（Fuller et al.，2003）。在改革的这段时期，现代学徒制
开始发生解构性进化：国家培训生制（national traineeships）进阶为基础现
代学徒制（foundation modern apprenticeships）；现代学徒制进阶为高级现代
学徒制（advanced modern apprenticeships）（Mirza-Davies，2018）。英国自
1993 年开启现代学徒制计划后，直到 2009 年才制定出专门针对学徒制的单
行法，通过立法对学徒制培训的最低标准进行了明确（Smith，2013）。2009
年以前，英国对学徒制并没有针对性和综合性的统一法律文件，只能从其他
单行法中找到碎片化的规定，如《企业法》《放权法》《教育法》等。尽管
在 2000 年和 2007 年英国出台了《学习与技能法》和《继续教育与培训法》，
对培训的机构、质量、标准、评估、资金等问题进行了规定，但是这些规定
还比较初步，且并非完全针对学徒制。2008 年，英国儿童、学校和家庭部

---

①　企业作为双元制中的"一元"，与另"一元"——学校合作培养职业技术人才。

与创新、大学和技能部联合发布《学徒制草案》，对学徒制的运行进行了较为详细的规定。但直到2009年，国家立法《学徒制、技能、儿童和学习法》才正式问世，该法对学徒制的框架、标准、考试、评估、管理机构、相关责任主体等进行了规定，还对职业教育行政管理体系进行了重新调整与构建（关晶，2012）。

2012年，为提高学徒制的教育培训质量，英国出台硬性标准，引入新的最低标准限制，要求所有学徒制项目必须持续至少一年，并提供每周30小时的真实工作场景的学习和最低限度的指导（Mirza-Davies，2018）。2014年，英国政府为了提高25岁以下青年人的参与率，为每个该年龄段的青年学徒提供1500英镑的补助（Fuller，2016）。在此基础上，引入"准学徒制"（pre-apprenticeships），为没有做好全面参与学徒制准备的年轻人和在校生提供尝试的平台及机会（Mirza-Davies，2018）。2017年4月，英国再次完善学徒税制度（apprenticeship levy），以税收为经济杠杆，为国民提供更多的学徒培训岗位并努力提升学徒的经济待遇。

二、英国学徒权利保护的法律制度框架

围绕学徒权利保护的法律体系构建，英国通过一系列制度设计完成对政府、企业、学校、非部属公共机构等不同主体的角色定位、法律地位及相关权利义务的确认。国家以第三方监管、宏观调控者的角色强势介入，通过调动企业、行业协会等社会力量促进现代学徒制的顺利运行，并在此过程中始终保持理性、审慎和克制。雇主与学徒之间建立规范的个人劳动关系，由国家法律的强制力保障学徒权利的顺利实现和救济的及时到位。

总体上看，英国学徒权利保护的法律框架以教育法与劳动法为主，具有通过各相关法律的相关条款进行综合调整的特征。目前，英国针对学徒的法律规定主要集中在2009年的《学徒制、技能、儿童和学习法》之中。该法是英国目前规定学徒制的最重要、最全面、综合性最强的单行法律，其配套规定是2013年英国教育部发布的《学徒规范条例》。该条例规定了英国学

徒制框架的最低标准，是对《学徒制、技能、儿童和学习法》的进一步阐释，具有法律强制约束力。该条例的实施机构是 2009 年法律授权成立的国家学徒服务局。同时，条例对学徒制框架应当囊括的技术知识、技能培养、雇员权利义务、职业资格框架建设、个人学习能力等内容的最低门槛进行了界定。

英国针对学徒的成文法规定较为分散，呈现碎片化特征。有关学徒权利的规定还以专章、个别条款等形式散见于《企业法》《高等教育研究法》《学习与技能法》等法律法规之中。例如，2015 年《放权法》以法律的形式确立了学徒制的培训券制度。紧接着，与学徒制规制紧密相关的《企业法》（2016 年）出台，该法针对 2009 年《学徒制、技能、儿童和学习法》的相关部分进行了修订，为学徒制引入了更精准到位的法律保护框架，建立学徒制专门管理机构学徒协会（现更名为学徒与技术教育局），其主要职责是制定学徒制培训标准和评估方案等，最大限度地争取学徒权益（Department of Education, 2017）。在制度设计方面，2017 年 1 月施行新的学徒税政策。这一系列举措为学徒制的运行打下了更坚实的制度基础。较近颁布的相关法为 2017 年的《技术与继续教育法》，该法有很大一部分内容是对技术与继续教育机构的运行、清算、解散、资金等问题进行规定，以及对学徒与技术教育局的职能进行规定，同时也对 2009 年《学徒制、技能、儿童和学习法》进行了部分修订。

除了教育法对学徒权利进行专门关照外，英国劳动法对学徒的人身财产权益也进行了较为全面的保护。根据劳动法的相关规定，具备正式劳动者法律身份的个体均被纳入劳动法的保护范围。学徒与企业雇主签订学徒协议，以劳动合同的形式获得劳动者身份，是劳动法的适格保护对象。劳动法的相关规定可以直接适用于学徒在工作实践和岗位实习过程中的劳动权益保护。针对学徒劳动权益保护的相关规定散见在不同的劳动单行法律之中。学徒工资待遇、就业机会、工间休息、工伤保险、养老金、纠纷解决等权利保护内容由不同的单行法律予以关照。

英国调整学徒人身财产性权利的劳动法律主要有：1998 年的《国家最低工资法》和《工作时间条例》、2010 年的《平等法》、2015 年的《保险法》、2016 年的《工会法》和《福利改革与工作法》。各法分别对学徒不同侧面的权利进行了保护，与教育法共同构筑了英国学徒权利保护的核心法律制度框架。

三、英国学徒权利法律保护的制度特征

英国现代学徒制是一种嵌入式、组织化、结构化的教育与培训制度，主要表现为工作场景和校园学习相结合的方式。许多学徒制项目强调实现教育与工作要素的有机融合。通过分析英国相关法律政策文本，观察英国学徒权利保护体系的框架搭建和制度设计可以发现，英国现代学徒制中学徒权利法律保护在内容上主要呈现出受教育权与劳动权双重保护、教育法与劳动法协调运作、实体性权利与程序性权利保护并重、政府在校企合作中发挥指导协调作用四个主要特征。

（一）齐头并进：受教育权与劳动权双重保护

英国现代学徒制将工作场所与学校场域结合在一起，将培训和继续教育学院等教育机构的知识传授有机融合在一起，旨在培养适应市场变化、符合劳动力市场供需结构的高技能人才。学徒作为学习者具备双重身份，既是受教育者，也是劳动者，这使得学徒权利形态具备一定的复杂性，法律关系交叠，涉及教育培训和劳动力市场两大体系，教育规则与经济规则同时发挥作用，公共利益与经济理性之间产生张力，权利冲突是逻辑的碰撞点，也是矛盾的交汇点，权利形态复杂。学徒的权利表现在方方面面，但主要表现为受教育权和劳动权（见图1）。

如图1所示，英国学徒法律权利体系主要包括受教育权和劳动权两个方面，二者中又同时包含实体性权利和程序性权利。权利体系包含七项受教育权和四项劳动权，其中受教育权包含五项实体性权利和两项程序性权利；劳动权包含三项实体性权利和一项程序性权利。从权利的属性看，劳动权主要包含人身性权利和财产性权利，受教育权主要指向教育性权利。

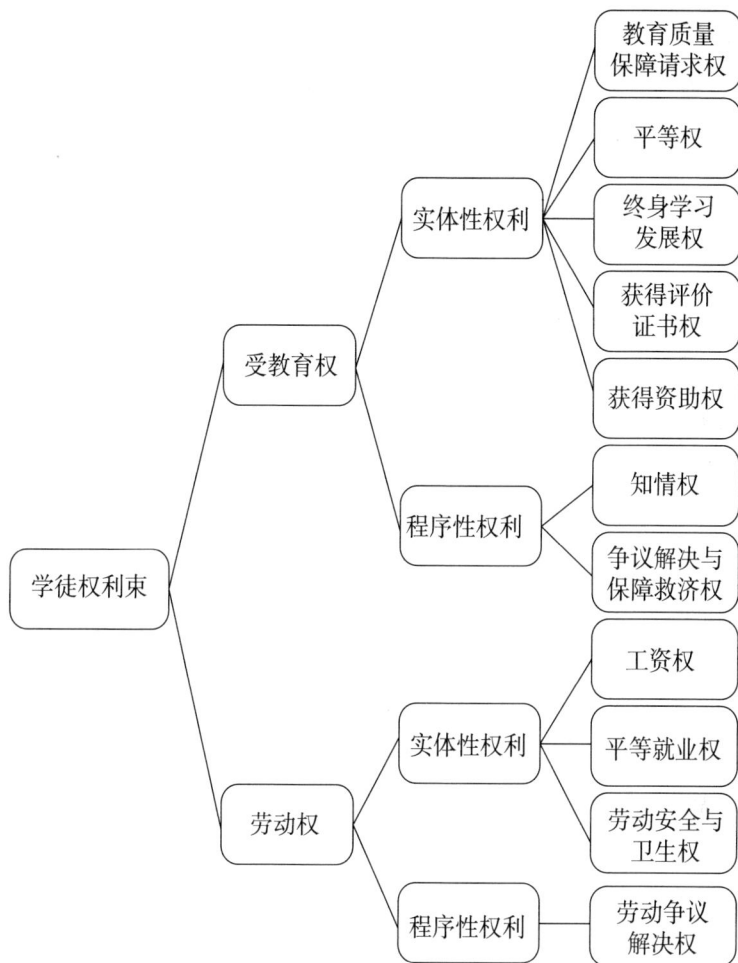

图 1　学徒的权利

（二）并行不悖：教育法与劳动法协调运作

　　学徒既是受教育者，也是劳动者，有权获得教育法与劳动法的双重关照。英国教育法与劳动法从不同的侧面保护学徒个体的权利，通过不同的调控方式和保护重点，协调运作、相互配合、相辅相成。在保护机制上，教育法作为部门法对教育权利义务关系进行调整，劳动法则对劳动权进行保护。两大部门法对于权利的保护内容可能存在交叉区域，如两大部门法对于权利主体的平等权均有所关照，尽管切入点有所不同。教育法更关注教育机会平等和少数群体特殊保护，而劳动法更侧重于对就业机会平等（反歧视）的保障。

以教育质量保障请求权为例。教育质量保障请求权作为一项重要的教育权利，其实现主要依靠教育法的调整，如对培训方案内容的把控、学校和企业两端教育培训设施和指导等硬件与软件的要求等。制度来源主要是2009年《学徒制、技能、儿童和学习法》在此领域的专门性规定，涉及方案设计、时间限制、教育设施、资金使用、学徒协议、组织保障等多个方面。教育法对于学徒项目教育质量的调控主要从实质内容和形式程序两个方面着手。一方面，对学徒培养方案的内容有四个维度的强制性要求，分别是合理性、完整性、多样性和可持续性，保证培养方案的科学合理、学徒知识与技能的双重提升、学习者的个性化发展以及知识技能的自由切换；另一方面，在程序上要求不同指标的共同达成，包括时间指标、设施提供、资金使用、学徒协议、组织保障与监督问责等，为项目的顺利运行提供软硬件供给。教育法作为该项权利的调控主导并不排斥劳动法的适当介入。对于教育质量的保障，劳动法的规定较少，劳动法主要针对工作时间进行规定。英国对于工作时间只是笼统地限定为每周48小时，具体制度设计根据本国"君子协定"的传统和"集体自治"的氛围鼓励学徒与雇主之间进行协商，协商的结果往往高于法律设置的底线。

劳动法与教育法在某些事项上的规制并非无差别，而是从不同的角度出发各有侧重。例如，针对工作场所的工作时间这一指标，两个部门法的规制重心不同。在该事项上，教育法的立法初衷是保障教育质量，因此充分的工作场所的时间和指导是不可或缺的。相应地，教育法关注的是学习者是否有足够的时间参与工作场所的实践以及能否通过最低时限的设定帮助学习者获得充分的工作场所的指导；而劳动法则是从劳动者的人身权利出发，保障其劳动安全与健康，避免其因过长的工作时间而身心受到损害。教育法与劳动法协调运作，从不同的角度、运用不同的法律技术手段为学徒教育质量的保障与提升提供法律保护。

（三）注重救济：实体性权利与程序性权利保护并重

对学徒权利的救济一直是英国学徒权利保护的重要内容。学徒权利的保障与救济主要包括事前预防、事中规制与事后救济三个层面。事前预防主要指通过确保权利主体提前参与项目运行重要事项的决策，降低未来各方产生分歧的可能性。事中规制主要指形式文本方面的规制管控，是指任何学徒制项目框架启动运行伊始，必须签署学徒协议，并在协议中对雇主与学徒双方的权利义务进行确定，协议对双方具有法律强制约束力。事后救济是指双方就某事项发生争议或学徒权利受到侵害时可诉诸的机构及渠道。

首先，事前重要决策的参与。学徒提前参与到项目运行重要决策之中，能够较大限度地避免日后与雇主或相关机构产生争议。这是英国以人为本、以学习者为中心的教育理念的重要体现，有助于增进学徒框架和标准的体系性、科学性及合理性并提升教育公共决策的效率。从参与决策的内容来看，学徒可同时参与学术性事务与非学术性事务。学徒的参与强调保障和发挥学习者的主体性和积极性。

其次，事中学徒协议的签订。在学徒项目启动伊始，雇主必须和学徒签订一份学徒协议，详陈雇主需要对学徒履行的义务，包括雇佣时间、培训内容、工作基准条件、培训指向的资质证书类型和水平等级。学徒协议是学徒与雇主签订的对双方具有强制约束力的书面协议，是学徒权利的形式依托。2009 年《学徒制、技能、儿童和学习法》对学徒协议的具体内容及效力要件做出了详细的规定①。

再次，事后争议解决与补偿救济。在学徒制项目运行过程中，针对雇主与学徒间发生争议的情况，2009 年《学徒制、技能、儿童和学习法》规定，如果对雇主的决定持有异议并认定雇主违反现有法律之规定，学徒有权向就业法庭提起诉讼。为了防止处于弱势地位的权利主张者及协助者遭受雇主不正当的打击报复，法律还明确规定禁止雇主因雇员提起诉讼而进行任何形式的报复，为学徒在争议解决过程中的诉讼途径与特殊保护提供了相对完善的制度保障。

---

① 2009 年《学徒制、技能、儿童和学习法》第三十二条第二款规定，学徒制协议的签订需满足以下条件：（1）学徒根据该协议与雇主建立雇佣关系，为雇主提供劳动服务；（2）协议必须按标准格式签订；（3）学徒协议必须声明接受英国相关法律约束；（4）学徒协议相关规定与具备效力的学徒资格框架标准保持一致。

（四）柔性管控：国家在校企合作中发挥指导协调作用

学徒权利形态的复杂性决定了权利保护制度的结构化特性，制度指涉多方主体的合作伙伴关系。也就是说，学徒的权利保护机制承载多元化的利益，涉及多方主体。权利义务分配不仅限于学习者、雇主、学校等教育服务提供机构，家长、行业协会等第三社会部门、政府等也是重要的行动主体。对于如何通过法律制度和政策调整来实现学徒制各主体间合作的引导和规范，英国也经历了一个自由放任—政府干预—企业起中心作用的过程。在现代学徒制建立伊始，英国政府对职业教育的态度在自由主义传统和精英教育观的影响下相对消极，企业对学徒培训的责任也较弱（Deißinger，2008）[34-55]。但是随着对技能人才需求度的提高以及通过人力资源发展促进经济改善的渴求的增强，尤其是2009年《学徒制、技能、儿童和学习法》颁布后，国家的态度发生了转变，政府也开始对职业教育培训进行干预。由此，形成了以企业为主导、国家间接辅助干预的学徒制运行机制。

英国政府笃信企业最了解学习者真正需要的实践技能是什么，企业应参与相应的行政管理、标准制定和事务决策。国家的制度设计并没有以直接对企业苛以学徒培训义务的方式对企业加以控制，而是选择以间接的经济杠杆的使用为引导，将企业拉向学徒培训项目运行的中心。为此，政府"刚柔并济"地采取培训税制度和培训券制度。为了提高企业招收学徒的积极性，创造足够的学徒岗位，英国政府效仿丹麦、法国，引入并完善培训税制度。学徒培训税的征收一直是学徒制度设计不可或缺的一项内容，并被不断地调整和改进。随着现代学徒制度的不断调整改进，2017年政府也对学徒培训税制度进行了完善更新。学徒培训税将按照每个雇主每年应纳税额的0.5%征收，同时每个雇主每年可以获得15000英镑的政府津贴。值得注意的是，并非所有的雇主都需缴纳此税，只有应纳税额超过300万英镑的企业主才会被列入征税对象范围，而整个英国大概只有不到2%的雇主需要缴纳学徒培训税（Department of Education，2018）。培训税制度实际上是政府对职业教育培训的一种政策性干预，以成本分担为原则，试图通过经济杠杆的作用提升企业作为学徒雇主的积极性，为学徒制的发展和改革提供一个更为强大、可靠、可持续发展的基础（Department for Business, Innovation & Skills, 2015）。该制度形式上是对雇主征收一定的培训税，但税收的目的是使企业主对学徒制更加关注，并给予学徒切实的关照与实惠。

除了培训税制度，英国还通过培训券制度来刺激企业参加学徒培训、提高企业设置学徒岗位的积极性，间接使学徒在工资待遇上获益。该制度给予企业在培训服务上完全的主导权，既吸引企业参与，提高其自觉性和积极性，又审慎地将教育培训的主导权交给市场，充分发挥市场的资源配置调节作用。总体上看，英国学徒制的相关主体结构是一个由单一走向多元的过程。国家协调指导、以间接的手段柔性管控、以企业为主导的学徒制运行模式既是一项理性选择，也是长期制度变迁和积淀的结果。

四、结语

英国学徒制的相关政策和法律为我国学徒权利保护制度的构建提供了重要的逻辑依据与设计借鉴。遵循"应对社会环境挑战—针对社会问题做出反应—产生制度性安排"的渐进过程，一项社会问题的解决离不开制度设计等先决条件。然而，任何所谓的先决条件都产生于独特的社会历史语境，会因环境的异化而变质，因水土不服而偏离其真谛。一项社会问题能否解决在很大程度上取决于特殊社会历史环境下（当时当地）的意识形态与组织资源的兼容性。问题的解决方式也不可被直接复制，经验的吸纳与整合，需要在具体的社会环境条件下以有限的方式被使用。我国学徒权利保护制度的进一步设计与落实，要依据我国的社会情境，尊重制度文化土壤的特殊性，在本土资源的基础上结合他国在相应情境下的经验教训，准确定位权利保护制度框架的瓶颈与疏漏，并实现与其他相关机制体制的协同运作。

学徒的受教育过程横跨教育领域与经济领域，需要在以人为本的教育体系和以资质要求为基础的工作世界之间进行协调与弥合。这种场域间的交互叠加源于社会高度分化下具备不同特定功能的社会子系统之间的有序互动。对于制度的创设者而言，这是在教育规则与经济规则间的一次苛刻而冒险的尝试。这种不同逻辑的交叠会引发一系列后续问题，这些后续问题存在于以人为本的教育制度和以经济理性为基础的企业理性之间，也存在于企业个体理性和社会整体理性之中。面对这种局部与局部、局部与整体的冲突，教育法与劳动法等部门法的通力合作与协调运作至关重要。

一方面，应综合《职业教育法》与《劳动法》的调整职能，在尊重已有传统法律实践的基础上，依据当下社会现实，选择一个最合理可行、对学徒权利保护效果最佳的方案。例如，部分学徒是未成年人，其身体和心理状况较为特殊，应获得足够的关注和保护。仅仅与一般劳动者相同的劳动安全与卫生标准不足以对未成年学徒予以周全保护。应制定更为严苛的劳动基准制度，如足够的休息时间和适合未成年学徒身心发展的工作环境标准等。同时，不可忽视学徒受教育权的实现。另一方面，应进一步拓展融合其他相关部门法，弥合部门法之间的功能分野。例如，仅促进、鼓励和引导企业参与教育培训服务、提供实习岗位一项工作就涉及《教育法》《劳动法》《劳动合同法》《合同法》《企业所得税法》《税收征收管理法》《对外贸易法》等多项部门法。部门法间亟待协调贯通、形成合力。注意部门法及规范间的贯通衔接，在已有法律规定的基础上进一步延伸和细化，使不同法律间相互呼应，在协调一致的基础上互为补充，发挥法律制度的整体性功能。

参考文献

陈靖，2016. 英国现代学徒制研究：基于利益相关者视角［D］. 杭州：杭州师范大学.

陈明昆，沈亚强，2008. 学徒制在英国沉浮的背景分析［J］. 中国职业技术教育（32）：43-46.

范军，2015.2009 年以来英国学徒制新进展及启示［D］. 上海：华东师范大学.

关晶，2010a. 西方学徒制的历史演变及思考［J］. 华东师范大学学报（教育科学版）（1）：81-90.

关晶，2010b. 西方学徒制研究：兼论对我国职业教育的借鉴［J］. 职教论坛（22）：54.

关晶，2010c. 西方学徒制研究：兼论对我国职业教育的借鉴［D］. 上海：华东师范大学.

关晶，2012. 英国《学徒制、技能、儿童和学习法案》述评［J］. 全球教育展望（10）：76-80，68.

何勤华，1999. 英国法律发达史［M］. 北京：法律出版社.

鲁运庚，2006. 英国早期工厂立法背景初探［J］. 山东师范大学学报（人文社会科学版）（4）：122-125.

莫尔顿，1976. 人民的英国史：下［M］. 北京：三联书店.

潘彦娜，2011. 英国学徒制发展研究［D］. 杭州：浙江工业大学.

石伟平，2001. 比较职业技术教育［M］. 上海：华东师范大学出版社.

熊苹, 2004. 走进现代学徒制 [D]. 上海：华东师范大学.

赵静, 2007. 英国济贫法的历史考察 [D]. 开封：河南大学.

Deißinger T, 2008. Cultural patterns underlying apprenticeship: Germany and the UK [M]//Vibe A. Divergence and convergence in education and work. Bern: Lang.

Department for Business, Innovation & Skills, 2015. Apprenticeships (in England): vision for 2020. [EB/OL]. (2015–12–07) [2018–06–08]. https://www.gov.uk/government/publications/apprenticeships-in-england-vision-for-2020.

Department of Education, 2017. Draft strategic guidance to the institute for apprenticeships 2017 [EB/OL]. (2017–01–04) [2018–04–03]. https://www.gov.uk/government/publications?keywords=&publication_filter_option=consultations&topics%5B%5D=all&departments%5B%5D=department-for-education&official_document_status=all&world_locations%5B%5D=all&from_date=&to_date=&commit=Refresh+results.

Department of Education, 2018. Information on apprenticeship levy [EB/OL]. (2018–01–08) [2018–05–01]. http://qna.files.parliament.uk/qna-attachments/632403/original/HL3070%20HL3071%20HL3074%20attachment.pdf.

Dunlop O J, Denman R D, 1912. English apprenticeship and child labor: a history [M]. New York: Macmillan.

Fielden J, 1969. The curse of the factory system [M]. Abingdon, Oxfordshire: Cass.

Fuller A, 2016. The growth of apprenticeship in England: doubts beneath the numbers [J]. Challenge, 59 (5): 1–12.

Fuller A, Unwin L, 2003. Creating a "modern apprenticeship": a critique of the UK's multi-sector, social inclusion approach [J]. Journal of Education & Work, 16 (1): 5–25.

Hutchin B L, Harrison A, 1966. A history of factory legislation [M]. 3rd ed. London: Frank Cass Publishers.

Mason G, Ark B V, 1994. Vocational training and productivity performance: an Anglo-Dutch comparison [J]. International Journal of Manpower, 15 (5): 55–69.

Mirza-Davies J, 2018. A short history of apprenticeships in England: from medieval craft guilds to the twenty-first century [EB/OL]. (2018–01–08) [2018–03–25]. https://secondreading.uk/social-policy/a-short-history-of-apprenticeships-in-england-from-medieval-craft-guilds-to-the-twenty-first-century/.

Smith E, 2013. Towards a model apprenticeship framework: a comparative analysis of national apprenticeship systems [R]. International Labour Organization & World Bank Ibrd.

Snell K D M, 1996. The apprenticeship system in British history: the fragmentation of a cultural institution [J]. History of Education, 25 (4): 303–321.

A Study on the Legal Protection Mechanism of Apprentices' Rights in British Modern Apprenticeship

Jia Nan　Qin Huimin

Abstract: Apprenticeship is one of the typical development modes of British vocational education. The state has realized the legal protection of appentices' rights through a series of system designs. Apprentices can be identified as students as well as labourers. Based on this characteristic, the British education law and labor law protect the rights of apprentices from different aspects and methods, using different regulatory means to form an institutional system that cooperates with each other. The British modern apprenticeship system is an organized and structured way of educating and training. Through the observation of the legal protection mechanism of apprentices' rights in the British modern apprenticeship system, it has been found that the mechanism itself has four main characteristics: the dual protection of education rights and labor rights, the coordinated operation of education law and labor law, the synchronous protection of substantive rights and procedural rights, as well as the guiding and coordinating role played by the state in terms of school-enterprise cooperation. The education law and the labor law provide legal protection to improve and guarantee the quality of education from different angles by adopting different approaches.

Key words: rights' protection of apprentices in Britain　Vocational Education Law

作者简介

贾楠，管理学博士，北京外国语大学国际教育学院讲师，研究方向为教育法律政策、比较教育、职业教育。

秦惠民（通讯作者），北京外国语大学特聘教授暨国际教育学院院长，研究方向为教育政策与教育法治、教育发展与学校治理、高等教育学、教育法学。

□张扩振

"职普比大体相当"条款的宪法分析 [①]

【摘　要】"职普比大体相当"是国家为实现公民受教育权而提出的措施，需受到基本权利的审视。此条款对受教育的自由选择权构成了限制，存在与宪法的法律保留、平等原则和最小损害的比例原则不一致的困境。《职业教育法》的修改使"职普比大体相当"条款失去了直接法律依据，长远来看，需以综合融通的理念来改进职业教育，强调对学生创新能力的培养，以适应知识社会对技术技能人才的要求。

【关键词】受教育权　职普分流　职业教育　职普融通

一、问题的提出

我国历来重视教育事业的发展，并且通过宪法条款对受教育权予以制度保障。1982年宪法第十九条明确了我国教育的类型，提出"国家举办各种学校，普及初等义务教育，发展中等教育、职业教育和高等教育，并且发展学前

---

① 本文系国家社科基金一般项目"规范性文件合宪性事先控制的体制机制研究"（20BFX027）的阶段性成果。

教育"，其中职业教育是重要的类型。为了发展职业教育，国家提出了各种措施，其中"职普比大体相当"是重要的政策。1983 年教育部发布的《关于改革城市中等教育结构、发展职业技术教育的意见》提出，到 1990 年，各类职业技术学校在校生与普通高中在校生比例大体相当，这是此政策首次被提出。此后，国务院和教育部等部门不断发布文件，重申要坚持"高中阶段教育职普比大体相当"。

虽然"职普比大体相当"的政策一直保持不变，但实际的职普比情况却不断变化。20 世纪 80 年代，普高在校生数高于中职在校生数，90 年代，中职在校生数高于普高在校生数，职普比保持了大体相当。自 2000 年以后，普高在校生数一直高于中职在校生数（沈有禄，2020；谯欣怡，2015），从2017 年到 2021 年，职普比大体保持在 4∶6（国家统计局，2022）。可以说，40 年过去了，职普比大体相当的理想依然没有实现。

在"职普比大体相当"的硬性要求下，部分地方采取更加强有力的措施落实该政策（石伟平 等，2021；张社字 等，2021），违背了家长和学生的意愿（何文明，2013），引发许多民众的不满，导致理论界和实务界开始反思这项政策。学者们多数从"职普比大体相当"政策的合理性入手，反思这一政策引发的问题，认为这项政策已经不合时宜，调整刻不容缓。例如王星霞等认为，此政策的效应衰减，导致了中职教育生态恶化、升学压力下移、影响高中阶段教育普及（王星霞 等，2020）；朱新卓等认为，该政策目前阻碍了学制体系贯通，加剧了升学竞争和家长的教育焦虑，造成了事实上的教育不公平（朱新卓 等，2020）。也有学者从《职业教育法》的角度进行了反思，认为《职业教育法》工具本位的倾向导致了职普融通不足，使人们对职普分流不满（陈鹏 等，2016）。还有学者从校企合作效果不佳的角度分析了中职教育的质量问题，认为企业参与职业教育的动力不足是中职教育质量不高的重要原因（祁占勇 等，2016）。

党的二十大报告提出"坚持高中阶段学校多样化发展"。"职普比大体相当"的僵化性与高中阶段学校多样化发展要求存在距离，这需要我们对这一政策进行新的反思。"职普比大体相当"是国家为了实现公民受教育权而制定的政策，因此，这一政策有没有问题需要从宪法基本权利的角度进行分析，而这正是目前学界研究所欠缺的。本文试图从受教育权的角度进行分析，通过对"职普比大体相当"进行合宪性考量，探寻中职教育乃至职业教育的改进方向。

二、"职普比大体相当"所涉基本权利

基本权利限制的合宪性判断可以采取三阶段模式：首先，确认涉及哪项基本权利的保护范围；其次，判断该基本权利是否真正受到了干涉；最后，考察干涉是否具有合宪性理由，即违宪阻却事由（张翔，2008）。从这个理论来说，"职普比大体相当"条款的合宪性判断涉及两个主要问题，分别是涉及何种基本权利及用何种标准判断是否是合宪性干涉。标准问题将在具体合宪性判断时讨论，这里主要说明所涉基本权利。

政府部门制定含有"职普比大体相当"条款的规范性文件，依据主要是《教育法》和1996年《职业教育法》的相关规定。《教育法》第十一条强调国家"推动各级各类教育协调发展、衔接融通"，第二十条强调"发展并保障公民接受职业学校教育"；1996年《职业教育法》第十二条规定，"国家根据不同地区的经济发展水平和教育普及程度，实施以初中后为重点的不同阶段的教育分流"。《教育法》和《职业教育法》均是国家为了保障公民的受教育权而制定的法律，因此"职普比大体相当"涉及公民受教育权。

受教育权作为宪法上的公民基本权利，要求国家履行尊重、保护、实现的义务，这些义务可以统称为国家对受教育权的保障义务。国家尊重公民的受教育权是指国家的各种权力机构和工作人员不得侵犯公民的受教育权；国家保护公民的受教育权是指国家需要建立制度、投入资源保护公民的受教育权不受来自他人和组织的侵犯；国家实现公民的受教育权是指国家需要建立制度、投入资源或提供设施保障公民的受教育权得以实现。这三种义务分别保护了消极层面的受教育权和积极层面的受教育权。

"职普比大体相当"条款涉及受教育权的两个方面，即消极层面的受教育自由权和积极层面的受教育社会权。受教育自由权是指根据自身的条件和个人发展的目标，公民在学习机构、学习内容、是否就学等方面的自由选择权利（申素平，2021）。根据《教育法》，"中等及中等以下教育在国务院领导下，由地方人民政府管理"，这种管理体制为地方政府强化中职教育提供了动力，因为发展中职教育对地方政府具有相当的利益。有些地方甚至把落实"职普比大体相当"作为教育工作考核的"一票否决"指标，关乎地方教育行政部门负责人的升迁（于晨 等，2017）。教育部门落实"职普比大体相当"条款的方法基本是让中考成绩在前 50% 的学生升入普通高中，中考成绩在后 50% 的则升入中职学校。这种设置 50% 强制比例的方式，限制了公民对学习机构和学习内容的选择权。可能有人会认为，即使不设置 50% 的比例，基于普通高中教育资源的限制，很多人依然无法升入普通高中。然而，所有的自由选择都是在一定资源限制条件下的选择，不存在不受任何限制的选择。教育部门的义务是提供教育资源，接受何种教育则由公民选择，设置比例则构成了对公民受教育权的干涉和侵害。

受教育社会权是指公民享有从国家提供的教育制度、教育机构、教育补助、受教育权救济等方面获得利益的权利，包括现有教育设施的入学请求权、必要教育设施的创设请求权、获得教育资助权等内容（管华，2011）[172]。"职普比大体相当"条款一方面是对学生的分流，另一方面还涉及教育机构的资源配置。当中考成绩在后 50% 的学生被要求进入中职学校时，政府就需要为中职学校的建设和运作提供更多的资金。这是对财政预算的内容做出的限制，而财政预算的审查权属于人民代表大会，不能由规范性文件进行限制。

三、"职普比大体相当"条款的合宪性判断

判断是否具有违宪阻却理由的标准较为复杂，本文采用学术界和实务界运用较多的法律保留标准、比例原则标准和平等原则标准（董保城 等，2021）[228-231] 进行判断。对于这些标准，除了要明确其基本意涵外，还需要分析标准的中国宪法依据和实践中的应用情况，以证明其是有依据且被广泛接受的标准。

（一）法律保留标准

对于受教育自由权的侵犯，属于法律保留中的"干涉保留"，均适用法律保留。对受教育权的给付，则只有在涉及重大调整时，才适用法律保留，也就是"重要性保留"（陈新民，2017）[123-127]。"职普比大体相当"条款在两个方面影响了公民的受教育权。一方面它限制了公民选择上普通高中的权利，如果学生考试成绩在后 50%，只能选择上中职学校。公民对教育机构的选择权属于受教育自由权，对此方面的限制明显属于"干涉保留"。另一方面，"职普比大体相当"条款涉及普通高中和中职学校资源的重大改变，使教育资源向中职学校倾斜，属于受教育权给付的重大调整，是"重要性保留"的范围。因此，如果要限制公民高中教育选择权，调整普高与中职教育资源的比例，均需要通过法律而不是规范性文件进行。"职普比大体相当"条款虽然是对 1996 年《职业教育法》第十二条"以初中后为重点的不同阶段的教育分流"的具体化措施，但这项措施应该由法律规定，因此这一条款违反了法律保留原则。

（二）比例原则标准

比例原则一般而言可以分为三个子原则，分别是妥当性原则、必要性原则和均衡性原则。不同于法律保留原则，比例原则的适用场合主要在于对基本权利进行限制的情形，不涉及基本权利的给付。对"职普比大体相当"条款的考量因此集中于其对受教育自由权的限制。

依据德国的理论和我国台湾地区的实践（陈新民，2017）[127]，妥当性原则又可以分为手段适当性和目的正当性两个子原则。手段适当性是指手段与达成的目的之间有实质的关联；目的正当性要求立法目的符合实质正义。"职普比大体相当"的目的是实现初中毕业后的教育分流。通过设置普高和中职学生的比例，可以实现教育分流的目的，因此手段和目的具有实质的关联，符合手段妥当性原则。由于我国高中阶段教育资源不均衡，存在较大的竞争性，教育分流是必然的选择，该政策符合社会对正义的期待。

必要性原则是指在限制基本权利的方式中，规则制定者必须选择对基本权利侵害最小的方式。在实现教育分流的方式中，设置大体相当的比例显然不是侵害最小的方式。首先，没有科学依据来证明职普比需要大体相当。接受中职教育和普高教育的学生数量应该随着经济社会的发展而变化，一个40年不变的比例明显无法反映这种变化，不反映变化的比例很难是侵害最小的方式。其次，实现教育分流的方式有多种，考试后让学生自由选择是较优的方式。如果选择中职的学生数量较少，可以通过提高中职学校的教育质量和升学率来增强中职学校的吸引力。而"职普比大体相当"条款把一些有潜力、有愿望进入普通高中的学生挡在门外，显然对他们的受教育自由权造成了较大的损害，不是损害最小的方式。

均衡性原则是指通过限制公民基本权利所实现的公共利益与公民损失的基本权利必须均衡，不能因较小的公共利益而对公民基本权利进行过度限制。正如许多人指出的，将公共利益和基本权利限制所涉利益进行比较衡量是极为困难的，除非明显的如"杀鸡取卵"式的情况，否则很难得出令人信服的结论，容易流于主观的判断或事先的偏见（陈慈阳，2016）[547]。"职普比大体相当"条款涉及的公共利益包括培养更多的技术技能人才以适应我国制造业大国的需要、中职学校的发展等，这些公共利益与受教育自由选择权之间是否均衡，在没有切实的科学依据之前，很难做出判断。

（三）平等原则标准

受教育平等首先要求机会均等。机会均等要求竞争者在同一起跑线上，共同就同一目标展开竞争。由于我国现有职业教育与普通教育的融通性不足，中职学校与普通高中学生升学概率相差极大，中职教育几乎成为断头教育。同是接受了高中阶段教育，中职学生几乎没有机会升学，违背了机会均等的要求。也许有人会说，该条款并没有禁止中职学生升学，只是中职教育质量太差导致了升学率低。"职普比大体相当"条款通过硬性的分流措施，使中职与普高割裂开来，这种做法看似是"分流但平等"，然而事实显示"分流"不可能平等，正如美国布朗案所揭示的不同种族的教育隔离最终结果是不平等的。

机会均等还必须排除表面上平等而实质上不平等的情况。就初中升高中而言，所有的初中生都在一条起跑线上参加中考，考分高者可以上普通高中，考分低者上中职学校，表面上是平等的。但是心理学实验和统计数据表明，初中阶段男生和女生的发育程度并不同步，一般而言女生在语言、记忆力等方面比男生更具有优势（李文道 等，2012），更能适应初中阶段应试教育的要求（杨雄，2010），表现在中考成绩上女生的成绩更为优异，更可能考上普通高中。如果在升学方面采用了多元化的标准，这种性别差异就可以忽略，毕竟男生在抽象逻辑方面也有优势。但我国采用的是统一的升学考试，使得这种差异变成了不平等。对于性别差异，公民一般而言无法通过自身的努力改变，因而构成了不平等。

受教育平等的另一个要求是实质平等。实质平等或称优惠性差别待遇，是指国家为了消除社会上存在的弱势群体的不利地位，采取特别优惠措施加以纠正（董保城 等，2021）[365]。我国宪法规定的男女平等、民族平等都特别要求对女性和少数民族予以扶持性优惠待遇。对受教育权而言，农村居民由于收入较低、教育资源缺乏，是应该予以优惠措施加以照顾的弱势群体。"职普比大体相当"的实施使多数中职学生来源于农村，有学者的统计数据表明，七成中职学生来源于农村地区（沈有禄，2017），这些学生将来绝大多数没有升入大学的希望。因此，"职普比大体相当"条款不仅没有采取措施实现农村居民的受教育实质平等，反而加重了这种不平等。

四、融通性教育理念下《职业教育法》的展望

党的二十大报告提出要"推进职普融通"，深化职普融通、增强职业技术教育适应性也是《中华人民共和国国民经济和社会发展第十四个五年规划和2035年远景目标纲要》对职业教育提出的要求，这个要求可以概括为把融通性教育作为改革的长期愿景。融通性教育体现了世界职业教育的发展趋势和我国经济社会发展的内在要求。我国职业教育改革适应了这个趋势和要求，2019年我国启动了《职业教育法》的修订工作，2022年4月修改后的《职业教育法》公布。修改后的《职业教育法》使"职普比大体相当"条款

失去了存在的依据，并回应了中职教育存在的问题。从长远看，我国的职业教育和《职业教育法》可以从两个方面改进。

第一，体制上综合融通。我国在 20 世纪八九十年代的教育基本是融通性的教育。那时无论是中专、大专还是大学，均学习了苏联的教学模式，都是既教授通识性知识和能力，也分专业培养学生的专业技术和能力。"职普比大体相当"政策的推行，使中职学校仅注意技术的培养，忽视了通识教育，才使其与普通教育分离开来。美国的普职教育融通性较高，它把职业教育的内容融入从小学到中学的全过程，没有设置单独存在的职业高中（刘尧，2007）。另外，美国的职业教育重视学术性的培养，学生只有基础知识和学术能力有较大的提升，才能更好地发展（刘春生 等，2004）。

从短期看，可以在现有制度基础上部分实现职业教育与普通教育的微观融合。2022 年《职业教育法》第十七条提出的各类学校学分、资历、成果的互认和转换机制，便是职普微观融合的开端。另外，还可以把中职学校和普通高中一对一衔接，让学生可以在两所学校之间自由转换，实现职业教育和普通教育资源的共享。

从长期看，我国可以借鉴其他国家，结合职业教育的德国模式和美国模式，在宏观上把普职教育完全融合起来。综合融通的教育需要建立综合高中，使职业教育和普通教育相互融合，学生可以根据其兴趣决定更倾向于职业技能学习还是通识学习。中职学校应该逐步退出，或者转变成综合性高中，或者与普通高中合并。应该取消中考，把高中阶段纳入义务教育（刘复兴 等，2018），大力发展高等职业教育，职业技能成绩优秀的高中毕业生可以升入高职继续接受教育。

第二，培养方向上注重技术技能人才的创新能力。习近平总书记指出，"当今世界，经济社会发展越来越依赖于理论、制度、科技、文化等领域的创新，国际竞争新优势也越来越体现在创新能力上"。党的二十大报告更是强调了创新在"我国现代化建设全局中的核心地位"，提出要"培育创新文化，弘扬科学家精神"。大量的具有创新能力的人才是我国建设创新型国家的基础，对技术技能人才的培养也需要重视其创新能力。首先，市场对劳动者的技能要求越来越复杂多样，需要劳动者具有较强的适应能力、问题解决能力来面对新技术的要求，批判反思能力、沟通合作能力成为劳动者必须具备的能力。其次，国家提倡的"工匠精神""大国智造"等目标，需要具有创新能力的人才。创新能力并非只是企业家需要的，并非是跨越式的创造性飞跃，技术技能人才更需要创新精神来一点点改进现有的技术。

"职普比大体相当"政策把成绩较差的学生全部分流到中职学校，这些学生的学习习惯较差，自我管理能力较弱，彼此之间的影响导致学习风气不良。为了应对这个问题，不少中职学校选择了类似军事化的严格管理方式。这种管理方式可以培养学生的服从精神，但对创新精神则有了较大的压制。中职学校需要更优秀的生源和更宽松的环境来培养创新精神。

结　语

"职普比大体相当"条款存在的宪法困境说明，即使这一政策原来符合我国社会经济发展情况，随着我国进入小康社会，人均 GDP 超过 1.25 万美元，此政策的调整也已迫在眉睫。

现代社会一个人要有尊严地生活，多数需要一份职业来获取必要的资源。受教育权被纳入宪法之中，既是为了人性尊严，更是为个体未来的职业发展奠定基础。从某种意义上讲，一个人所接受的多数学校教育都具有为将来职业做准备的性质，大都是职业教育的一部分。可以说《职业教育法》规范的技术技能教育只是职业教育的极少部分。比起相对割裂的技术技能教育，这个部分的教育只有同其他教育形态融合起来，形成教育的整体系统，方能发挥更大的作用。

参考文献

陈慈阳，2016.宪法学［M］.台北：元照出版有限公司.

陈鹏，薛寒，2016.《职业教育法》20年：成就、问题及展望［J］.陕西师范大学学报（哲学社会科学版）（6）：128-135.

陈新民，2017.宪法学释论［M］.台北：三民书局.

董保城，法治斌，2021.宪法新论［M］.台北：元照出版有限公司.

管华，2011. 再论受教育权的性质与内容：基于受教育过程本身的思考［M］//劳凯声. 中国教育法
　　制评论：第 9 辑. 北京：教育科学出版社.

国家统计局，2022. 中华人民共和国 2021 年国民经济和社会发展统计公报［EB/OL］.（2022-02-28）
　　［2022-04-03］. http://www.stats.gov.cn/sj/zxfb/202302/t20230203_1901393.html.

何文明，2013. 读普高还是读职高：来自初中毕业生升学与就业愿望的调查［J］. 职业技术教育
　　（31）：50-55.

李文道，孙云晓，2012. 我国男生"学业落后"的现状、成因与思考［J］. 教育研究（9）：38-43.

刘春生，高玉鹏，2004. 美国职业教育改革的新动向及启示［J］. 外国教育研究（9）：58-60.

刘复兴，朱月华，2018. 延长我国义务教育年限的政策分析与政策建议［M］//袁振国. 中国教育政
　　策评论 2022：下. 上海：上海教育出版社.

刘尧，2007. 美国职业教育特点述评［J］. 世界教育信息（9）：13-15，94.

祁占勇，王君妍，2016. 职业教育校企合作的制度性困境及其法律建构［J］. 陕西师范大学学报（哲
　　学社会科学版）（6）：136-143.

谯欣怡，2015. 我国中等职业教育规模的演变及影响因素分析［J］. 教育与经济（4）：46-49，56.

申素平，2021. 教育立法与受教育权的体系化保障［J］. 教育研究（8）：35-47.

沈有禄，2017. 谁上中职？谁上普高？有何差异？［J］. 中国职业技术教育（11）：65-67.

沈有禄，2020. 职普比"大体相当"：问题与建议［N］. 中国社会科学报，2020-07-20（5）.

石伟平，李鹏，2021. "普职比大体相当"的多重逻辑、实践困境与调整方略［J］. 中国职业技术
　　教育（12）：42-47.

王星霞，牛丹丹，2020. 论高中阶段"普职比大体相当"政策的调整［J］. 教育研究与实验（5）：
　　41-46.

杨雄，2010. 关于"男孩危机"的思考［J］. 教育发展研究（Z2）：32-38.

于晨，肖艳婷，2017. 基于利益分析的我国中职招生政策失真解释框架［J］. 中国职业技术教育
　　（24）：26-32，61.

张社字，史宝金，王德胜，2021. 我国"职普比大体相当"政策的社会学审视［J］. 教育发展研究
　　（Z1）：62-71.

张翔，2008. 基本权利限制问题的思考框架［J］. 法学家（1）：134-139.

朱新卓，赵宽宽，2020. 我国高中阶段普职规模大体相当政策的反思与变革［J］. 中国教育学刊（7）：
　　11-16，102.

Constitutional Analysis of the Clause of "Roughly Equal Ratio of Secondary Vocational School Students to Ordinary High School Students"

Zhang Kuozhen

Abstract: "Roughly equal ratio of secondary vocational school students to ordinary high school students" is a measure taken by the state to realize citizens' right to education, which needs to be examined by basic rights. This clause restricts the right to free choice in education. It violates the legal reservations of the Constitution, the principle of equality, and the proportion of minimal damage. The revision of the Vocational Education Law has eliminated the direct legal basis of this clause. In the long run, it is necessary to improve vocational education with the concept of comprehensive integration, and emphasize the cultivation of students' innovative ability to meet the requirements of the knowledge society.

Key words: right to education　divide between secondary vocational schools and ordinary high schools　vocational education　integration of vocational education and general education

作者简介

张扩振，汕头大学法学院副教授，汕头大学生态治理与法治建设研究中心研究员，研究方向为宪法学与教育法学。

□ 肖梦黎

中外合作办学机构的法人类型定位与治理体系构建

【摘　要】新形势下的中外合作办学机构正面临着办学质量不高、无法真正吸引优质生源与促进资金回流等问题。破题的关键在于明晰具体的法人类型，依据法人类型确定其产权结构与治理体系，从而提升中外合作办学的实效。中外合作办学机构未来可以根据财产构造的不同分为营利法人与非营利法人。对于营利性中外合作办学机构而言，其治理核心在于公益性与营利性的平衡，因而需要对营利性中外合作办学机构形成多主体、交叉式的监管框架。对于非营利性中外合作办学机构而言，其精准定性应当属于捐助法人，治理核心是通过意思补足调整股权缺失导致的财产权构造的不足，保证理事会或者联合管理委员会的有效参与。对作为非法人组织的中外合作办学二级学院而言，应赋予其办学自主权，聚焦校院两级的资源配置与权责划分。

【关键词】中外合作办学　治理结构　营利法人　非营利法人　非法人组织

一、引言

在新冠疫情与国际形势的双重影响下，深化中外合作办学"提质增效"改革，促进教育事业的"两个循环"成为当务之急（薛二勇，2017）。中外合作办学可以与民办高等院校合力形成两翼，共同促进高等院校的优化发展（王剑波 等，2020）。一方面，中外合作办学可以有效地促使优质生源与资金回流；另一方面，中外合作办学供给侧改革的进一步深化，可以推动形成以国内循环为主、国际国内互促的双循环发展新格局。2020年6月教育部等八部门发布的《关于加快和扩大新时代教育对外开放的意见》提出要破除中外合作办学的机制梗阻，加强国内学校的"走出去"与中国方案的供给，为中外合作办学制度的完善提供了新的契机。

自2003年国务院颁布《中外合作办学条例》始，中外合作办学的法治化已经走过了20个年头，但合作办学机构的法律地位不明、治理结构模糊等问题一直制约着中外合作办学的高质量发展。机制梗阻的破除需要在融贯的法律框架内找寻合作办学机构的具体定位，梳理清楚现阶段遇到的问题与相应的制度解决方案。在"一带一路"教育行动中，不仅要引进国外优质教育经验，更要有序输出中国方案。中国方案的提出需要提供法律制度的范本，以提升办学质量，从而培养具有全球竞争力的人才。

二、中外合作办学机构的发展现状及问题梳理

中外合作办学有合作设立机构和合作举办项目两种形式。合作设立机构又可分为中外合作大学和中外合作办学二级机构（学院）两种形式。在中外合作办学领域，最大的现实问题是大量机构因质量问题未能过审而被教育部停办。已批准的本科及以上层次的中外合作办学机构130个，中外合作办学项目共1162个。已停办的本科及以上层次的中外合作办学机构共9个，停

办的中外合作办学项目共 283 个。① 在中外合作办学机构中，只有 8 所中外合作大学具有独立法人资格②。而已经停办的 9 个中外合作办学机构，诸如对外经济贸易大学卓越国际学院、重庆大学美视电影学院等均不具有法人资格。中外合作办学发展不均衡、质量与口碑堪忧的问题较为突出（李阳，2016）。

　　表面上看来中外合作办学机构与办学项目的大量停办，原因在于办学质量不高、师资水平缺乏保证、政策上要求不一致等（郭丽君 等，2014），但究其实质，是现行法律规范对中外合作办学机构法律地位的模糊处理与过度简化。中外合作办学机构扮演着国内高等教育机构和在华跨境教育机构的双重角色，这两种身份所面临的法律规定与政策要求并不一致。对于中外合作办学机构的法人类型而言，非营利法人的定位与合理回报间的冲突引发了持续的讨论。具体而言，我国公益办学的原则与《服务贸易总协定》下外方高校对经济获益的期待并不一致（洪煜 等，2016）。"采取创收策略出口高等教育服务的国家在跨境办学中时常面临质量管理的难题与对当地消费者保护的挑战，而输入方与输出方间可能存在明显的利益冲突。"（OECD，2004）我国与其他国家对教育行业的追求一直存在偏差，这在公益性的初衷与教学质量提高的目标之间形成了张力。利益回报的不可期待反向导致了资金投入的匮乏，进而缺少吸引高质量学生的办学水平与社会声誉，最终形成恶性循环，与提高办学质量的目标背道而驰。另外，中外合作办学法人登记为民办非企业单位是否恰当③，中外合作办学二级机构没有法人资格等问题也未得到妥善解决。在我国，拥有独立法人资格的 8 所中外合作办学机构在民众认可度、学校美誉度及录取分数等方面都有显著提升。与之相对应的则是不具有法人资格的中外合作办学机构因教学质量问题、社会参与度不够而减少或暂

---

　　①　中华人民共和国教育部中外合作办学监督工作信息平台：本科中外合作办学机构与项目名单，http://www.crs.jsj.edu.cn/aproval/orglists/2；硕士及以上中外合作办学机构与项目名单，http://www.crs.jsj.edu.cn/aproval/orglists/1；已批准终止办学的本科及以上层次中外合作办学机构及项目名单，http://www.crs.jsj.edu.cn/aproval/termination。

　　②　这 8 所大学分别为西交利物浦大学、上海纽约大学、昆山杜克大学、宁波诺丁汉大学、北京师范大学 - 香港浸会大学联合国际学院、长江商学院、温州肯恩大学和香港中文（深圳）大学。

　　③　在中外合作办学中，中方学校一般为公办的高等院校，外方可能为公立高校，也可能为私立高校。如果中外合作办学机构登记为民办非企业单位，那么如何厘清中外合作办学机构与一般民办高校的共性与区别就显得尤为重要。

停招生；而更加缺乏稳定性的非机构类中外合作办学项目则面临大面积停办的困境。

在法律规定不够清晰的情况下，双方约定的办学章程也缺乏对外部责任结构与内部组织机制的细致规定。无论是作为载明中方与外方合作关系的协议，还是作为中外合作办学机构内部治理的重要依据，办学章程的公开性与细致性都并不充分（李晓辉，2015）。中外合作办学涉及多方主体，其中举办者、办学者和管理者间的关系较为复杂，地方政府在其中承担了重要的角色（陈大立，2014）[152]。纵观目前公布的中外合作举办的大学的章程，其模式化现象突出，几乎是《高等学校章程制定暂行办法》的复刻。协议与章程的不清晰可能导致各方权利的虚置，尤其是学校的举办者与学校的权利义务规定有所欠缺，仅对"高校的办学自主权""政校分开、管办分离"原则进行宽泛的规定，而较少涉及对系统的内部权力结构的规定（王维坤 等，2017）。法律地位上的模糊性（核心在于法人类别的定位）导致了治理结构不够明晰，从而对中外高校与地方政府进一步参与高质量合作办学的内生动力造成负面影响。

三、法人类型的层次性构建

中外合作办学组织的法律性质存在着规范文本间的不一致，更呈现出规范与实践的背离，因此需要在梳理规制版图与实践操作的基础上，找准分类基准，厘清区分要素，进行法律地位的清晰化与类型化。

（一）法律法规间的冲突与重构

1. 规范上的冲突与潜在发展空间

《中外合作办学条例》第三条规定，"中外合作办学属于公益性事业"，《教育部关于进一步规范中外合作办学秩序的通知》也载明"要坚定不移地坚持中外合作办学的公益性原则。……要端正办学指导思想，抵制和纠正将中外合作办学当作学校创收手段的错误认识和做法"。可以认为，我国现行法律法规明确了中外合作办学的公益属性与中外合作办学机构的非营利法人地位。

2003年民政部《关于对中外合作办学机构登记有关问题的通知》指出，中外合作办学机构取得中外合作办学许可证后可申请民办非企业单位登记。民办非企业单位指企业事业单位、社会团体、其他社会力量及公民个人，利用非国有资产举办的从事非营利性社会服务活动的社会组织。据考证，"民办非企业单位"的原用语为"民办事业单位"，是一种单位体制下对于组织活动领域的划分（苏力 等，1999）[113]。民办非企业单位中的"民办"意指来自非国有资产的资金不低于财产总额的三分之二[①]，并且"须在其章程草案或合伙协议中载明该单位的盈利不得分配，解体时财产不得私分"[②]。1998年国务院颁布的《民办非企业单位登记管理暂行条例》还规定，对于从事营利性的经营活动的民办非企业单位，可处违法经营额1倍以上3倍以下或者违法所得3倍以上5倍以下的罚款。

但根据《中外合作办学条例》第六十条，"在市场监督管理部门登记注册的经营性的中外合作举办的培训机构的管理办法，由国务院另行规定"。此后《中国（上海）自由贸易试验区中外合作经营性培训机构管理暂行办法》《中国（天津）自由贸易试验区中外合作经营性培训机构管理暂行办法》相继出台，在自由贸易试验区内允许外方企业与中方企业合作举办面向社会提供非公益性文化教育类或职业技能类培训服务的公司制企业，说明营利性中外合作办学机构在自由贸易试验区内已经开展试点，政策层面对其持鼓励态度。

有法人资质的中外合作办学机构目前一般登记为民办非企业法人。与此相对应的是新修订的《民办教育促进法》的新规定：捐资办学的非营利性民办学校一般登记为事业单位法人，投资办学的非营利性民办学校则登记为民办非企业法人，享受税收优惠、资金补贴等政策扶持；营利性民办学校已经可以登记为企业法人，这样的二元区分有效地解决了此前民办学校中存在的"合理回报"的难题。这对于同样面临资金筹措与高效发展困境的中外合作办学机构有较强的借鉴意义。在目前的高等学校中外合作办学格局中，中方

---

① 2010年《民办非企业单位登记暂行办法》第五条。
② 2010年《民办非企业单位登记暂行办法》第六条。

多为公办教育机构，外方则可能为公立或私立高校，因此设立为非营利性的民办非企业法人有其合理性。但在未来进一步拓展民办高校与外国高校间的合作办学时，需要审慎考量其法人身份，进一步与《民办教育促进法》中营利/非营利的二分法相贯通。

2. 实践与规范间的不一致

在处理中外合作办学机构的问题时，立法者将"合理回报"作为消解"非营利性"的一种现实解决方案。中外合作办学涉及中方学校、外方学校与地方政府等多方主体，不同主体的利益诉求并不一致。从实践中可以发现，英国、澳大利亚等国将教育视为一种创收产业，积极开展教育贸易，开拓"在地留学"（off shore education），因此相当数量的外方合作机构在来华合作办学时更关注投资回报与经济利益。而中方办学机构则希望提升教学质量与美誉度，这本身就存在冲突。与此同时，地方政府往往通过提供土地与资金的方式参与中外合作办学，希望引进合作办学机构来提升地区知名度。甚至有地方政府提出，国外高校可以将国际影响力作为无形资产，持有30%以内的股权。因此，针对"公益办学"与"合理回报"的争论，以及高额学费是否等同于获得了"合理回报"，办学机构与作为利益相关方的公众往往各执一词。

更为重要的是，中外合作办学可视为传统高等教育系统的延伸领域。但实践中只是延伸了监管机制，却未同时赋予合作办学以质量保障机制。比如我国的公立高等院校可以获得财政上的支持。《高等教育法》第六十一条明确规定"高等学校的举办者应当保证稳定的办学经费来源"。而当公办的中方高校参与中外合作办学时，根据此前的《民办教育促进法实施条例》第六条的规定，"公办学校参与举办民办学校，不得利用国家财政性经费"，因此无法向中外合作办学机构投入办学资金。2021年修订的《民办教育促进法实施条例》第七条规定，公办学校举办或者参与举办民办学校，不得利用国家财政性经费，不得影响公办学校教学活动，不得仅以品牌输出方式参与办学，并应当经其主管部门批准。公办学校举办或者参与举办非营利性民办学校，不得以管理费等方式取得或变相取得办学收益。但实际上在中外合作办学中，境外教育机构基本不对合作办学机构进行资金投入（薛卫洋，2017）。如果不能真正在法律制度上疏通中外合作办学的资金投入路径，办学效果与办学质量就无法得到真正改善。针对中外合作办学中学科设置不科学、对一流学科建设贡献度偏低的现实情况（陆静如 等，2019），更应厘清相应制度，引入教育投资，为高质量的中外合作办学奠定坚实的物质基础。

（二）一级机构的法人类型界定

1. 厘清营利与非营利的核心区分要素

无论是在立法、学理还是实践中，"非营利"一词都与"公益""民办"等词汇纠缠不清（税兵，2007）。《民法典》第八十七条规定，非营利法人是为公益目的或者其他非营利目的成立，不向出资人、设立人或者会员分配所取得利润的法人。"非营利法人"本身是一个否定判断词组，其包括作为积极要件的公益目的，以及作为消极要件的不分配利润。《民法典》中营利法人 / 非营利法人与大陆法系传统民法中的社团法人 / 财团法人的二分法相比较，有其自身的鲜明特色。前者更关注财产权的架构与财产流动，后者则将更多的注意力投射到意志要素中。非营利法人出于"不让出资侵蚀公益性"的考虑封闭了财产流动的后端，形成"出资人（捐助人）→法人→非营利事业"的单向流动（虞震泽，2019）。

中外合作办学的公益属性毋庸置疑，但公益性是否一定为非营利性，非营利性与合理回报间是否冲突等问题却需要进一步讨论。在很多国家的法律体系中，非营利性实则为"非商业"，包含公益性与互益性两种形态（Salamon et al.，1997）[22]。就教育领域而言，教育活动具有公益性，但教育活动的公益性与教育产业的非公益性是可以并存的。公办学校的资产属于国有资产，公办学校是为了社会公共利益而办学。民办学校虽然存在基于办学结余的合理回报，但其实质上也是公益性的。也就是说，营利性民办学校的设立与公益性并不冲突（王利民 等，2020）。《民办教育促进法》第三条总括性规定了"民办教育事业属于公益性事业"。《国务院关于鼓励社会力量兴办教育促进民办教育健康发展的若干意见》也指出"坚持教育的公益属性，无论是非营利性民办学校还是营利性民办学校都要始终把社会效益放在首位"。某个组织具有公益性，并不意味着其必须为公益法人。公益法人包含的三个层次分别为合法性、非营利性与公益性。其中，"合理回报"与非营利性相关，而公益性则关乎国家的奖励与扶持问题[①]（税兵，2008）。

在现代社会中，营利活动与非营利活动都需要投入金钱等物质性要素，也需要投入智力、管理等精神性要素（李政辉，2019）。区分营利性与公益性实则是为了更好地保障中外合作办学的质量。对中外合作办学机构而言，在肯定其公益办学目的的同时，应构建多元化的筹资制度，扩大办学资金的筹集渠道。改变目前仅靠学费作为办学资金来源的局面，从而为中外合作办学奠定坚实的物质基础。

2. 非营利性与营利性中外合作办学法人的二分法

中外合作办学机构按现行规定需要登记为民办非企业法人，而民办非企业法人归属于非营利法人。中外合作办学机构中还应存在一类营利性机构，可登记为企业法人，从而与《中外合作办学条例》第六十条的规定相连接，也可与《民办教育促进法》中营利性民办高校或非营利民办高校的二分法匹配。根据财政部、国家税务总局《关于非营利组织免税资格认定管理有关问题的通知》，非营利性中外合作办学机构可以享有免税资格。因为该文件明确享有免税资格的中外合作法人取得的收入除合理支出（包括工资薪金）外应全部用于公益性或非营利目的。非营利中外合作办学法人的资金来源主要包括政府资助、捐赠、借贷与结余资金等，不可以分配利润与盈余，从而得以享受国家制定的免税政策。按照相关测算，如果将非营利性办学机构转化为营利性办学机构，会增加20%左右的税负（王剑波　等，2020），因此举办者将会审慎考虑是否登记或者转变为营利法人。对于非营利性中外合作办学机构获得的"合理回报"，可将其阶段性地改成"适当的办学奖励"，继而进一步推动中外合作办学机构向完全公益性法人机构转变。

针对中外合作办学中普遍存在的审批困难的现象，营利性中外合作办学法人应参照相关规定到工商行政管理部门直接办理登记，无须主管部门审批。温州自2011年开始的民办教育分类管理初见成效，累计吸引了超过70亿元的增量资金（方建锋，2017）。现行的《中外合作办学条例》对于中外合作办学机构的产权界定仍然较为模糊，尤其是在产权结构方面缺乏相关规

[①]　比如某个只招募残疾人进行服务的餐厅，虽然有公益属性，却是一个典型的营利法人。。

定，原因在于未能准确界分合作办学的不同法人类型。未来营利性中外合作办学法人需要解决财产权的问题，明确出资人权益与剩余资产求索权。在这种规范体系下，教育资金的注入就可以有制度性的保障，外资投入的积极性也可以被调动起来。

3. 营利性与非营利性的认定和选择

对营利性中外合作办学机构的认定主要采取确认章程规定与对方证明责任两个原则。在马鞍山中加双语学校诉新时代信托股份有限公司一案中，最高人民法院认为该中加双语学校在章程中明确载明了其非营利的属性，也未被行政主管机关认定为非营利法人，其收取费用及合理回报的行为并不能认定其具有营利性。[①] 根据最高人民法院的裁判要旨，对营利性与非营利性的判断主要依据办学机构的章程。但现有的中外合作办学机构章程远不够清晰可查，后续可能引发较大的歧义与纠纷。如果采取营利性与非营利性中外合作办学法人的二分法，则还可以通过登记机关的不同予以区分。在法律明确规定的基础上，中外合作办学机构设立之初就需要对法人模式进行选择，从而在今后可能面临的纠纷中减少法律地位含混不清的可能性。

如果非营利法人形态的选择是自愿的，那么非营利性中外合作办学机构遵守"不分配限制"的承诺也就顺理成章。根据汉斯曼的"成本最小所有权配置理论"，组织设计者会自动模仿最有效率的组织形式（汉斯曼，2001）[13-18]。非营利法人在一定程度上可以减少组织与客户间的市场合约成本与代理成本。中外合作办学机构选择非营利的法人组织形态可以获得更好的声誉，并且享受相应的税收减免与政策优惠。非营利性中外合作办学机构的组织者基于不分配利润的限制，缺乏相应的营利动机，从而可以有效保证教育服务的质量。但非营利法人的资本来源主要为贷款、捐款和利润留成，资本回馈不如股权投资迅速，从而导致其资金投入可能出现不足（Goldschmid，1997）。选择营利性中外合作办学机构的就可以顺畅地享有财产求索权与利润分配权，但同时也会承担更高的税负与信赖成本。

---

① 参见《马鞍山中加双语学校诉新时代信托股份有限公司民事判决书》，（2017）最高法民终297号。

（三）二级机构的法律地位厘清

在实践中，作为二级学院的中外合作办学机构不具有独立法人资格，其法律性质与高校的内设学院相似，必须附属于高等学校。但实际上中外合作办学机构与一般的二级学院不同，其涉及中方、外方等多方利益主体，也以一种不同于下设学院的治理方式运行。因此，若不赋予其明确的法律地位，就无法保证其责任承担与长久的存续发展。

现有的 121 个中外合作办学机构中，有 103 所不具有独立的法人资格，因此厘清这些机构的法律地位就显得尤为重要。二级机构由于没有明确的民事主体资格，在财务管理、招生招聘与科技成果的持有等方面存在较大的法律风险（邹煌华，2017）。中外合作办学二级机构没有教育部批准的"学校（机构）代码证"，因此在财务与资产管理上缺乏独立性（张力 等，2016）[95-98]。当二级机构产出科技成果后，需要由国内母体高校根据合作协议进行处置（何隽 等，2016），出现民事纠纷后也先由国内母体高校承担责任，再根据合作协议与外方高校协商责任承担。在作为二级学院的中外合作办学机构不享有民事主体资格时，其可能产生的法律风险与纠纷均需要遵循合作协议。如果合作协议与办学章程的规定不够清晰，就很容易陷入责任推诿与互相扯皮的困境。

在这种情况下，有学者提出应该将二级机构定性为"非法人组织"。这也有先例可循，比如清华大学—华盛顿大学全球创新学院、诺丁汉大学马来西亚校区等合作办学机构就注册为"合伙制"的"非法人团体"（邹煌华，2017）。根据《民法典》第一百零二条，"非法人组织是不具有法人资格，但是能够依法以自己的名义从事民事活动的组织。非法人组织包括个人独资企业、合伙企业、不具有法人资格的专业服务机构等"。中外合作办学二级机构可以由教育部门批准成立，或由民政部门核发登记证，虽尚未达到独立资产、独立核算、独立承担民事责任的法人标准，也应属于"等"的其他组织之列（谭启平，2017）。[①]

---

① 《民法总则（草案二次审议稿）》中增列了不具有法人资格的专业服务机构和其他组织。《民法总则（草案三次审议稿）》第一百零一条第二款规定：非法人组织是不具有法人资格，但是依法能够以自己的名义从事民事活动的组织。非法人组织包括个人独资企业、合伙企业、不具有法人资格的专业服务机构与其他组织。《民法典》则将其他组织包括在"等"之内。

《民法典》还规定了非法人组织的设立登记、财产清偿与解散清算等程序。《民法典》第一百零八条明确规定，"非法人组织除适用本章规定外，参照适用本编第三章第一节的有关规定"，也就是说非法人组织可以参照法人享有民事权利与承担民事义务。

四、治理体系的统一构建

在处理中外合作办学机构的治理问题时，首先需要明确法人类型决定着产权结构，而产权结构塑造治理体系，治理体系最终会直接影响中外合作办学的质量。是否以营利为目的关乎法人的基本属性，而营利目的的有无则有更深的规范含义——如果法人所留存的利润无法在其成员当中分配，那么出资人或董事会/理事会营利的动力就不可预期，其自然变成非营利法人。就非营利法人而言，出资人的财产无法置换成股权，退隐于治理体系之外。就营利法人而言，出资人以财产换取股权，对内享有利润分配请求权，权力机关与管理机关彼此独立。根据当前实践来判断，中外合作办学机构的治理结构可以概括为理事会领导下的校长负责制：理事会负责领导的任命、投资决策与办学思路，校长则负责具体的执行与组织协调。

（一）治理体系的基本原理

具体而言，营利法人与非营利法人的法人属性决定其财产权构造以及是否可以分配利润，而产权结构又会通过作为载体的章程与前期协议塑造具体的治理体系。对中外办学合作机构而言，需要解决两个重要问题：前端的资金来源与师资保障问题和治理结构中后端问责的问题。

在社会实践中，以公司为样态的营利法人制度是常态，其核心在于形成了不同成员都能各司其职的合约安排。营利法人"所有权—股权"结构的意义在于，一方面股东放弃出资财产所有权（或其他权利）而享有股权，为法人独立人格的塑造提供物质基础；另一方面，股东享有的相关权益可以对经营者形成制衡，从而防止经营者的自利行为。与营利机构比较，非营利机构则是相对少见的特殊情况。非营利法人组织的设立初衷是解决政府失灵与合同失灵的问题并提升公众信赖，但其又导致了新的问题。非营利法人财产构造上的特殊性导致该类型的法人只有义务，没有权利，具体体现为没有财产请求权与利润分配权。非营利法人中股东权益的缺失，使得其内部的权利结构失衡。缺乏利润指标的考核与有效问责机制可能导致实际控制者不受制衡（税兵，2007）。对于非营利性中外合作办学机构的治理体系而言，其核心问题在于通过"意思"的补足来矫正财产构造。

对于作为非法人组织的中外合作办学二级学院而言，应充分赋予其办学自主权。聚焦院校两级的资源配置与权责划分，通过办学章程进行权力的让渡与细化，在制度上进一步贯彻"从综合预算到协议授权"的原则，梳理包括人事、教学、财务、资产与科研在内的各项权力清单（胡华忠，2020）。

（二）营利性中外合作办学机构的治理体系建构

营利性中外合作办学机构无法享有税收、用地等政策优惠，且其因营利的特性需要付出更多努力以获得社会认可。现行中外合作办学模式中，中方学校与外方学校投入师资、课程等无形资产，当地政府提供资金与土地的模式是不可持续且很难复制的。而营利性中外合作办学机构可以有效吸引外国资本与社会资本，进一步促进"在地国际化"。与人员跨境流动相比，"在地国际化"的资本进入可以大大减弱意识形态领域的风险（胡华忠，2020）。

对于营利性中外合作办学机构而言，其治理核心在于公益性与营利性的平衡。营利性机构的治理模式主要关注运行成本与代理成本的降低（Jensen et al., 1976）。前者可以通过优化内部结构实现，后者则需要建立有效的监督制衡机制。对营利性中外合作办学机构，应当在区分办学财产来源性质，明确高校产权属性的前提下，适度引入企业治理模式，强调所有权与管理权的分离，将出资人视为股东，股东享有股东权益与剩余资产求索权，构建股东会、董事会、监事会三权分立的现代公司治理结构。只有这样才能既避免出资人出于营利目的插手董事会管理，又降低董事会受利益诱惑的可能性，在营利的同时实现公益性目标。

营利性中外合作办学机构更需要关注教育的公益目的与学术自由的保

障,《中外合作办学条例》和《中外合作办学条例实施办法》对监事会的设立以及教师的监督权都留有较大的解释空间,《中外合作办学条例》仅规定"中外合作办学机构的教职工依法建立工会等组织,并通过教职工代表大会等形式,参与中外合作办学机构的民主管理",对于民主管理的参与权中是否包含监督权尚存有争议。为了避免股东与董事会过度谋利而挤压学术共同体生存空间,应当参照非营利性民办高校治理结构,通过以教师为主体的教职工代表大会等形式,保障教职工参与民主管理和监督。设立监事会,构建以教师为主体的监督机构,形成多主体、交叉式的网络式监管框架,建立社会监督、教职工代表大会与行政指导三位一体的治理方式。保障校长(院长)的独立地位,不能简单地将其作为董事会产生的附属机构,而是应视其为现代企业中的职业经理人,充分发挥其教育专家的专业性,以维系维护教育主权与引进外国经验间的平衡。

(三)非营利性中外合作办学机构的治理体系建构

《民法典》在非营利法人项下又进行了社会团体法人和捐助法人的区分,非营利性中外合作办学机构应当被视为捐助法人。尽管非营利法人必须以非营利为目的,但只有将其定性为捐助法人才能真正实现非营利的目的:财产一经捐助便脱离出资人实际控制,且无法像营利法人一样转换为对内股权。出资人无法通过非营利性中外合作办学机构谋利、创收,必须退隐于管理机制之外,因而配套的产权结构就会变成理事会独立运作的有力保障。然而股权缺失也带来了显而易见的弊端——出资人丧失利益分配请求权,又怎样在监督机制缺失的体系下防止理事会的自利行为。出资人没有逐利动机与实际控制人没有逐利倾向之间并不能画等号,加强对决策机构的监督,减少实际控制人的渎职行为,构建完善的治理体系,是亟待解决的问题。

对于非营利性中外合作办学组织而言,重要的是通过意思的补足来调整股权缺失导致的财产权构造的不足。中外合作办学中涉及多方主体,因此需要保证理事会或者联合管理委员会的参与性,避免其成为"橡皮图章"。对于新时代的中外合作办学机构而言,需要加强中方办学机构在理(董)事会中的主动性与控制力,保证教育主权与本土意识(伍宸 等,2017)。同时保证地方政府的权益，在章程中体现地方政府在大学内部治理中的参与。中外合作大学与合作办学的二级学院在治理结构上缺乏有效的监督机制：其监督主要依赖事先的备案或批准，从而缺乏过程监管与事后监管。中外合作办学因发起主体的多样性与特殊性而不受党委的直接领导，但这并不意味着党委无法参与民主管理与监督。由于非营利性中外合作办学机构的出资人无法以财产置换股权，故无法像营利性中外合作办学机构一样设立股东会参与决策，这更加呼唤党委的监督权。从 2020 年开始，党建一环被纳入教育部中外合作办学合格性评估体系（董俊峰 等，2020），这对中外合作办学机构通过党委监督来把握宏观政治方向、减少意识形态风险提出了更高的要求。对于非营利性中外合作办学机构，应当构建以理事会为核心，校长（院长）独立行使权力，教师、党委与政府监督的共同治理模式，同时探索学生参与到质量保障体系中的有效途径。

五、结语

新时代中外合作办学机构的发展需要厘清法人类型，提供适配的治理体系制度，从而保障中外合作办学的质量。中外合作办学在"一带一路"与"两个循环"的背景下应当理顺制度梗阻，提质增效，探索建立"在地国际化"教育模式。通过建立多方主体参与准入监管、过程监管与事后监管的质量保证体系，中外合作办学可以在高等教育格局中发挥更重要的作用，最终为全球范围内的教育发展提供中国方案。

参考文献

陈大立，2014.中外合作办学法律问题研究［M］.厦门：厦门大学出版社.

董俊峰，倪杰，2020.我国高校中外合作办学的新走向［J］.江苏高教（11）：120-124.

方建锋，2017.民办学校分类管理宏观制度设计的基本走向［J］.复旦教育论坛（2）：46-53.

郭丽君，李慧颖，2014.中外合作办学质量保障：制度与文化分析视角［J］.高等教育研究（5）：49-54.

汉斯曼，2001. 企业所有权论［M］. 北京：中国政法大学出版社.

何隽，路小洒，胡张拓，等，2016. 国际合作办学中知识产权的权利归属与成果转化［J］. 科技创新
　　导报（20）：155-157，159.

洪煜，钟秉林，刘丽，2016. 高等教育中外合作办学的现状、问题与对策：基于教育部中外合作办学
　　监督工作信息平台数据的统计分析［J］. 国家教育行政学院学报（11）：29-38.

胡华忠，2020. 我国高校院系治理的困境及消解［J］. 复旦教育论坛（3）：5-11.

李阳，2016. 中外合作办学项目质量发展研究［J］. 黑龙江高教研究（3）：20-24.

李晓辉，2015. 中外合作办学独立法人机构章程研究［J］. 现代教育科学（9）：134-138.

李政辉，2019. 非营利四论［J］. 西南政法大学学报（4）：84-99.

陆静如，郭强，2019. 中外合作办学助力高校一流学科建设：以行业特色高校为例［J］. 教育探索
　　（4）：63-67.

税兵，2007. 非营利法人解释［J］. 法学研究（5）：66-74.

税兵，2008. 民办学校"合理回报"之争的私法破解［J］. 法律科学（西北政法大学学报）（5）：
　　152-160.

苏力，葛云松，张守文，等，1999. 规制与发展：第三部门的法律环境［M］. 杭州：浙江人民出
　　版社.

谭启平，2017. 中国民法典法人分类和非法人组织的立法构建［J］. 现代法学（1）：76-93.

王剑波，宋燕，刘媞，2020. 中外合作办学引入国际教育资本的研究［J］. 现代大学教育（2）：
　　105-111.

王利民，许晓岑，2020. 民办高校主体的法人属性研究：兼评《民法总则》法人分类的创新和不足
　　［J］. 人民论坛·学术前沿（2）：108-111.

王维坤，张德祥，2017. 我国民办高校章程文本表达现状研究：基于105所民办本科高校章程的文本
　　分析［J］. 中国高教研究（7）：43-48.

伍宸，宋永华，赵倩，2017 . "高水平中外合作办学"的理念与实践［J］. 中国高教研究（2）：
　　29-31，47.

薛二勇，2017. 中外合作办学改革和发展的政策分析［J］. 中国高教研究（2）：24-28.

薛卫洋，2017. 中外合作大学现代大学制度建设的基本原则及其运用［J］. 浙江树人大学学报（人文
　　社会科学）（5）：19-23.

虞震泽，2019.《民法总则》法人分类的中国路径研究［D］. 长春：吉林大学.

邹煌华，2017. 不具法人资格高等教育中外合作办学机构之法律问题：以深圳实践为例［J］. 特区实
　　践与理论（5）：114-118.

张力，金家新，2016. 公立大学法人主体地位与治理结构完善研究［M］. 武汉：华中科技大学出
　　版社.

Goldschmid H J, 1997. The fiduciary duties of nonprofit directors and officers: paradoxes, problems, and
　　proposed reforms. [EB/OL]. [2022-03-20]. https://ncpl.law.nyu.edu/wp-content/uploads/pdfs/1997/
　　Conf1997_Goldschmid_Final.pdf.

Jensen M C, Meckling W H. 1976. Theory of the firm: managerial behavior, agency costs and ownership structure [J]. Journal of Financial Economics (4): 305–360.

OECD, 2004. International and trade in higher education: opportunities and challenges [R]. Paris: Organization for Economic in Co-operation and Development.

Salamon L M, Anheier H K, 1997. Defining the nonprofit sector: a cross-national analysis [M]. Manchester: Manchester University Press.

Legal Person Position and Governance System Construction of Sino-foreign Cooperatively-run Schools

Xiao Mengli

Abstract: Under the new situation, sino-foreign cooperatively-run schools urgently need to solve the problems such as the low quality, the inability to really promote the source of high-quality students and the return of funds. The core of solving the problem is to clarify the type of legal person, and determine its property right structure and governance system according to the type of legal person, so as to ultimately enhance the effectiveness of sino-foreign cooperation in running schools. Sino-foreign cooperatively-run schools can be divided into profit-making legal person and non-profit legal person according to their different property structure. Non-profit schools can be further subdivided into different types of consortia and associations and enjoy different governance structures. For the non-profit sino-foreign cooperatively-run schools, it is important to adjust the lack of property rights structure caused by the lack of equity through the meaning, and it needs to ensure the participation of the council or joint management committee. For profit-making sino-foreign cooperatively-run schools, the core lies in the balance between public welfare and profit-making. It is necessary to form a multi-agent, cross type network regulatory framework for profit-making sino-foreign cooperatively-run schools. As unincorporated organizations, sino-foreign cooperatively-run secondary colleges should be given autonomy, focusing on the allocation of resources and division of rights and responsibilities.

Key words: sino-foreign cooperation in running schools　governance structure profit-making legal person　non-profit legal person　non legal person organization

作者简介

肖梦黎，华东理工大学法学院讲师、法律社会学研究中心副主任，上海交通大学法理学博士，华东政法大学法学博士后，研究方向为教育法、互联网法。

□蒋开富

提起诉讼还是申请执行

——治理监护人拒送适龄儿童少年接受
义务教育的司法途径选择

【摘　要】父母或其他监护人无正当理由不送适龄儿童少年接受义务教育，有关行政机关依法对其作出责令送学决定后，监护人拒不履行该决定的，行政机关应当提起诉讼，还是申请执行？对提起诉讼与申请执行的合法性考察表明，申请执行才是治理监护人拒送适龄儿童少年接受义务教育的合法途径。为提高治理的有效性，本文还对申请执行的具体实施进行了研究，提出了规范拒送适龄儿童少年接受义务教育治理的建议。

【关键词】义务教育　拒送适龄儿童少年接受义务教育　治理　提起诉讼　申请执行

控辍保学、提高义务教育巩固水平，关系到国家和民族的未来。治理父母或者其他法定监护人的拒送行为——无正当理由不按照《义务教育法》的规定送适龄儿童少年接受并完成义务教育，是依法控辍保学的重要内容。按照《义务教育法》第五条第一款、第十三条第一款和第五十八条的规定①，治理拒送行为是有关行政机关的法定职责。《国务院办公厅关于进一步加强控辍保学提高义务教

---

① 《义务教育法》第五条第一款规定："各级人民政府及其有关部门应当履行本法（转下页）

育巩固水平的通知》（以下简称《国办加强控辍保学通知》）规定 "……父母
或者其他法定监护人应当依法送适龄儿童少年按时入学接受并完成义务教
育，无正当理由未送适龄儿童少年入学接受义务教育或造成辍学的，由当地
乡镇人民政府或者县级人民政府教育行政部门给予批评教育，责令限期改
正；逾期不改的，由司法部门依法发放相关司法文书，敦促其保证辍学学生
尽早复学……"。各地根据上述规定和对民事诉讼法、行政诉讼法等的理解，
在对拒送行为进行治理的过程中，对于经批评教育、责令限期改正后仍不履
行送学职责的拒送行为，要么由乡镇人民政府等行政机关或其他机构对拒送
人提起民事诉讼，要么由对拒送人作出责令送学决定的行政机关向人民法院
申请强制执行即申请非诉行政执行。但因现行法律及其他规范性文件并未明
文规定或指明治理拒送行为的司法途径，故不同地方或单位的做法不同。如
云南省各级人民法院 2019 年通过审理 "控辍保学" 案件，使 1046 名辍学儿
童重返校园，其中既有提起民事诉讼的案件，也有申请非诉行政执行的案件
（张文凌，2020）。为依法有序治理拒送行为，有必要对治理拒送行为的司法
途径及其选择进行研究。

　　2006 年《义务教育法》修订时，浙江等地提出，应当明确规定无正当理
由未依法送适龄儿童少年接受义务教育的应强制履行，建议增加 "经教育不
改的，申请人民法院强制履行"；有研究者提出，应当明确监护人限期不改
正的法律后果，如罚款、申请人民法院强制执行。（信春鹰，2012）[264-265, 276]
但 2006 年、2015 年和 2018 年三次修改《义务教育法》均未采纳上述建
议，而且全国人大常委会目前的立法规划中也没有因治理拒送行为而修改
《义务教育法》的项目。另外，2020 年修订的《未成年人保护法》增加了第
八十三条第二款 "对尚未完成义务教育的辍学未成年学生，教育行政部门应
当责令父母或者其他监护人将其送入学校接受义务教育" 的规定（郭林茂，
2021）[428-429]。为更有效地保护未成年人的合法权益，该法还新增了第一百零

（接上页）规定的各项职责，保障适龄儿童、少年接受义务教育的权利。"第十三条第一款规定："县
级人民政府教育行政部门和乡镇人民政府组织和督促适龄儿童、少年入学，帮助解决适龄儿童、少
年接受义务教育的困难，采取措施防止适龄儿童、少年辍学。"第五十八条规定："适龄儿童、少年
的父母或者其他法定监护人无正当理由未依照本法规定送适龄儿童、少年入学接受义务教育的，由
当地乡镇人民政府或者县级人民政府教育行政部门给予批评教育，责令限期改正。"

六条"未成年人合法权益受到侵犯,相关组织和个人未代为提起诉讼的,人民检察院可以督促、支持其提起诉讼;涉及公共利益的,人民检察院有权提起公益诉讼"的规定。上述两部法律的修改情况和《立法法》第十一条关于诉讼制度只能制定法律的规定表明,近期改革或增加治理拒送行为司法途径法律供给的可能性不大。因此,本文仅在现行法律供给的前提下研究治理拒送行为的司法途径选择,而不对治理拒送行为司法途径的法律供给问题进行探讨。

一、治理拒送行为司法途径的实务考察

20 世纪 90 年代以来实务界的做法表明,治理拒送行为的司法途径,可概括为两条途径、三种做法。所谓两条途径,一是由乡镇人民政府等行政机关或其他机构对拒送人提起民事诉讼,二是由行政机关申请非诉行政执行,即向人民法院申请强制执行对拒送人作出的行政决定。所谓三种做法,一是有关行政机关或其他机构提起民事诉讼,二是行政机关申请非诉行政执行,三是既可提起民事诉讼也可申请非诉行政执行。以下分别对该三种做法予以考察。

(一)有关行政机关或其他机构提起民事诉讼

根据 1992 年发布的《义务教育法实施细则》第四十条和第四十三条[①],乡镇人民政府可对拒送人处以罚款,并可申请人民法院强制执行行政处罚决定。该细则施行前及废止后均有对拒送人提起民事诉讼的案件。《中国教育

---

① 《义务教育法实施细则》第四十条规定:"适龄儿童、少年的父母或者其他监护人未按规定送子女或者其他被监护人就学接受义务教育的,城市由市、市辖区人民政府或者其指定机构,农村由乡级人民政府,进行批评教育;经教育仍拒不送其子女或者其他被监护人就学的,可视具体情况处以罚款,并采取其他措施使其子女或者其他被监护人就学。"第四十三条规定:"当事人对行政处罚决定不服的,可以依照法律、法规的规定申请复议。当事人对复议决定不服的,可以依照法律、法规的规定向人民法院提起诉讼。当事人在规定的期限内不申请复议,也不向人民法院提起诉讼,又不履行处罚决定的,由作出处罚决定的机关申请人民法院强制执行,或者依法强制执行。"

报》1992 年 2 月 28 日报道：贵州省修文县大石乡 8 名辍学儿童的家长因不送孩子上学，违反了《义务教育法》《未成年人保护法》，侵犯了子女接受义务教育的权利而被大石乡人民政府起诉（范履冰，2008）。1996 年，浙江省绍兴县王坛镇人民政府就该镇双岭村村民蒋忠根的拒送行为，向该县人民法院提起诉讼（林雪卿，1998）。随着 2017 年《国办加强控辍保学通知》的发布，从 2018 年开始，各地加大了对拒送行为的治理力度，对拒送人提起民事诉讼的案件开始明显增加。笔者于 2021 年 11 月 21 日在北大法宝司法案例检索系统，对云南省福贡县人民法院审理的乡镇人民政府起诉拒送人且公开判决书的案件和江西省原上饶县人民法院审理的该县清水乡人民政府起诉拒送人且公开调解书的案件进行了检索。福贡县人民法院审理且公开判决书的拒送案件共 17 件，其中 2019 年 8 件，2020 年 9 件；未检索到 2018 年及以前年度公开判决书的拒送案件。原上饶县人民法院审理该县清水乡人民政府起诉拒送人且公开了调解书的拒送案件 30 件，均为 2018 年审理的案件。但因《国办加强控辍保学通知》并未明确规定乡镇人民政府或者县级教育行政部门如何提请司法部门发放相关司法文书，也未指明司法部门以何种程序发放什么样的司法文书①，理论认识未统一等缘故，有关地方和机构在是否支持有关行政机关或其他机构提起民事诉讼、法院是否受理或驳回起诉、提起诉讼的类型、提起民事诉讼的原告或申请人等方面，做法并不统一。

1. 支持提起民事诉讼的地方和机构

通过规范性文件、典型案例、新闻发布会及具体案件办理等方式，表明支持乡镇人民政府等行政机关或共青团等其他机构对拒送人提起民事诉讼的地方和机构，有广西北流市人民政府、贵州省黔西南布依族苗族自治州、甘肃省高级人民法院、教育部等。北流市人民政府《关于敦促义务教育阶段失学辍学学生复学的通告》第三条规定："对适龄儿童、少年的父母（或其他法定监护人）拒不履行法定义务或侵害未成年人合法权益的，由当地镇人民政府、街道办事处向北流市人民法院起诉……"贵州省黔西南布依族苗

---

① 按照《立法》第十一条的规定，国务院办公厅的规范性文件不应当就司法部门以何种程序发放什么样的司法文书做出规定。但在法律对司法部门以何种程序发放什么样的司法文书做出规定的前提下，行政规范性文件可以指明法律的规定。

族自治州中级人民法院等九部门于 2020 年 4 月发布的《关于敦促义务教育阶段辍学学生返校就读的通告》第二条规定："监护人不送适龄儿童、少年接受义务教育、放任适龄儿童、少年辍学的，将严格按照有关规定追究责任。监护人不履行送适龄少年、儿童接受义务教育，不送辍学子女返校就读的，由当地乡镇人民政府或者县级人民政府教育行政部门给予批评教育并下发《劝返复学通知书》，责令限期整改。经多次教育拒不改正的，由当地乡镇人民政府或者县级人民政府教育行政部门向人民法院提起诉讼，依法处理。"甘肃省高级人民法院 2019 年 1 月 15 日发布了 2018 年全省法院十大案件，其中案件 6 是广河县团委、妇联诉被告马×× 监护权纠纷案[①]（李双红，2019），表明该院支持团委、妇联对拒送人提起民事诉讼。在国务院新闻办公室 2020 年 9 月 23 日举行的"决战决胜教育脱贫攻坚实现义务教育有保障"新闻发布会上，教育部副部长郑富芝指出："有的家长不怎么愿意送孩子去上学，当地的政府、教育部门、学校三番五次去做工作、劝返，还是不同意，最后怎么办？就严格执法，按照义务教育法的规定，政府把家长告上法庭。"（国务院新闻办公室，2020）除以上地方和机构外，还有一些地方基层法院通过具体案件的办理，支持有关行政机关或其他机构对拒送人提起民事诉讼。2018 年以来，云南省镇雄县人民法院、江西省原上饶县人民法院等基层法院审理了一批乡镇人民政府起诉拒送人的案件，并支持了原告的诉讼请求或者调解结案。[②]

2. 法院是否受理或者驳回起诉

对有关行政机关或其他机构以拒送人为被告提起的民事诉讼，多数法

[①]　该案的基本案情和裁判结果如下：广河县法院受理原告中国共产主义青年团广河县委员会、广河县妇女联合会诉被告马×× 监护权纠纷一案后，该院迅速启动"绿色通道"，快立、快审，通过巡回审判的方式就地审理。经法庭审理查明，被告马×× 作为法定监护人，以家中有 3 名病人、其他孩子年幼、家庭情况特殊为由让女儿辍学在家。广河县团委和广河县妇联工作人员曾多次对马×× 进行思想动员工作，但他仍然拒绝将孩子送至学校接受义务教育。法官对被告马×× 进行了释法、说服、教育、批评，被告马×× 最终同意将女儿送去学校接受义务教育，当庭签订了承诺书。原告广河县团委、县妇联也当庭提出了撤诉请求。鉴于被告马×× 认识到自己的错误，同意将孩子送去学校上学，法庭当庭准予原告撤诉。

[②]　如云南省镇雄县人民法院（2020）云 0627 民初 8122—8129 号共 8 起案件，均判决支持原告的诉讼请求；江西省原上饶县人民法院（2018）赣 1121 民初 1659—1683 号共 25 起案件，均以调解结案。

院会受理，但也有法院不予受理或者在受理后驳回起诉。如云南省梁河县人民法院（2020）云 3122 民初 282 号案、云南省德宏傣族景颇族自治州中级人民法院（2020）云 31 民终 124 号案，受诉法院均认为，民法调整平等主体的公民之间、法人之间、公民和法人之间的财产关系与人身关系；在上述各案中，起诉人、上诉人均已对拒送人作出了行政处罚决定，该处罚行为属于具体行政行为，若行政相对人在法定期限内对已经发生法律效力的具体行政行为既不申请复议，也不提起诉讼，又不履行义务的，起诉人、上诉人可以按照法律程序申请强制执行，而不是基于民事法律关系行使诉权；起诉人的起诉不属于民法调整的范围，故法院不应受理。在（2019）赣 0732 民初 3904 号案中，江西省兴国县人民法院经审查认为该县兴江乡人民政府不是适格的原告，遂裁定驳回了兴江乡人民政府的起诉。

3. 提起诉讼的类型

对拒送人提起民事诉讼的类型，有关地方的规范性文件共有三种规定。一是只明确可以提起诉讼，而未规定提起诉讼的类型。如贵州省贵阳市人民政府印发的《关于进一步加强义务教育阶段"控辍保学"工作的暂行规定》第二十五条规定："学生法定监护人在接到《控辍保学违约处罚决定书》后，在规定时间内仍未改正的，以及被监护的适龄儿童、少年辍学务工的，由乡（镇、社区）向人民法院提起诉讼，追究相关责任人责任。"该条只规定了乡（镇、社区）可对拒送行为提起诉讼，但未规定提起诉讼的类型。二是提起通常诉讼程序之诉。如广西田林县人民政府办公室《关于印发田林县义务教育阶段适龄辍学学生司法督促复学工作方案的通知》附件 5《起诉状》的第一项请求是判决被告送被监护的适龄儿童少年回校完成义务教育，表明乡镇人民政府向法院提起的是通常诉讼程序之诉。该种诉讼以拒送人即被告履行送学职责为诉讼请求，故可称为监护人履职之诉。三是提起变更监护人特别程序之诉。如广西南宁市武鸣区人民政府《关于敦促辖区义务教育阶段失学辍学学生返校就读的通告》第三条规定，未成年人父母或者其他法定监护人不履行法定监护责任的，人民检察院、村（社区）委会、社会团体可以向人民法院提起诉讼，依法变更监护人，并依法追究不履行监护职责的责任。该类诉讼因以变更监护人为请求，故可称为监护人变更之诉。

4. 提起民事诉讼的原告或者申请人

（1）监护人履职之诉的原告。有的地方以行政机关中的乡镇人民政府、街道办事处或者县级教育行政部门作为原告。如河南省上蔡县人民法院（2019）豫 1722 民初 6061 号案，由上蔡县五龙镇人民政府作为原告；四川省越西县人民法院（2020）川 3434 民初 351 号案，由越西县瓦曲觉乡人民政府作为原告；云南省镇雄县人民法院（2020）云 0627 民初 8312 号案，由镇雄县乌峰街道办事处作为原告；广西柳州市柳北区人民法院（2019）桂 0205 民初 3431 号案，由柳北区教育局作为原告。有的地方以妇联、共青团为原告。如甘肃省广河县委办公室、广河县人民政府办公室 2018 年 8 月印发的《广河县控辍保学攻坚方案》第二条第三项明确指出："对失辍学学生监护人通过多次宣传劝导，仍不履行监护人法定义务、拒绝送适龄子女入学、返学的，由乡镇人民政府依照相关法律法规对监护人依法处理；情节严重的由县妇联和团县委向县法院提起诉讼，由县法院巡回法庭依法判决家长或监护人送子女入学。"与该方案部署的由县妇联、团委提起诉讼一致的案件，有前述广河县团委、妇联诉被告马××监护权纠纷案、广河县人民法院（2019）甘 2924 民初 512 号广河县妇女联合会诉马某监护人责任纠纷案。有的地方以检察机关、村民委员会、学校等为原告。如甘肃省临夏回族自治州中级人民法院的《关于充分发挥审判职能作用积极用法治思维法治方式破解控辍保学难题的指导意见》指出："公益诉讼①模式中，诉讼主体（原告）为检察机关；社团诉讼模式中，诉讼主体（原告）为居民委员会、村民委员会、学校、团委、妇女联合会、残疾人联合会、未成年人保护组织、民政部门等社团、组织。"与该指导意见关于原告的要求一致的案件，有临夏县人民法院（2019）甘 2921 民初 1280 号原告临夏县北塬镇崔家村民委员会与被告包某监护权纠纷案（该案原告的委托诉讼代理人为临夏县北塬镇副镇长）、东乡族自治县人民法院（2018）甘 2926 民初 330 号原告东乡族自治县果园

---

① 按照临夏回族自治州中级人民法院《关于充分发挥审判职能作用积极用法治思维法治方式破解控辍保学难题的指导意见》第二点"第一，明确诉讼模式。对于进入诉讼环节的，采用两种诉讼模式：一是公益诉讼模式。对于不履行法定职责或怠于履行法定职责的机关，全州两级法院要与检察机关沟通配合，依法提起公益诉讼，敦促行政机关正确履职……"的规定，该指导意见所称公益诉讼，是指行政公益诉讼，而非民事公益诉讼。

中学诉被告马某苏监护权纠纷案（该案原告的委托诉讼代理人为东乡族自治县果园镇人民政府秘书）。

（2）监护人变更之诉的申请人。主张提起该类诉讼的地方一般都明确规定由检察院、村（社区）委会、社会团体作为申请人。如江西省兴国县人民法院等八部门于 2019 年 8 月 21 日发布的《关于敦促义务教育阶段辍学学生返校就读的通告》第三条规定："未成年人父母（监护人）不履行法定监护责任的，人民检察院、村（社区）委会、社会团体可向人民法院提起诉讼，依法变更监护人，并依法追究不履行监护职责的责任。"广西藤县人民政府《关于敦促义务教育阶段辍学学生返校就读的通告》第三条也有同样的规定。笔者在中国裁判文书网和北大法宝司法案例检索系统未检索到按上述两份通告规定提起诉讼的案件。

（二）行政机关申请非诉行政执行

早在 20 世纪 90 年代就有乡政府申请强制执行对拒送人作出的行政处罚决定的案件。1993 年，浙江省嵊泗县黄龙乡、小洋乡政府对 22 户拒不送适龄子女入学接受义务教育的家长分别处以 900 元至 1200 元不等的罚款，被处罚的家长对乡政府的处罚决定置之不理，既不送子女入学，又不到乡政府解释原因，两乡政府在处罚决定发生法律效力后，申请该县人民法院依法予以强制执行（林雪卿，1998）。《国办加强控辍保学通知》下发后，云南省、青海省个别基层法院审理的拒送非诉行政执行案件明显增加。笔者于 2021 年 11 月 15 日在北大法宝司法案例检索系统对云南省广南县人民法院、青海省化隆回族自治县人民法院审理的拒送非诉行政执行案件进行了检索。云南省广南县人民法院共审理了拒送非诉行政执行案件 97 件，其中 2018 年 13 件，2019 年 14 件，2020 年 70 件，未检索到 2017 年及以前年度的拒送非诉行政执行案件。青海省化隆回族自治县人民法院共审理了拒送非诉行政执行案件 23 件，其中 2018 年 14 件，2019 年 9 件，未检索到 2018 年及以前年度的拒送非诉行政执行案件。因对有关法律、法规、规章的规定掌握、理解程度不一致等缘故，有关地方和机构在是否支持申请非诉行政执行、是否受理拒送非诉行政执行申请、作出行政决定的法律依据、作为执行依据的行政决定的种类和内容、是否申请先予执行、是否实行"裁执分离"等方面，做法并不统一。

1. 支持申请非诉行政执行的地方和机构

通过单行条例、行政规范性文件、典型案例及具体案件办理等方式，支持作出行政决定的行政机关申请非诉行政执行的地方和机构，有贵州省剑河县人民政府、四川省甘孜藏族自治州、海南省高级人民法院、最高人民法院等。剑河县人民政府印发的《依法督促监护人送适龄儿童少年接受义务教育办法（试行）》第十三条规定："经宣传教育和责令改正仍拒不送适龄儿童少年接受义务教育的监护人，由乡镇人民政府或有权作出行政处罚的机关予以行政处罚。"第十五条第一句规定："乡镇人民政府或有权作出行政处罚的机关根据查明的事实依法作出行政处罚决定，并制作《行政处罚决定书》（参见附件2）[①]。"第十九条规定："监护人在规定时限到期经催告仍然拒不履行行政处罚决定的，由乡镇人民政府或有权作出行政处罚的机关向人民法院申请强制执行。"按照上述规定，拒送人不履行乡镇人民政府等行政机关作出的责令送学决定的，由作出处罚决定的行政机关向人民法院申请强制执行。2012年6月1日起施行的《甘孜藏族自治州义务教育条例》第五十七条规定："适龄儿童、少年的父母或者其他法定监护人无正当理由未依照本条例规定送适龄儿童、少年入学接受义务教育的，由县人民政府教育行政部门或所在地乡（镇）人民政府给予批评教育，责令限期改正。情节严重的，由县人民政府教育行政部门依照法律法规的相关规定给予处罚。"第五十八条规定："当事人对行政处罚决定不服的，可依法提起行政复议申请，也可直接向人民法院提起行政诉讼。当事人逾期不申请复议或者不向人民法院起诉又不履行处罚决定的，由作出处罚决定的机关申请人民法院强制执行。"以上规定表明，被处罚的拒送人逾期不申请复议或者不向人民法院起诉又不履行行政处罚决定的，由作出处罚决定的机关申请人民法院强制执行。海南省高级人民法院2021年2月7日发布了2020年度十大典型案例，其中案例8为琼中县营根镇政府申请强制执行王某履行对被监护人义务教育责任的行政非

---

① 附件2《行政处罚决定书（样式）》主文如下：1.责令你于＿＿＿年＿＿＿月＿＿＿日前送被监护人到校接受义务教育。2.处以罚款人民币＿＿＿＿＿＿元整（￥＿＿＿＿＿＿元），于＿＿＿年＿＿＿月＿＿＿日前缴至＿＿＿＿＿＿＿＿＿。

诉案①（海南省高级人民法院，2021），说明该院支持对拒送人作出行政处罚决定的行政机关申请非诉行政执行。最高人民法院 2020 年 5 月 18 日发布了依法严惩侵害未成年人权益的典型案例，其中案例 7 是青海省化隆回族自治县扎巴镇人民政府申请执行义务教育行政处罚决定书案②（最高人民法院，2020），表明该院支持通过非诉行政执行途径治理拒送行为。除上述地方和机构外，云南、青海、广西等省区都有基层法院通过具体案件的办理表明其支持申请非诉行政执行。如云南省澜沧拉祜族自治县人民法院（2020）云0828 行审 187 号案，青海省班玛县人民法院（2018）青 2622 行审 1 号案，广西融水苗族自治县人民法院（2020）桂 0225 行审 2 号案，均裁定准予执行申请执行人作出的责令送学决定。也有个别基层法院、中级法院在不予受理乡镇人民政府对拒送人提起的履职之诉民事裁定书中指出，乡镇人民政府应当申请非诉行政执行，而不是基于民事法律关系行使诉权。如云南省梁河县人民法院（2021）云 3122 民初 658 号案、云南省德宏傣族景颇族自治州中级人民法院（2020）云 31 民终 485 号案均如此。

---

①　该案的案情概要及执行结果如下：2020 年 4 月 13 日，琼中县营根镇王某的孩子擅自离校，无故未接受义务教育。学校老师、当地政府有关部门工作人员以及扶贫干部多次进行家访，督促孩子返校上学但没有效果。5 月 11 日，琼中县营根镇政府依照《义务教育法》第五十八条，向王某送达了《责令送被监护人接受义务教育通知书》，要求其于 2020 年 5 月 15 日前送孩子到校上学并完成义务教育，王某未履行。同年 6 月 10 日，营根镇政府再次送达《行政处罚事先告知书》，责令王某于 2020 年 6 月 15 日前送孩子到校上学，王某仍未按期履行。6 月 15 日，营根镇政府根据《义务教育法》《未成年人保护法》和《教育行政处罚暂行实施办法》等规定，作出行政处罚决定：一、处以罚款人民币壹仟元整；二、责令改正违法行为，送被监护人到校接受并完成义务教育，王某仍未履行处罚决定。6 月 17 日，营根镇政府向法院提出强制执行申请，法院依法受理了这起行政非诉案件。为了加强普法宣传效果，法院在学校对这起行政非诉强制执行案件进行了公开审查，王某接受教育后积极履行了法定义务，营根镇政府向法院撤回了强制执行的申请。

②　该案的基本案情及裁判结果如下：马某为适龄入学儿童，其监护人马某哈、马某格牙无正当理由，未将马某按时送入学校接受九年义务教育。经青海省化隆回族自治县扎巴镇人民政府认定，马某哈、马某格牙的行为违反了《义务教育法》的规定，于 2018 年 9 月作出行政处罚决定书，对马某哈、马某格牙处以罚款，并责令将马某送入学校就读。被执行人马某哈、马某格牙收到行政处罚决定书后，在法定期限内未申请复议，也未提起诉讼，且拒不履行行政处罚决定。镇人民政府于2019 年 3 月向人民法院申请强制执行。人民法院依法裁定，准予强制执行青海省化隆回族自治县扎巴镇人民政府作出的行政处罚决定书。裁定作出后，经法院多次执行，两名被执行人拒不履行义务。法院对被执行人马某哈依法作出了行政拘留（原文如此，应为司法拘留的笔误——引者注）十五日的决定书。在拘留期间，被执行人马某哈、马某格牙履行了行政处罚决定书所确定的义务，马某现已入学就读。

2. 法院是否受理拒送非诉行政执行申请

云南省会泽县人民法院和广西防城港市港口区人民法院均曾不予受理乡镇人民政府提出的拒送非诉行政执行申请。在（2020）云 0326 行审 1 号、2 号案中，申请执行人会泽县雨碌乡人民政府于 2020 年 3 月 16 日分别向会泽县人民法院申请执行雨罚字（2019）3 号和雨罚字（2019）4 号行政处罚决定书，该院均裁定不予受理申请执行人的申请，理由均为未提交《行政强制法》第五十五条①规定的相关材料，申请不符合条件。从（2020）云 0326 行审 3 号、4 号两案裁定书可知，2020 年 4 月 3 日，申请执行人再次分别向该院申请执行雨罚字（2019）3 号和雨罚字（2019）4 号行政处罚决定书。裁定书认定的事实表明，申请执行人已提交了相关材料，该院裁定准予执行行政处罚决定书。两份行政处罚决定书主文内容均为责令被执行人十日内改正，即限于 2019 年 7 月 13 日前送子女接受义务教育。在防城港市港口区人民法院（2019）桂 0602 行审 18 号、19 号两案中，申请执行依据均为申请执行人于 2019 年 6 月 13 日分别向相对人作出的责令改正通知书，该院均裁定不予受理，理由均如下：依照《最高人民法院关于适用〈中华人民共和国行政诉讼法〉的解释》第一百五十五条的规定，防城港市港口区企沙镇人民政府向相对人作出的责令改正通知书不具有可执行内容，不能由人民法院执行。

以上裁定不予受理的案件，前两起的理由系未提交法律规定的材料，后两起的理由系法院认定申请执行的责令改正通知书不具有可执行内容。四起案件不予受理的理由均与申请执行的行政决定的种类或名称没有直接关系，但与申请执行人是否提交法律规定的材料或者法院对行政决定是否具有可执行内容的认定直接相关。

除以上四起不予受理的案件外，笔者在中国裁判文书网和北大法宝司法案例检索系统未检索到其他不予受理拒送非诉行政执行申请的案件。

3. 作出行政决定的法律依据

通过查阅有关地方的基层法院对拒送非诉行政执行审查案件的裁定书

①　该条规定："行政机关向人民法院申请强制执行，应当提供下列材料：（一）强制执行申请书；（二）行政决定书及作出决定的事实、理由和依据；（三）当事人的意见及行政机关催告情况；（四）申请强制执行标的情况；（五）法律、行政法规规定的其他材料。强制执行申请书应当由行政机关负责人签名，加盖行政机关的印章，并注明日期。"

可知，行政主体作出据以执行的行政决定的法律依据，一般包括《义务教育法》《义务教育法实施细则》、原国家教育委员会 1998 年发布的《教育行政处罚暂行实施办法》等法律、行政法规、部门规章，有的地方还包括所在地的地方性法规。如贵州省三穗县人民政府办公室印发的《三穗县依法督促监护人送适龄儿童少年接受义务教育办法（试行）》附件 2 的行政处罚决定书样式，写明处罚的法律依据包括《义务教育法实施细则》第四十条、《教育行政处罚暂行实施办法》第十一条①的规定；云南省文山市人民法院（2020）云 2601 行审 7 号案中，申请执行人作出责令送学行政处罚决定的法律依据是《义务教育法》第十一条第一款②及《义务教育法实施细则》第四十条的规定；云南省个旧市人民法院（2020）云 2501 行审 76 号案中，申请执行人作出责令送学、罚款行政处罚决定的法律依据是《义务教育法实施细则》第四十条、《教育行政处罚暂行实施办法》第十一条的规定；广西融水苗族自治县人民法院（2020）桂 0225 行审 3 号案中，申请执行人作出责令送学决定的法律依据是《义务教育法》第五十八条的规定；青海省化隆回族自治县人民法院（2019）青 0224 行审 7 号案中，申请执行人作出罚款、责令送学行政处罚的法律依据，除《义务教育法》《义务教育法实施细则》的有关条款外，还包括《青海省实施〈中华人民共和国义务教育法〉办法》第五条③的规定。

4. 作为执行依据的行政决定的种类和内容

对部分拒送非诉行政执行案件裁定书事实认定部分的考察表明，作为执行依据的行政决定有两种：一是行政处罚决定，二是行政处理决定。在行政处罚决定中，有的主文包括罚款、责令送学的内容，有的只包括责令送学的

----

① 该条规定："适龄儿童、少年的父母或监护人，未按法律规定送子女或被监护人就学接受义务教育的，城市由市、市辖区人民政府或者其指定机构，农村由乡级人民政府，对经教育仍拒绝送子女或被监护人就学的，根据情节轻重，给予罚款的处罚。"

② 该款规定："凡年满六周岁的儿童，其父母或者其他法定监护人应当送其入学接受并完成义务教育。"

③ （2019）青 0224 行审 7 号案审理时适用的是 2009 年修订通过的《青海省实施〈中华人民共和国义务教育法〉办法》。该办法第五条规定："各级人民政府应当采取措施，保障家庭经济困难的和残疾的适龄儿童、少年接受义务教育。适龄儿童、少年的父母或者其他法定监护人应当依法保证适龄儿童、少年接受义务教育。"青海省人民代表大会常务委员 2020 年 7 月对该办法的个别条款进行了修改，但未修改第五条的内容。

内容。前者如云南省丘北县人民法院（2021）云2626行审6号案的执行依据，是主文包括责令陶××于2020年12月25日前送被监护人到校接受义务教育，罚款人民币5000元并于2020年12月25日前缴至丘北县舍得彝族乡人民政府的行政处罚决定；后者如云南省水富市人民法院（2020）云0630行审24号案的执行依据，是主文只包括责令被执行人杨××于2019年10月30日前送被监护人到校接受义务教育的行政处罚决定。在行政处理决定中，作出决定的机关对行政处理决定的名称有两种称谓：一是行政处理决定书，二是责令改正通知书[①]。前者如广西融水苗族自治县人民法院（2020）桂0225行审2号、3号案的执行依据，后者如前述广西防城港市港口区人民法院（2019）桂0602行审18号、19号案的执行依据。（2020）桂0225行审2号、3号案中的行政处理决定书，虽名为处理决定，但其主文均为责令相对人送学的内容。

5. 是否申请先予执行责令送学决定及法院准予先予执行的理由

云南省红河哈尼族彝族自治州和文山壮族苗族自治州的部分县市的乡镇人民政府有对责令送学决定申请先予执行的做法。如云南省个旧市人民法院（2019）云2501行审67号案和云南省文山市人民法院（2020）云2601行审17号案，均为乡镇人民政府申请先予执行的案件。在（2019）云2501行审67号案中，申请执行人申请执行的行政处罚决定既包括责令送学的内容，也包括罚款4500元的内容，但申请执行人只申请先予执行其中责令送学的内容。在（2020）云2601行审17号案中，申请执行人申请执行的行政处罚决定只有责令送学的内容，没有其他行政处罚的内容。

关于裁定先予执行的理由，（2019）云2501行审67号裁定书认为：因行使复议权和起诉权法定期限较长，而学校开学时间相对固定，若不及时送读将影响被监护人学习进度，故申请执行人申请先予执行符合法律规定。（2020）云2601行审17号裁定书指出：因该行政处罚决定内容事项具有紧迫性和时限性，若待复议期和起诉期限届满后才申请执行，辍学学生将错过接受教育的时间，故申请执行人申请先予执行该处罚事项符合合理行政、合

---

① 笔者之所以将责令改正通知书作为行政处理决定，是因为最高人民法院《关于行政案件案由的暂行规定》将行政处理列为二级案由，将责令改正列为行政处理之下的三级案由，且该暂行规定未将责令限期改正列为案由。

法行政的原则，应依法先予执行。云南省砚山县人民法院（2020）云 2622
行审 23 号裁定书认为：申请执行人申请先予执行的行政行为符合案件客观
事实，该处罚的目的是要朱某完成义务教育的学习，先予执行不损害相对人
的合法权益，不先予执行会造成朱某不能完成义务教育。因此，申请执行人
申请先予执行的理由成立，本院予以支持。

6. 是否实行"裁执分离"

云南省广南县人民法院在其 2019 年、2020 年审理的裁定准予执行责
令送学决定的非诉行政执行案件中，均对责令送学决定的内容实行"裁执
分离"，但对罚款决定的内容未采取"裁执分离"的做法。如该院（2019）
云 2627 行审 55 号裁定书主文如下：准予执行广南县篆角乡人民政府作出
的篆政处字〔2019〕第 21 号行政处罚决定书的行政决定，其中"处予罚
款 5000 元"由本院执行；"责令陶××、吴××送被监护人到校接受义务
教育"由广南县篆角乡人民政府组织实施。（2020）云 2627 行审 162 号裁
定书主文如下：准予执行广南县板蚌乡人民政府作出的板罚字〔2020〕第
13 号行政处罚决定书的行政决定，其中"处予罚款 5000 元"由本院执行；
"责令项××、陶××送被监护人到校接受义务教育"由广南县板蚌乡人
民政府组织实施。该院 2018 年审理的拒送非诉行政执行案件中，对责令送
学决定的内容均未采取"裁执分离"的做法。如该院（2018）云 2627 行
审 49 号裁定书主文如下：准予执行广南县旧莫乡人民政府作出的旧罚字
〔2018〕6 号行政处罚决定书的行政决定。该处罚决定书包括责令陶××
于 2018 年 10 月 15 日前送被监护人到广南县旧莫乡旧莫初级中心学校 9 年
级 189 班接受义务教育和对陶××处以罚款人民币 1000 元两项内容。

除云南省广南县人民法院外，笔者未检索到其他法院对责令送学决定采
取"裁执分离"的做法。

（三）既可提起民事诉讼也可申请非诉行政执行

认为既可提起民事诉讼也可申请非诉行政执行的机构，主要有云南省
教育厅、云南省司法厅、云南省高级人民法院等。云南省教育厅、云南省
司法厅印发的《依法督促监护人送适龄儿童少年接受义务教育试行办法》

第十九条规定:"监护人在规定时限到期经催告仍然拒不履行行政处罚决定的,由乡镇人民政府(街道办事处)申请强制执行或提起诉讼。"云南省高级人民法院 2020 年 5 月 29 日发布的未成年人司法保护典型案例的案例 5 是乡人民政府与罗某某行政非诉执行案,案例 6 是镇人民政府与被告王某某监护权纠纷案(茶莹 等,2020),表明该院既支持提起民事诉讼,也支持申请非诉行政执行。从检索到的裁判文书看,在云南省范围内的基层法院,只有砚山县人民法院、福贡县人民法院通过具体案件办理,表明其认为对拒送行为既可提起民事诉讼,也可申请非诉行政执行。砚山县人民法院既审理了乡镇人民政府提起的监护人履职之诉案件,如(2020)云 2622 民初 1180 号案,也审理了非诉行政执行案件,如(2020)云 2622 行审 23 号案。福贡县人民法院既判决支持乡镇人民政府诉请拒送人履职的案件,如(2020)云 3323 民初 124 号案,又裁定准予执行乡镇人民政府作出的责令送学决定,如(2020)云 3323 行审 13 号案。从检索到的云南省法院审理的拒送案件看,除上述两地的基层法院外,云南省范围内的禄劝彝族苗族自治县、鲁甸县、盐津县、镇雄县、麻栗坡县和维西傈僳族自治县共 6 个地方的基层法院,只办理了判决支持乡镇人民政府、街道办事处诉请拒送人履职的案件;会泽县、水富市、澜沧拉祜族自治县、文山市、马关县、丘北县、广南县、个旧市、绿春县、弥勒市、元阳县共 11 个地方的基层法院,只办理了裁定准予执行责令送学决定的案件。此外,如前所述,云南省梁河县人民法院、云南省德宏傣族景颇族自治州中级人民法院均认为乡镇人民政府不应对拒送人提起民事诉讼,而应当申请非诉行政执行。可见,这两个法院并不认同云南省教育厅、司法厅和高级人民法院对拒送行为既可提起诉讼也可申请执行的立场。

二、治理拒送行为司法途径选择的理论分歧

以上对治理拒送行为司法途径的实务考察表明,尽管 20 世纪 90 年代以来就有对拒送行为提起民事诉讼、申请非诉行政执行的案例,但学术界至今尚未就应当如何选择治理拒送行为的司法途径达成一致意见。与实务界

三种做法不同的是，学术界对通过什么司法途径治理拒送行为持四种观点：一是提起民事诉讼，二是申请非诉行政执行，三是二者皆可，四是二者皆不妥。

（一）提起民事诉讼

部分论者认为行政机关或其他机构可通过起诉途径治理拒送行为，他们中的绝大多数主张提起公益诉讼或者将乡镇人民政府、学校等作为原告对拒送人提起的民事诉讼作为公益诉讼。如范履冰主张建立以学校、教育行政部门或其他行政部门、社会团体、检察机关等为原告的民事公益诉讼制度，对拒送人提起诉讼（范履冰，2008）。尹力认为可以检察机关为原告提起民事公益诉讼，同时赋予学校、公民个人、社会组织提起民事公益诉讼的原告资格（尹力，2008）。潘申明提出，对于违反《义务教育法》，侵犯未成年人受教育权的拒送行为，应当纳入由检察机关提起民事公益诉讼的范围（潘申明，2009）。有观点认为，根据 2006 年修订的《义务教育法》，乡政府对拒送孩子接受义务教育的家长不能再作出罚款等行政处罚决定，但是可以采取诉讼的方式，利用法院判决的强制执行力使失学的义务教育适龄儿童、少年重返校园（佚名，2011）。李军等认为，行政执法领域制度供给不足，执法措施单一；刑事司法措施手段过于强硬，适用范围有限；而民事诉讼途径则难以逾越基本诉讼原则的限制。因此，有必要建立由乡、镇人民政府或者县级人民政府教育行政部门对拒送人提起民事公益诉讼的制度（李军 等，2017）。也有学者将《中国教育报》1992 年 2 月 28 日报道的贵州省修文县大石乡人民政府因 8 名辍学儿童的家长不送孩子上学而起诉到人民法院的案件、2014 年新疆维吾尔自治区和田市拉斯奎镇人民政府诉阿某侵犯学龄儿童受教育权案等案件作为公益诉讼案件（崔玲玲，2019）。还有论者主张，对于拒送行为，应由检察机关作为起诉人，对拒送人提起民事公益诉讼（文敏，2020）。

（二）申请非诉行政执行

部分论者主张行政机关通过申请非诉行政执行途径治理拒送行为。如褚宏启等指出，对拒送行为应当申请非诉行政执行（褚宏启，1998；褚宏启 等，1999）。裴德重认为，根据《义务教育法实施细则》关于对拒送行为可以罚款并申请人民法院强制执行的规定，应采取非诉行政执行方式治理拒送行为（裴德重，1999）。温辉主张，行政主体可以申请法院强制执行其对拒送人作出的生效行政处罚（温辉，2000）。周彬指出，对学生家长或其他监护人拒送学生接受义务教育的违法行为，由作出处罚决定的机关申请人民法院强制执行或者依法自己强制执行，但最好申请人民法院强制执行（周彬，2003）。王波主张，拒送人在法定期限内对行政机关作出的罚款、责令送学决定不提起复议或诉讼，且经催告仍不履行的，行政机关可申请法院强制执行（王波，2015）。蒋鸣湄等认为，啃控辍保学的"硬骨头"须用"硬手段"，但也绝不意味着可以动用违法手段执法。何况针对家长违反送学义务这一违法行为而言，行政执法手段不算稀缺。即使已撤销罚款这一行政处罚权，但在进行多次劝返、责令改正无效的情况下，基层政府也可以申请法院强制执行。对于家长违反送学义务，合法"官告民"方式只能是一种，即对已生效的行政行为申请强制执行（蒋鸣湄 等，2021）。

（三）提起民事诉讼与申请非诉行政执行皆可

即使在《义务教育法实施细则》于 2008 年 1 月 15 日被废止前，乡镇人民政府可依据该细则第四十条的规定对拒送人予以罚款处罚，且依据该细则第四十三条规定申请法院强制执行处罚决定的情况下，也个别学者认为，提起民事诉讼、申请非诉行政执行都是治理拒送行为的法律途径（林雪卿，1998）。

（四）提起民事诉讼和申请非诉行政执行均不妥

个别学者认为，行政机关对违法监护人给予批评教育，责令限期改正而未达到预期治理效果时，直接起诉监护人或者作出行政处罚决定再申请强制执行，实际上都存在着相关主体权限不清、角色不明的问题，其结果必然是一方弃权，一方越权。法院接受行政机关的诉请而实施行政管理活动，可能会导致路径依赖，淡化行政机关的责任心，同时也违反了国家权力配置原则，更为重要的是，法院在此过程中未对行政权力的行使进行监督和制约，反而会对当事人的合法权益造成复次侵害，司法作为维护社会公平正义的最后一道防线，时刻面临着倾倒崩塌的危险，二者皆不可取（余昊哲，2020）。

上述考察表明，多数论者认为，治理拒送行为的司法途径，应当是提起民事诉讼或者申请非诉行政执行；也有个别论者认为既可提起民事诉讼，也可申请非诉行政执行；还有个别论者认为二者皆不可取。

三、对提起诉讼与申请执行的合法性考察

明确拒送行为的法律性质是考察治理拒送行为两条司法途径合法性的前提，故下文先考察拒送行为的法律性质，再分别考察两条司法途径的合法性。

（一）拒送行为的法律性质

《民法典》第三十四条规定："监护人的职责是代理被监护人实施民事法律行为，保护被监护人的人身权利、财产权利以及其他合法权益等。……监护人不履行监护职责或者侵害被监护人合法权益的，应当承担法律责任……"包括接受义务教育权在内的受教育权，是被监护人的宪法权利，当然属于被监护人的合法权益。《义务教育法》第五条第二款规定："适龄儿童、少年的父母或者其他法定监护人应当依法保证其按时入学接受并完成义务教育。"《未成年人保护法》第十六条规定："未成年人的父母或者其他监护人应当履行下列监护职责：……（五）尊重未成年人受教育的权利，保障适龄未成年人依法接受并完成义务教育……"第十七条规定："未成年人的父母或者其他监护人不得实施下列行为：……（五）放任或者迫使应当接受义务教育的未成年人失学、辍学……"按照全国人大常委会法制工作委员会直接参与2020年《未成年人保护法》修订工作的同志对《未成年人保护法》第

一百一十八条^①的释义，不能保障适龄未成年人依法接受并完成义务教育属于不履行监护职责的情形之一（郭林茂，2021）³⁶⁰⁻³⁶¹。上述法律规定和条文释义表明，保证或保障适龄未成年人依法接受并完成义务教育是监护人的法定职责之一，拒送行为属于监护人不履行监护职责的民事违法行为，也是行政违法行为。关于《民法典》第三十四条第三款规定的不履行监护职责或者侵害被监护人合法权益的法律责任，按照最高人民法院民法典贯彻实施工作领导小组的观点，包括虐待、遗弃情节恶劣构成犯罪的刑事责任以及造成被监护人财产损失的赔偿责任、被依法撤销监护人资格等民事责任（最高人民法院民法典贯彻实施工作领导小组，2020）²⁰⁸。当然，也包括《义务教育法》第五十八条和《未成年人保护法》第一百一十八条规定的责任。按照全国人大常委会法制工作委员会对《义务教育法》第五十八条的释义，该条是关于拒送行为所应承担的由乡镇人民政府或县级教育行政部门给予批评教育、责令限期改正法律责任的规定（信春鹰，2012）¹⁸¹。显然，该条规定的法律责任是行政责任。按照《义务教育法》第二条第二款"义务教育是国家统一实施的所有适龄儿童、少年必须接受的教育，是国家必须予以保障的公益性事业"和该法第五条以四款分别对国家、家庭、学校和社会保障义务教育制度实施的规定，以及"义务教育制度是国家依法强制实施的教育制度，国家对这一制度的实施承担主要的保障义务"的权威释义（信春鹰，2012）¹⁴⁻¹⁵，对拒送行为行政责任的追究应当优先于对民事责任的追究。换言之，行政机关一旦发现拒送行为，就应当立即采取相应的措施予以制止、纠正，而不应坐等有关个人或者组织追究拒送人的民事责任。追究拒送人的行政责任是行政机关的法定职责，不能怠慢、放弃。有关个人追究拒送人的民事责任是权利，而权利是可以放弃的。

---

① 该条规定："未成年人的父母或者其他监护人不依法履行监护职责或者侵犯未成年人合法权益的，由其居住地的居民委员会、村民委员会予以劝诫、制止；情节严重的，居民委员会、村民委员会应当及时向公安机关报告。公安机关接到报告或者公安机关、人民检察院、人民法院在办理案件过程中发现未成年人的父母或者其他监护人存在上述情形的，应当予以训诫，并可以责令其接受家庭教育指导。"

（二）对有关行政机关或其他机构提起民事诉讼的合法性考察

前文已述，实务中乡镇人民政府等行政机关或其他机构提起的民事诉讼包括监护人履职之诉和监护人变更之诉，故以下分别考察提起这两种诉讼的合法性。

1. 有关行政机关或其他机构提起监护人履职之诉不符合《民事诉讼法》《未成年人保护法》等法律的有关规定

（1）有关行政机关或其他机构不是适格的私益履职之诉或民事公益履职之诉的原告。第一，根据《民事诉讼法》第一百二十二条"起诉必须符合下列条件：（一）原告是与本案有直接利害关系的公民、法人和其他组织……"的规定，有关行政机关或其他机构对拒送人提起私益履职之诉，必须与拒送人存在民法上的直接利害关系。拒送人不履行送学职责的行为并未损害有关行政机关或其他机构的名称权、名誉权、荣誉权、监护权等人身权及物权、债权等财产权，因而拒送人与有关行政机关或其他机构之间既不存在人身关系，也无财产关系，故有关行政机关或其他机构不是适格的私益履职之诉原告。对此，有论者曾明确指出，学生家长拒送子女接受义务教育，侵害的是其子女的受教育权，并没有侵害乡、镇人民政府或学校的民事权益。所以乡、镇人民政府或学校不是相关案件的适格原告（李军 等，2018）。第二，将有关行政机关或其他机构提起的履职之诉作为公益诉讼，于法无据。现行法并未授权有关行政机关或其他机构对拒送人提起民事公益履职之诉。迄今为止，与拒送行为关系最密切的有关民事公益诉讼的法律规定是《未成年人保护法》第一百零六条关于人民检察院有权对侵犯未成年人合法权益的行为提起公益诉讼的规定。按照《中华人民共和国未成年人保护法释义》一书对该条的释义，该条中对监护人的起诉，是指其他依法具有监护资格的个人和组织（居民委员会、村民委员会、学校、医疗机构、妇女联合会、残疾人联合会、未成年人保护组织、民政部门等）根据《民法典》第三十六条的规定，向人民法院申请撤销监护人资格；该条中的公共利益，通常是指全体社会成员的共同利益和社会的整体利益，关系到不特定多数人的利益。如有的网络技术、产品和服务不符合网络保护的要求，有的食品、玩具、学习用品等严重危害未成年人身心健康，有的电影、图书、广播电视等含有影响未成年人身心健康的信息，也有的对未成年人保护负有监督管理职责的行政机关不作为等。（郭林茂，2021）[323-324] 按照上述释义，拒送人的拒送行为难以被认定为涉及公共利益，因而不应包括在可以提起民事公益诉讼的范围之内。诉讼制度属于法律保留的事项，只能由法律规定。在没有法律明确规定的前提下，有关行政机关或其他机构为了履行其保障国家义务教育制度实施的法定职责，按照自己的理解和法律以外的其他规范性文件的规定，对拒送人提起的诉讼，并不能当然地认为是公益诉讼。第三，尽管按照《民事诉讼法》第五十八条[①] 的规定，法律规定的机关和有关组织、人民检察院可以对损害社会公共利益的行为提起民事公益诉讼，但是，拒送人的拒送行为损害的只是由其监护的适龄儿童少年接受义务教育的权利，并不涉及不特定多数儿童少年的合法权益，故拒送行为不应被认定为损害社会公共利益的行为，对拒送行为的起诉不符合提起民事公益诉讼的条件。另外，即使对拒送行为的起诉符合提起民事公益诉讼的条件，按照《立法法》第一百零三条[②] 规定的法律适用规则，对拒送人的拒送行为，也应当由乡镇人民政府、县级教育行政部门适用《义务教育法》第五十八条的特别规定予以处理，而不应由有关机关和组织、人民检察院适用《民事诉讼法》第五十八条、《未成年人保护法》第一百零六条的规定，提起监护人履职的民事公益诉讼。第四，有关行政机关或其他机构既与拒送人没有民法上的直接利害关系，又不能依法对拒送人提起民事公益诉讼，因而其起诉拒送人只能基于不为私利而为义务教育制度实施的动机。除非有法律的特别规定，不因私利的起诉动机不仅不能证明起诉人是适格的原告，相反证明起诉人不具有原告资格。最高人民法院在（2018）最高法行申 1576 号案中对不因私利的起诉动机与原告是否适格

---

① 该条规定："对污染环境、侵害众多消费者合法权益等损害社会公共利益的行为，法律规定的机关和有关组织可以向人民法院提起诉讼。人民检察院在履行职责中发现破坏生态环境和资源保护、食品药品安全领域侵害众多消费者合法权益等损害社会公共利益的行为，在没有前款规定的机关和组织或者前款规定的机关和组织不提起诉讼的情况下，可以向人民法院提起诉讼。前款规定的机关或者组织提起诉讼的，人民检察院可以支持起诉。"

② 该条规定："同一机关制定的法律、行政法规、地方性法规、自治条例和单行条例、规章，特别规定与一般规定不一致的，适用特别规定；新的规定与旧的规定不一致的，适用新的规定。"

之间的关系有精辟的论述。① 虽然该案是行政诉讼案件而非民事诉讼案件，但其关于不为私利的起诉动机不能证明原告适格的阐述，也适用于行政机关或其他机构对拒送人提起民事诉讼原告适格性的判断。尚且不论未成年人保护公益诉讼是否应当包括对拒送人提起的民事公益履职之诉，即使可以提起民事公益履职之诉，按照《未成年人保护法》第一百零六条的规定，也只能由人民检察院提起，而不应由有关行政机关或其他机构提起。那些将人民检察院以外的有关行政机关或其他机构起诉拒送人的案件冠以公益诉讼的观点和做法，在 2020 年修订通过《未成年人保护法》之前没有法律依据，在这之后则与该法第一百零六条关于未成年人保护公益诉讼只能由人民检察院提起的规定相悖，显然不成立。

（2）监护人履职之诉不属于人民法院的受案范围。《民事诉讼法》第一百二十二条规定的起诉必须符合的第四个条件是"属于人民法院受理民事诉讼的范围和受诉人民法院管辖"。除法律另有规定外，人民法院受理民事诉讼的范围与民法调整的对象是一致的（刘亚林，1997）。民法调整的是平等主体之间的人身关系和财产关系。行政机关为履行其保障义务教育制度实施的法定职责而对适龄儿童少年的监护人履行送学义务所实施的行为，是行政行为，行政机关是行政主体，监护人是行政相对人。行政机关与拒送人之间不是平等主体的关系，而是行政主体与行政相对人的行政法律关系；行

---

① 该案裁定书的裁判理由部分内容如下。本院认为：再审申请人毕梅玲是一位年届六旬的人民教师，她提起本案诉讼，是请求确认登封市政府与清华园学校签订的《登封清华园学校项目合同》违法无效，因为依据该合同，"登封市政府将公办学校老师配备到民办的清华园学校任教，侵犯了登封市人民的利益"；"被分配到清华园学校的老师一人获得两份报酬，违反了按劳分配原则，损害国家利益"；"登封市政府干涉公办学校的用人自主权，造成公办学校学生受教育权受到侵犯"……展读诉状，我们对这位老教师的义举心生敬意，也毫不怀疑她"不为一己私利"的动机，但是，也正是因为她提起诉讼"不为一己私利"，才不符合《行政诉讼法》规定的起诉条件。按照《行政诉讼法》第二条第一款的规定，只有自己的合法权益受到行政机关和行政机关工作人员的行政行为侵犯的，才能提起行政诉讼。《行政诉讼法》第二十五条第一款规定的原告资格，也要求与行政行为"有利害关系"。如果不是为救济自己的权益而提起诉讼，除法律明确规定的公益诉讼等特殊情形外，原则上均不能受理。本案中，再审申请人无论是主张"登封市人民的利益""国家利益"，还是"公办学校学生受教育权"，均不属于她自己的利益，原审法院驳回其起诉，符合法律规定。高度重视农村义务教育，办好人民满意的教育，既是人民的期盼，也是各级人民政府及其教育行政机关义不容辞的职责。虽然再审申请人的再审申请本院难以支持，但不能通过诉讼解决，并不妨碍通过其他法定途径表达诉求。

政机关或学校等其他机构与拒送人之间也不存在人身、财产上的利害关系，因而行政机关或其他机构起诉拒送人的拒送行为不属于人民法院的受案范围。云南省梁河县人民法院（2020）云 3122 民初 193 号至 196 号、282 号及（2021）云 3122 民初 655 号、656 号、658 号共 8 起乡镇人民政府提起的监护人履职之诉案件及云南省德宏傣族景颇族自治州中级人民法院（2020）云 31 民终 123 号至 127 号、307 号至 310 号、484 号、485 号共 11 起乡镇人民政府提起的监护人履职之诉二审案件，两级法院均认为乡镇人民政府的起诉不属于民法调整的范围和人民法院受理民事诉讼的范围。笔者检索到的其他监护人对负有送学职责的监护人提起的监护人履职之诉案件，受诉法院的裁判理由有三种：第一种理由是负有送学职责的监护人不履行送学职责的行为，应当由乡镇人民政府或县级人民政府教育行政部门根据《义务教育法》的规定处理，起诉人的起诉不属于人民法院民事案件的受案范围；第二种理由是公民受教育权非民事法律规范调整的范畴，因此，起诉人的起诉不属于人民法院民事诉讼的受案范围；第三种理由是未成年人受教育权的保障不属于人民法院的受案范围。第一种理由的案件如上海市松江区人民法院在（2014）松受初字第 7 号裁定书中认为：根据《义务教育法》的规定，适龄儿童、少年的父母或者其他法定监护人无正当理由未依照该法规定送适龄儿童、少年入学接受义务教育的，由当地乡镇人民政府或者县级人民政府教育行政部门给予批评教育，责令限期改正，故起诉人的起诉不属于人民法院民事案件的受理范围，遂裁定不予受理。又如安徽省宿松县人民法院在（2017）皖 0826 民初 906 号裁定书中认为：根据《义务教育法》的规定，适龄儿童、少年有接受义务教育的权利。各级人民政府及其有关部门有履行保障适龄儿童、少年接受义务教育的权利的职责。适龄儿童、少年的父母或者其他法定监护人无正当理由未依照该法规定送适龄儿童、少年入学接受义务教育的，由当地乡镇人民政府或者县级人民政府教育行政部门给予批评教育，责令限期改正。因此，对于原告的诉讼请求，属于人民政府的职责范围，不属于人民法院受理民事诉讼的范围，故裁定驳回起诉。第二种理由的案件如刁 × × 起诉李 × × 一案，刁 × × 请求判令李 × × 即日起让孩子复学。天津市和平区人民法院在（2017）津 0101 民初 1885 号裁定书中认为，起诉人的起诉不属于民事诉讼受理范围，故裁定不予受理。刁 × × 不服，提起上诉。天津市第一中级人民法院以上诉人刁××起诉主张的内容不属于人民法院受理民事诉讼的范围，一审法院裁定对上诉人刁××的起诉不予受理并无不妥为由，作出（2017）津 01 民终 3662 号裁定，驳回刁××的上诉，维持原裁定。刁××仍不服，向天津市高级人民法院申请再审。该院在（2017）津民申 1068 号裁定书中认为，公民受教育的权利非民事法律调整的范畴，因此刁××的起诉，不属于人民法院受理民事诉讼的范围，原两审法院对刁××的起诉不予受理，并无不当，故驳回刁××的再审申请。第三种理由的案件如原告许某起诉要求被告国某为婚生儿子许某某办理入学手续一案，山东省乐陵市人民法院在（2015）乐民初字第 1396 号裁定书中认为，原告起诉要求被告为孩子办理入学手续，认为被告抚养孩子期间侵害了孩子的合法权益，原告可起诉变更孩子抚养权，要求被告支付抚养费；原告起诉要求被告为孩子办理入学手续，此诉求不属于法院的受案范围，故裁定驳回原告的起诉。许某不服，向山东省德州市中级人民法院提起上诉。该院在（2016）鲁 14 民终 1079 号裁定书中认为，在上诉人并不主张变更许某某抚养权的前提下，未成年人受教育权的保障并不属于人民法院的受理范围，上诉人应通过其他途径另行解决，故驳回上诉，维持原裁定。上述其他监护人提起的监护人履职之诉案件的裁判理由及结果进一步证明，监护人履职之诉不属于人民法院受理民事诉讼的范围。

2. 提起监护人变更之诉不符合《国办加强控辍保学通知》的要求及《义务教育法》《行政强制法》《未成年人保护法》等法律的规定

（1）有些地方通告中规定的提起监护人变更之诉的前提条件不符合《国办加强控辍保学通知》规定的前提条件。该通知规定的"由司法部门依法发放相关司法文书"的前提条件，是适龄儿童少年的监护人经乡镇人民政府或县级教育行政部门批评教育、责令限期改正后，逾期不改。而有些地方主张的提起监护人变更之诉的前提条件，是监护人不履行法定监护责任，并未明确监护人不履行监护责任所处的阶段，因而与《国办加强控辍保学通知》规定的前提条件不符。拒送行为虽然发生于行政机关采取批评教育、责令限期改正的行政管理措施之前，但只有持续至这之后才有必要采取司法途径进行治理。按照有些地方在通告中的规定，只要监护人不履行法定监护责任，就可提起监护人变更之诉，这显著扩大了《国办加强控辍保学通知》规定的前提条件。

（2）在乡镇人民政府、县级教育行政部门对拒送人采取批评教育、责令限期改正及向人民法院申请执行责令送学决定之前，即由有关机构提起监护人变更之诉，有违《义务教育法》《行政强制法》的规定及行政权和司法权分离原则。按照《义务教育法》第五十八条的规定，对拒送人进行批评教育、责令限期改正，是乡镇人民政府或县级教育行政部门的法定职责。对乡镇人民政府或县级教育行政部门作出的责令送学决定，拒送人在法定期限内不申请行政复议或者提起行政诉讼，又不履行的，乡镇人民政府、县级教育行政部门应按照《行政强制法》第十三条第二款和第五十三条的规定①，申请人民法院强制执行。除有法定事由外，行政机关不能放弃其法定职责，放弃即失职。行政机关在未尽对拒送人采取批评教育、责令限期改正、申请执行责令送学决定等职责前，转而通过有关机构对拒送人提起监护人变更之诉，不仅违反《义务教育法》第五十八条、《行政强制法》第五十三条的规定，而且违反了行政权和司法权分离的原则。

（3）提起监护人变更之诉只能追究拒送人的民事责任，不能追究拒送人的其他责任，不符合违法必究原则。前文已述，拒送行为既是民事违法行为，也是行政违法行为，乡镇人民政府或县级教育行政部门应当追究其行政责任。有关机构提起监护人变更之诉的，法院按照《民法典》第三十六条第一款"监护人有下列情形之一的，人民法院根据有关个人或者组织的申请，撤销其监护人资格，安排必要的临时监护措施，并按照最有利于被监护人的原则依法指定监护人：（一）实施严重损害被监护人身心健康的行为；（二）怠于履行监护职责，或者无法履行监护职责且拒绝将监护职责部分或者全部委托给他人，导致被监护人处于危困状态；（三）实施严重侵害被监护人合法权益的其他行为"的规定，只能追究撤销拒送人监护人资格的民事责任，而不能追究其行政责任，有关地方通告中所称"依法追究不履行监护职责的责任"只能部分实现。这既是乡镇人民政府、县级教育行政部门失

---

① 《行政强制法》第十三条第二款规定："法律没有规定行政机关强制执行的，作出行政决定的行政机关应当申请人民法院强制执行。"第五十三条规定："当事人在法定期限内不申请行政复议或者提起行政诉讼，又不履行行政决定的，没有行政强制执行权的行政机关可以自期限届满之日起三个月内，依照本章规定申请人民法院强制执行。"

职，也是对拒送人拒送行为的放纵。同时，如在适龄儿童少年没有其他具有监护资格的人的情况下，有关机构提起监护人变更之诉，则只能由民政部门或者居民委员会、村民委员会担任监护人①，从而将本应由拒送人承担的监护责任转嫁给上述机构监护人，增加了不必要的财政负担。

（4）人民检察院提起监护人变更之诉于法无据，其只能提起与拒送行为有关的行政公益诉讼。按照《未成年人保护法》第一百零六条的规定，检察院有权针对侵犯未成年人合法权益的行为提起民事公益诉讼和行政公益诉讼（郭林茂，2021）[324]。但这并不意味着人民检察院对每一种侵犯未成年人合法权益的行为都可以选择提起民事公益诉讼或者行政公益诉讼。如前所述，拒送人的拒送行为并不损害社会公共利益，故不应对其提起公益诉讼。因拒不履行送学职责而提起的监护人变更之诉，通常只适用于两种情形：一是在乡镇人民政府或县级教育行政部门采取法律规定的所有措施即尽职尽责后，拒送人仍不履行送学职责的；二是适龄儿童少年的监护人出于客观原因不能履行监护职责且不愿意变更监护人的。在未穷尽法律规定的措施之前，就对拒送人提起监护人变更之诉，客观上为拒送人开启了一条逃避监护职责的道路，虽然拒送人也会付出失去监护资格的代价。况且，按照特别规定优于一般规定的法律适用规则，对拒送人的拒送行为，不应由人民检察院适用《民法典》第三十六条、《未成年人保护法》第一百零六条的规定，提起变更监护人的民事公益诉讼，而应由乡镇人民政府、县级教育行政部门适用《义务教育法》的特别规定予以处理。

虽然拒送人的拒送行为不损害社会公共利益，但是，因义务教育是国家必须予以保障的公益性事业，关系到国家和民族的未来及社会的整体利益，关系到不特定的适龄儿童少年接受义务教育的权利，故放任不特定多数人拒绝送学的行为即有关行政机关不制止、不纠正不特定多数人拒送行为的不作为，应当被认定为涉及公共利益。县级教育行政部门、乡镇人民政府不履行《义务教育法》第十三条第一款规定的组织和督促适龄儿童、少年入学，采

---

① 按照《民法典》第三十二条"没有依法具有监护资格的人的，监护人由民政部门担任，也可以由具备履行监护职责条件的被监护人住所地的居民委员会、村民委员会担任"的规定，在适龄儿童少年没有其他具有监护资格的人的情况下，只能由民政部门或者居民委员会、村民委员会担任监护人。

取措施防止适龄儿童、少年辍学的职责，且经检察建议督促仍然没有依法履行职责的，人民检察院应当根据《未成年人保护法》第一百零六条的规定，对不作为的县级教育行政部门、乡镇人民政府提起行政公益诉讼。① 在 2020 年 10 月 17 日修订通过现行的《未成年人保护法》之前，江苏、山东等地已有基层检察院依据《行政诉讼法》第二十五条第四款② 的规定，探索将有关行政机关不依法履行控辍保学职责的行为纳入行政公益诉讼的范围，向辖区内未依法履行控辍保学法定职责的县级教育行政部门和乡镇人民政府发出了督促履行职责的公益诉讼诉前检察建议，后因收到检察建议的行政机关履行了法定职责，检察机关依法未提起行政公益诉讼。③ 与上述做法形成鲜明对比的是，进行探索的基层检察院并未依据 2017 年修改后的《民事诉讼法》第五十五条第二款④ 的规定，对拒送人提起民事公益诉讼。

　　综上所述，无论是在现行《未成年人保护法》第一百零六条规定人民检察院有权提起未成年人保护公益诉讼之前还是之后，人民检察院均不能对拒送人提起监护人变更的民事公益诉讼。

（三）对行政机关申请非诉行政执行的合法性考察

　　《最高人民法院关于适用〈中华人民共和国行政诉讼法〉的解释》第

---

　　① 　根据《人民检察院公益诉讼办案规则》第八十一条 "行政机关经检察建议督促仍然没有依法履行职责，国家利益或者社会公共利益处于受侵害状态的，人民检察院应当依法提起行政公益诉讼" 的规定，不履行《义务教育法》规定的保障义务教育制度实施职责的行政机关，在接到检察机关的检察建议后，依法履行职责的，则人民检察院不必对其提起行政公益诉讼；仍不履行职责的，则人民检察院应当对其提起行政公益诉讼。

　　② 　该款规定："人民检察院在履行职责中发现生态环境和资源保护、食品药品安全、国有财产保护、国有土地使用权出让等领域负有监督管理职责的行政机关违法行使职权或者不作为，致使国家利益或者社会公共利益受到侵害的，应当向行政机关提出检察建议，督促其依法履行职责。行政机关不依法履行职责的，人民检察院依法向人民法院提起诉讼。"

　　③ 　如 2019 年 6 月，江苏省沭阳县人民检察院向该县教育局和部分乡镇人民政府发出公益诉讼诉前检察建议，督促教育局及部分乡镇人民政府依法履行 "控辍保学" 职责（卢志坚 等，2020）。再如 2019 年 11 月，山东省枣庄市山亭区人民检察院分别向该区教体局、各镇（街道）发送了行政公益诉讼诉前检察建议（佚名，2020）。

　　④ 　该款规定："人民检察院在履行职责中发现破坏生态环境和资源保护、食品药品安全领域侵害众多消费者合法权益等损害社会公共利益的行为，在没有前款规定的机关和组织或者前款规定的机关和组织不提起诉讼的情况下，可以向人民法院提起诉讼。"

一百五十五条第一款规定:"行政机关根据行政诉讼法第九十七条的规定申请执行其行政行为,应当具备以下条件:(一)行政行为依法可以由人民法院执行;(二)行政行为已经生效并具有可执行内容;(三)申请人是作出该行政行为的行政机关或者法律、法规、规章授权的组织;(四)被申请人是该行政行为所确定的义务人;(五)被申请人在行政行为确定的期限内或者行政机关催告期限内未履行义务;(六)申请人在法定期限内提出申请;(七)被申请执行的行政案件属于受理执行申请的人民法院管辖。"乡镇人民政府或者县级教育行政部门申请执行其对拒送人作出的责令送学决定,不难符合以上七个条件中的后五个条件,但是否符合前两个条件,可能会有争议。下文着重探讨责令送学决定是否符合前两个条件。只要符合前两个条件,申请执行责令送学决定就具有合法性。

1. 责令送学决定属于依法由人民法院执行的行政行为

1989 年通过的《行政诉讼法》第六十六条以及 2014 年、2017 年修改后的《行政诉讼法》第九十七条均规定,公民、法人或者其他组织对行政机关作出的行政行为在法定期限内不提起诉讼又不履行的,行政机关可以申请人民法院强制执行,或者依法强制执行。按照《行政强制法》第十三条第二款和第五十三条的规定,并结合《义务教育法》《未成年人保护法》等法律并未授权作出责令送学决定的行政机关强制执行权的立法现状,责令送学决定属于依法由人民法院执行的行政行为。

2. 责令送学决定具有可执行内容

责令送学决定只需依法送达即可生效,故生效条件不必讨论,需重点关注的是其是否具有可执行内容。关于责令限期改正或责令改正决定是否具有可执行内容,学术研究不多。非诉行政执行程序具有鲜明的中国特色,在西方国家很难找到与我国非诉行政执行程序完全相同的制度(江必新,2015)[629],故少有这方面的域外经验可借鉴。因此,探讨责令限期改正或者责令改正决定是否具有可执行内容,应立足于现行法律的规定和我国有关责令限期改正或责令改正决定的非诉行政执行实践。责令限期改正或责令改正决定只有具有可执行内容,人民法院才可能裁定准予执行。如人民法院裁定准予执行责令限期改正或责令改正决定,则表明该决定具有可执行内容。有论者认为,责令改正决定中的责令改正环境违法行为属于可以申请人民法院强制执行的行政行为（刘岗　等，2008）。环境保护部《关于环保部门可以申请人民法院强制执行责令改正决定的复函》明确指出，责令改正决定属于具体行政行为的一种形式，根据《行政诉讼法》及其司法解释的规定，当事人逾期不申请行政复议、不提起行政诉讼又不履行责令改正决定的，环保部门可以向人民法院申请强制执行。司法实践中，除裁定准予执行责令改正环境违法行为的行政决定外，在城乡建设、税务、劳动、民政、住房公积金管理等领域，都有准予执行责令限期改正或责令改正决定的非诉行政执行裁定[①]，表明上述各领域的责令限期改正或责令改正决定具有可执行内容，否则法院不会裁定准予执行。

　　虽然对责令限期改正或责令改正决定是否具有可执行内容的学术研究不多，但学界对其法律性质的研究却不少。有论者将责令改正的法律性质总结为行政处罚、行政强制、行政命令、混合四种（刘依桐，2017）；也有论者将其总结为行政命令、行政处罚、行政强制、行政处理四种，并主张以行政处罚、行政处理共同构建责令改正行为性质"二分说"（胡佳宁，2021）。责令限期改正或责令改正的法律性质与其是否具有可执行内容有一定的关联性。如将责令改正的法律性质认定为行政处罚，则对其具有可执行内容不会有疑义。但如将其法律性质认定为行政命令，则可能对其是否具有可执行内容有不同意见。在（2021）豫1303行审120号裁定书中，河南省南阳市卧龙区人民法院认为，申请执行人南阳市城市综合执法局作出的宛综执城建罚决字〔2015〕第AA004-1号行政处罚决定符合法律规定，但是申请执行人申请执行的标的需要具备可执行性。该处罚决定第1项"责令改正"属于行政命令，不具有明确的可执行性，故不准予执行。在（2018）冀0803行审6号

---

① 城乡建设行政管理领域准予执行责令限期改正决定的裁定，如江苏省无锡市南长区人民法院（2015）南非诉行审字第23号裁定书；税务行政管理领域准予执行责令限期改正决定的裁定，如黑龙江省方正县人民法院（2015）方行执字第9号裁定书，该案的申请执行人是方正县地方税务局，被执行人是方正县人民检察院，执行依据是申请执行人作出的方地税改〔2015〕881144号责令限期改正通知书；劳动行政管理领域准予执行责令改正决定的裁定，如内蒙古自治区东乌珠穆沁旗人民法院（2016）内2525行审8号裁定书；民政行政管理领域准予执行责令限期改正决定的裁定，参见北京市第三中级人民法院（2020）京03行终285号裁定书中记载的一审查明事实部分；住房公积金管理领域准予执行责令限期改正决定的裁定，如广东省东莞市第一人民法院（2021）粤1971行审3665号裁定书，该案的执行依据是申请执行人东莞市住房公积金管理中心作出的东公积金责〔2020〕504号责令限期改正违法行为通知书。

裁定书中，河北省承德市双滦区人民法院认为，本案申请执行人作出的责令改正违法行为决定属于行政命令，具有执行内容，且执行标的和被执行人明确，属于具体的行政行为，故申请执行人可以申请执行。

笔者认为，责令限期改正或责令改正只是笼统的称谓，不必只看名称或形式而不看具体内容就对其是否具有可执行内容做出判断。作出责令送学决定的法律依据是《义务教育法》第五十八条的规定，该条规定的决定名称虽然是责令限期改正，但在实际工作中，乡镇人民政府或县级教育行政部门通常不会作出笼统的责令限期改正决定，而会在决定中写明具体的限期送学内容，即在决定主文中写明责令拒送人于某年某月某日前或某期间内将被监护人送至学校接受义务教育的内容。如云南省教育厅、云南省司法厅印发的《依法督促监护人送适龄儿童少年接受义务教育试行办法》附件 2 行政处罚决定书样式主文第 1 项写明：责令你于＿＿＿年＿＿＿月＿＿＿日前送被监护人到校接受义务教育。广西平南县《关于进一步加强和改进控辍保学工作实施方案》附件 6 的义务教育辍学行政处罚决定书主文第 2 项写明：责令你（们）于＿＿＿年＿＿＿月＿＿＿日前送被监护人返校复学。贵州省三穗县的《三穗县依法督促监护人送适龄儿童少年接受义务教育办法（试行）》附件 2 的行政处罚决定书样式主文第 1 项写明：责令你于＿＿＿年＿＿＿月＿＿＿日前送被监护人到校接受义务教育。又如云南省广南县人民法院（2018）云 2627 行审 50 号案中法院裁定准予执行的行政处罚决定书第 1 项内容，是责令被执行人于 2018 年 10 月 15 日前送被监护人田某到广南县旧莫乡昔板中心学校 9 年级 186 班接受义务教育。青海省化隆回族自治县人民法院（2019）青 0224 行审 5 号案中法院裁定准予执行的行政处罚决定书第 2 项内容，是责令被执行人 3 日内将被监护人马某送入学校就读。广西融水苗族自治县人民法院（2020）桂 0225 行审 2 号案中法院裁定准予执行的行政处理决定书的内容，是责令被执行人于 2019 年 11 月 6 日送蓝某到实验中学办理入学手续，依法接受并完成义务教育。在某些乡镇人民政府作为原告提起的监护人履职之诉案件中，原告作为证据提交的责令限期改正决定也有具体的限期送学内容。如云南省福贡县人民法院（2020）云 3323 民初 124 号案，原告在其作出的责令送被监护人接受义务教育通知书中，责令被告于 2019 年 11 月 6 日前送被监护人阿佑到校接受并完成义务教育；在其作出的行政处罚决定书中，责令被告于 2019 年 12 月 18 日前送被监护人阿佑到校接受义务教育，并处以罚款 200 元。云南省禄劝彝族苗族自治县人民法院（2020）云 0128 民初 1262 号案中，原告在其作出的行政处罚决定书中，责令被告王某某、吴某某于 2020 年 5 月 18 日前送被监护人王永德到校接受义务教育。按通常的认知，对罚款的行政处罚决定具有可执行内容不会有任何异议。但对于未写明罚款数额或者罚款数额不确定的处罚决定书，相信没有哪个法院会认为其具有可执行内容而裁定准予执行。如在河南省濮阳市华龙区人民法院（2021）豫 0902 行审 5 号案中，申请执行人作出的行政处罚决定书写明的罚款数额为：罚款肆仟元（￥：8000 元）。该院认为，申请执行人作出的行政处罚决定书罚款数额大小写不一致，罚款数额不确定，该处罚决定书不符合法律规定的强制执行条件，遂作出了不准予执行该处罚决定书的裁定。因此，判断责令限期改正决定是否具有可执行内容，应当着重审查其具体内容。具有可执行内容，是指行政行为确定了行政相对人特定作为、不作为义务或者金钱、财物给付义务，即行政行为只有确定了一定给付内容才具有可执行的内容。如果行政行为只是属于确认类或者形成类的行为（如确认自然资源所有权、使用权或注销、吊销相关证照等），则往往不具有可执行的内容（江必新，2015）[631-632]。作为责令限期改正具体内容的责令送学决定，确定了拒送人特定的作为义务即送学义务，显然具有可执行性。

　　上述考察表明，行政机关申请执行责令送学决定符合非诉行政执行的条件，具有合法性。

　　以上对治理拒送行为两条途径的合法性考察表明，有关行政机关或其他机构提起民事诉讼的途径不合法，只有行政机关申请非诉行政执行的途径符合法律规定。下文将对乡镇人民政府等行政机关申请执行责令送学决定如何实施予以探讨。

四、申请非诉行政执行的具体实施

　　为统一认识，使对拒送行为的治理合法、高效，有必要阐明作出责令送学决定的机关选择、法律依据、责令送学决定的种类及内容、申请先予执行、"裁执分离"等申请非诉行政执行的具体实施事项。

（一）申请执行人即作出责令送学决定的行政机关选择

《义务教育法》第五十八条规定乡镇人民政府及县级教育行政部门均可对拒送人作出责令送学决定。浙江省、四川省、青海省玉树藏族自治州等地方的地方性法规、单行条例还规定街道办事处也可作出责令送学决定[①]，在这些地方，街道办事处也可以成为申请执行人。笔者认为，应当按照高效、便利、经济原则，在乡镇人民政府、街道办事处与县级教育行政部门之间做出选择。多数情况下，由拒送人所在地的乡镇人民政府、街道办事处作出责令送学决定，并作为申请执行人，效率更高、更便利，也更经济。县级教育行政部门到拒送人所在的乡镇、街道调查取证、在法院裁定"裁执分离"情况下组织实施责令送学决定，所需时间、经济成本均高于乡镇人民政府、街道办事处。只有责令送学案件多发的乡镇、街道，乡镇人民政府、街道办事处难以快速办理的情况下，才考虑由县级教育行政部门分担部分责令送学案件，作出责令送学决定，并作为申请执行人申请非诉行政执行。

（二）作出责令送学决定的法律依据

前文对治理拒送行为的实务考察已然表明，除《义务教育法》第五十八条的规定外，有些地方的乡镇人民政府、县级教育行政部门等还将《义务教育法实施细则》《教育行政处罚暂行实施办法》第十一条及地方性法规的有

---

① 如 2021 年 9 月修正的《浙江省义务教育条例》第五十条规定："适龄儿童、少年的父母或者其他法定监护人无正当理由未依照本条例规定送适龄儿童、少年接受义务教育的，由乡镇人民政府、街道办事处或者县级人民政府教育主管部门给予批评教育，责令限期改正。"2014 年 5 月通过的《四川省〈中华人民共和国义务教育法〉实施办法》第六十一条规定："适龄儿童、少年的父母或者其他法定监护人无正当理由未依照本实施办法规定送适龄儿童、少年入学接受义务教育的，由当地乡镇人民政府、街道办事处或者县级人民政府教育行政部门给予批评教育，责令限期改正。"2020 年 3 月修订的《玉树藏族自治州义务教育条例》第二十八条规定："适龄儿童、少年的父母或者其他法定监护人违反本条例规定，不履行法定监护责任，无正当理由未送适龄儿童、少年入学接受义务教育或者造成辍学，不督促辍学的适龄儿童、少年及时复学的，由当地乡（镇）人民政府（街道办事处）或者县（市）人民政府教育行政部门给予批评教育，责令限期改正。"

关条款等作为作出责令送学、罚款决定的法律依据。《义务教育法实施细则》已被 2008 年国务院令第 516 号《国务院关于废止部分行政法规的决定》废止，故不能再作为责令送学、罚款决定的法律依据。1998 年发布的《教育行政处罚暂行实施办法》第十一条对拒送人罚款的规定，其上位法依据是当时即 1998 年有效的《义务教育法实施细则》第四十条可对拒送人处以罚款的规定。1996 年通过的《行政处罚法》第十二条规定："国务院部、委员会制定的规章可以在法律、行政法规规定的给予行政处罚的行为、种类和幅度的范围内作出具体规定。尚未制定法律、行政法规的，前款规定的国务院部、委员会制定的规章对违反行政管理秩序的行为，可以设定警告或者一定数量罚款的行政处罚。罚款的限额由国务院规定……"2009 年、2017 年两次修改《行政处罚法》时，均未修改该条的规定。2021 年修订通过的《行政处罚法》第十三条规定："国务院部门规章可以在法律、行政法规规定的给予行政处罚的行为、种类和幅度的范围内作出具体规定。尚未制定法律、行政法规的，国务院部门规章对违反行政管理秩序的行为，可以设定警告、通报批评或者一定数额罚款的行政处罚。罚款的限额由国务院规定。"按照《行政处罚法》的上述规定及《义务教育法》未对拒送行为规定行政处罚，且已规定了批评教育、责令限期改正的行政管理措施的事实，作为部门规章的《教育行政处罚暂行实施办法》第十一条显然超出了《义务教育法》的规定设定罚款的行政处罚。2000 年，中国人大网的法律问答之义务教育栏目对第一问题的回答中指出，《义务教育法》没有规定对拒送行为处以罚款，根据《行政处罚法》的规定，法规、规章等不能规定罚款，有关机关也不能对此种行为处以罚款（佚名，2000）。有学者指出，《教育行政处罚暂行实施办法》第十一条是 1986 年通过的《义务教育法》第十五条第一款"地方各级人民政府必须创造条件，使适龄儿童、少年入学接受义务教育。除因疾病或者特殊情况，经当地人民政府批准的以外，适龄儿童、少年不入学接受义务教育的，由当地人民政府对他的父母或者其他监护人批评教育，并采取有效措施责令送子女或者被监护人入学"规定中的"有效措施"的具体细化。在 2006 年《义务教育法》全面修订之后，有关行政机关对拒送人的处理措施便限定为"给予批评教育，责令限期改正"，此后一直未做修改而沿用至今，故此《教育行政处罚暂行实施办法》第十一条的规定相对于现行法律规范，扩张了行政机关的行政权限，增设了行政制裁手段，实质上与上位法相抵触，在行政执法中应当排除适用（余昊哲，2020）。对于与新的上位法相抵触的旧的实施性规定，法理上主张不应适用（郑磊，等，2014）。最高人民法院《关于审理行政案件适用法律规范问题的座谈会纪要》第二条关于"下位法不符合上位法的判断和适用"部分明确规定："下位法的规定不符合上位法的，人民法院原则上应当适用上位法。当前许多具体行政行为是依据下位法作出的，并未援引和适用上位法。在这种情况下，为维护法制统一，人民法院审查具体行政行为的合法性时，应当对下位法是否符合上位法一并进行判断。经判断下位法与上位法相抵触的，应当依据上位法认定被诉具体行政行为的合法性。从审判实践看，下位法不符合上位法的常见情形有：……下位法扩大行政主体或其职权范围……"《教育行政处罚暂行实施办法》第十一条的规定显然扩大了《义务教育法》规定的行政机关对拒送人进行行政管理的职权范围。最高人民法院发布的指导案例 5 号鲁潍（福建）盐业进出口有限公司苏州分公司诉江苏省苏州市盐务管理局盐业行政处罚案的裁判要点第 2 点指出：盐业管理的法律、行政法规对盐业公司之外的其他企业经营盐的批发业务没有设定行政处罚，地方政府规章不能对该行为设定行政处罚；裁判要点第 3 点指出：地方政府规章违反法律规定设定许可、处罚的，人民法院在行政审判中不予适用。从法律、行政法规均为国务院部门规章与地方政府规章上位法这一角度而言，部门规章超越法律、行政法规设定行政处罚的，人民法院在行政审判中也应当不予适用。按照上述司法政策的规定和指导性案例的裁判要点，《教育行政处罚暂行实施办法》第十一条的规定系违反《义务教育法》的规定而设定的行政处罚，故不应适用，即使行政机关适用，也因其与《义务教育法》的规定相抵触，人民法院应当认定据此作出的罚款决定违法而予以撤销或者不准予执行。近几年，教育部已安排《教育行政处罚暂行实施办法》的修改工作。如《教育部关于加强教育行政执法工作的意见》第十五条明确指出加快修订《教育行政处罚暂行实施办法》。教育部在 2020 年 8 月《对十三届全国人大三次会议第 7907 号建议的答复》中，再次明确抓紧修订完善《教育行政处罚暂行实施办法》等规章，加快推进教育治理体系和治理能力现代化。笔者相信该办法修改后不会保留对拒送人罚款的规定。

既然《教育行政处罚暂行实施办法》第十一条不应作为对拒送人处以罚款的法律依据，乡镇人民政府、县级教育行政部门等就不必在作出责令送学决定之前履行行政处罚事先告知程序，也不必在责令送学决定中告知拒送人享有听证权。

《义务教育法》第五十八条明确规定了责令限期改正的行政管理措施，足以作为作出责令送学决定的法律依据，作出责令送学决定的行政机关不必再援引其他法律、行政法规或者部门规章。在规定街道办事处可以对拒送人作出责令限期改正决定的地方，街道办事处在作出责令送学决定的时候，还应当同时援引其可以作出责令限期改正决定的规定作为法律依据。

（三）责令送学决定的种类及内容

按照全国人大常委会法制工作委员会对《义务教育法》第五十八条的释义，批评教育、责令限期改正并不是一种行政处罚，只是一种行政管理措施（信春鹰，2012）[181]。而且，前文已然阐明，《教育行政处罚暂行实施办法》第十一条规定的罚款处罚因违反上位法的规定而不应当适用，故乡镇人民政府、县级教育行政部门等依法不应对拒送人作出任何行政处罚决定，而只能作出责令送学决定。即使作出的决定名为行政处罚，内容为责令送学，也属于对责令送学的性质认识错误。按照实质重于形式原则，虽然以行政处罚决定命名的责令送学内容并不必然导致管辖法院裁定不准予执行，但也会引起对责令送学决定性质认识上的误区和法律实施上的困惑等不必要的麻烦，增加行政执法、司法成本。

有个别地方的单行条例规定，经批评教育拒不改正，或者经责令限期改正后拒不改正的，予以处罚。①1996 年《行政处罚法》第十四条、2021 年修

---

① 如 2008 年修改的青海省《果洛藏族自治州义务教育条例》第七十三条规定："适龄儿童、少年的父母或者其他法定监护人无正当理由未依照本条例规定送适龄儿童、少年入学接受义务教育的，由当地乡（镇）人民政府或县人民政府教育行政部门通过集中时间办法制培训班等形式，进行批评教育，责令限期改正。拒不改正的，采取行政和经济的办法予以处罚。" 2009 年修订的青海省《循化撒拉族自治县义务教育条例》第二十条规定："适龄儿童、少年的法定监护人无正当理由不送适龄儿童、少年入学接受完成义务教育的，由当地乡镇人民政府或县人民政府教育行政部门进行批评教育，责令限期改正。经教育拒不改正的，予以处罚，具体处罚办法由县人民政府制定。"

订通过的《行政处罚法》第十六条均规定，除法律、法规、规章外，其他规范性文件不得设定行政处罚。因此，不得依据单行条例对拒送人予以处罚。按照上文的阐述，这些民族自治地方的乡镇人民政府、县级教育行政部门等不得根据各地方的义务教育单行条例对拒送人作出行政处罚决定。

最高人民法院《关于行政案件案由的暂行规定》将行政处理与行政处罚、行政许可等并列为二级案由，将责令改正作为行政处理之下的三级案由，但未将责令限期改正规定为案由。按照最高人民法院在印发该暂行规定的通知中规定的"人民法院在确定行政案件案由时，应当首先适用三级案由；无对应的三级案由时，适用二级案由；二级案由仍然无对应的名称，适用一级案由"的案由确定规则，应将责令送学决定归入行政处理决定。为统一行政机关与法院的认识，提高申请执行责令送学决定的效率，乡镇人民政府或县级教育行政部门等应当对拒送人作出行政处理决定书。决定书主文的内容应当写明：责令×××（监护人姓名）于＿＿日内改正，即限于＿＿年＿＿月＿＿日前送×××（被监护人姓名）到××××（义务教育学校名称）接受并完成义务教育。

（四）申请先予执行

为使适龄儿童少年及时接受义务教育，拒送人不按行政处理决定书规定的期限送被监护人接受义务教育的，作出决定的行政机关应当尽快申请先予执行。

首先，申请先予执行是保障适龄儿童少年及时接受并高质量完成义务教育的需要。按照《行政强制法》第五十三条和第五十四条[①]的规定，作出责令送学决定的行政机关向法院申请执行责令送学决定需具备两个条件：一是拒送人在法定期限内不申请行政复议或者提起行政诉讼，又不履行该决定；二是拒送人经作出责令送学决定的行政机关送达催告书催告其履行十日后仍不履行送学职责。《义务教育法》未规定对责令送学决定申请行政复议或者

---

① 该条规定："行政机关申请人民法院强制执行前，应当催告当事人履行义务。催告书送达十日后当事人仍未履行义务的，行政机关可以向所在地有管辖权的人民法院申请强制执行；执行对象是不动产的，向不动产所在地有管辖权的人民法院申请强制执行。"

提起诉讼的期限，因此，申请复议的期限适用 2023 年 9 月 1 日修订通过的《行政复议法》第二十条规定的六十日，提起行政诉讼的期限适用《行政诉讼法》第四十六条第一款规定的六个月。从适龄儿童少年失学之日开始，到乡镇人民政府或县级教育行政部门等获报后立案调查、作出责令送学决定，再到责令送学决定规定的期限届满仍未履行，历时少则三四个星期，多则一两个月。如果再加上起草、签发、送达催告书及催告书送达后十日的期限，合计超出六七个星期的时间是常态。如此长时间的失学，肯定会影响学生的后续学习。如果等六个月的起诉期限届满后才向法院申请执行责令送学决定，失学学生耽误学业的时间就更长了。因此，为了义务教育制度真正落到实处，为了适龄儿童少年及时接受并高质量完成义务教育，对于未按行政处理决定书规定期限送学的监护人，行政机关应当申请先予执行。

其次，申请先予执行有法律依据且得到最高人民法院及有些地方法院的支持。关于行政机关申请先予执行行政决定的法律依据，有论者认为，在 2000 年起施行的《最高人民法院关于执行〈中华人民共和国行政诉讼法〉若干问题的解释》被废止前，是该解释第九十四条"在诉讼过程中，被告或者具体行政行为确定的权利人申请人民法院强制执行被诉具体行政行为，人民法院不予执行，但不及时执行可能给国家利益、公共利益或者他人合法权益造成不可弥补的损失的，人民法院可以先予执行……"的规定；在该解释被 2018 年施行的《最高人民法院关于适用〈中华人民共和国行政诉讼法〉的解释》废止后，则没有法律依据（唐伯明，2019）。也有论者认为，2014年修改后的《行政诉讼法》只规定了原告可以申请先予执行，并未规定行政机关可申请先予执行，因此，2000 年施行的司法解释第九十四条随着 2014年《行政诉讼法》的修改而失去了法律依据（罗智敏，2016）。笔者认为，2014 年修改后的《行政诉讼法》第一百零一条和 2021 年修改后的《民事诉讼法》第一百零九条的规定①，是行政机关申请先予执行的法律依据。主要理

---

① 2014 年修改后的《行政诉讼法》第一百零一条规定："人民法院审理行政案件，关于期间、送达、财产保全、开庭审理、调解、中止诉讼、终结诉讼、简易程序、执行等，以及人民检察院对行政案件受理、审理、裁判、执行的监督，本法没有规定的，适用《中华人民共和国民事诉讼法》的相关规定。" 2017 年修改该法时，未修改该条的序号及内容。2021 年修改后的《民事诉讼法》第一百零九条规定："人民法院对下列案件，根据当事人的申请，可以裁定先予执行：（一）追索赡养费、扶养费、抚养费、抚恤金、医疗费用的；（二）追索劳动报酬的；（三）因情况紧急需要先予执行的。"

由如下：第一，在2014年修改后的《行政诉讼法》增加第一百零一条之前，全国人大常委会法制工作委员会行政法室就认为非诉行政执行应当适用《民事诉讼法》有关执行的规定。该室对《行政强制法》第五十三条的释义中指出：我国《民事诉讼法》第三编规定了相对完备的"执行程序"，人民法院的"非诉行政执行"除适用《行政强制法》《行政诉讼法》和有关司法解释的规定外，应当参照适用《民事诉讼法》的有关规定（全国人大常委会法制工作委员会行政法室，2011）[196]。在2014年修改后的《行政诉讼法》增加第一百零一条的规定之后，有关非诉行政执行更应当适用《民事诉讼法》有关执行的规定。第二，最高人民法院2020年5月发布的依法严惩侵害未成年人权益典型案例之7青海省化隆回族自治县扎巴镇人民政府申请执行义务教育行政处罚决定书案表明，其对非诉行政执行准用《民事诉讼法》有关执行的规定持肯定态度。该案中，因被执行人拒不履行执行法院作出的准予执行行政决定裁定，执行法院于2019年对被执行人之一马某哈作出了拘留十五日的决定。对于非诉行政执行案件被执行人拒不履行准予强制执行行政决定裁定的行为，《行政诉讼法》及其司法解释并未明文规定执行法院可以采取拘留措施。2021年修改前即法院作出拘留决定时的《民事诉讼法》第一百一十一条第一款第六项规定，执行法院可对拒不履行生效判决、裁定的被执行人予以拘留。由此可见，如果不援引《行政诉讼法》第一百零一条的规定，无论如何不能因为被执行人拒不履行准予执行责令送学决定的裁定而对其予以拘留。第三，一些地方法院在其裁判文书中，明确指出《行政诉讼法》第一百零一条是行政机关申请先予执行的法律依据。如河南省高级人民法院在其（2019）豫行申224号裁定书的裁判理由部分指出："关于余耀江、余祖权所反映的重新作出决定后可能产生的复议、诉讼等期限耽误问题，可依照《中华人民共和国行政诉讼法》第一百零一条、《中华人民共和国民事诉讼法》第一百零六条第二项的规定，在新的处理决定送达后，向作出决定行政机关所在地的基层法院申请先予执行。"江西省金溪县人民法院在其（2020）赣1027行审1号案中，裁定准予先予执行所援引的法律依据就是《行政诉讼法》第一百零一条、《民事诉讼法》第一百零六条。云南省砚山县人民法院在其（2020）云2622行审23号案中，裁定准予先予执行所援引的法律依据中，也包括《行政诉讼法》第一百零一条、《民事诉讼法》

第一百零六条①。

在决定是否申请先予执行之前，作出责令送学决定的行政机关应当考虑学校放寒假、暑假的时间。如果已临近寒暑假，则不必申请。即使申请，也因客观上不能履行而得不到法院的支持。

（五）"裁执分离"

现行法律并未规定"裁执分离"。但为使适龄儿童少年尽快接受义务教育，行政机关应主动提出"裁执分离"，由执行法院决定是否"裁执分离"。

1. 行政机关主动提出"裁执分离"

首先，对责令送学决定实行"裁执分离"具有现实必要性。按照《最高人民法院关于适用〈中华人民共和国行政诉讼法〉的解释》第一百五十七条第一款②的规定，申请执行责令送学决定由基层人民法院管辖。基层法院案多人少是普遍现象。笔者于 2022 年 1 月 13 日在北大法宝司法案例检索系统检索发现，云南省广南县人民法院 2020 年作出非诉行政执行裁定 169 份，其中执行责令送学决定的非诉行政执行裁定 70 份。这么大数量的非诉行政执行案件，如全部由法院组织执行，怎么可能让失学的适龄儿童少年快速到校接受义务教育？为尽快让失学的适龄儿童少年到校接受义务教育，有必要由法院在裁定准予执行责令送学决定的同时，明确裁定由作出责令送学决定的行政机关组织实施。法院裁定、行政机关组织实施，不仅快捷，进而保障适龄儿童少年及时接受义务教育，而且绝大多数情况下作出决定的行政机关离拒送人住地及为适龄儿童少年提供义务教育的学校更近，因而由其组织实施还可节省财政支出。

其次，"裁执分离"有司法政策引领和司法实践经验支持，具有可行性。《最高人民法院关于在征收拆迁案件中进一步严格规范司法行为积极推进"裁执分离"的通知》第三条要求各级法院积极拓宽"裁执分离"适用范围，

---

① 以上提及的与先予执行有关的三个案例中的《民事诉讼法》第一百零六条，是指 2021 年修改前的《民事诉讼法》第一百零六条，2021 年修改后，条文序号已调整为第一百零九条。

② 该款规定："行政机关申请人民法院强制执行其行政行为的，由申请人所在地的基层人民法院受理；执行对象为不动产的，由不动产所在地的基层人民法院受理。"

以践行立法机关提出给相关改革探索"留有空间"的意见和中央有关部门对法院工作的相关建议，并明确指出"今年以来，浙江省高级人民法院在省委、省政府的大力支持下出台相关规定，明确将'裁执分离'扩大至征收集体土地中的房屋拆迁、建筑物非法占地强制拆除等非诉案件和诉讼案件，该做法值得推广和借鉴"。2021年11月在司法部网站公开的《司法部对十三届全国人大四次会议第4259号建议的答复》，指出了"裁执分离"政策的出台背景和持续推进的趋势。①《中华人民共和国行政诉讼法及司法解释条文理解与适用》一书指出："裁执分离"不仅是房屋征收补偿，也是其他行政执行领域的发展方向……中央综合治理委员会等有关机关也明确建议最高人民法院不断拓展"裁执分离"的适用范围（江必新，2015）[619]。一些地方的高级法院印发的有关非诉行政执行的司法文件，将"裁执分离"的适用范围从征收拆迁案件拓展至其他案件。如《浙江省高级人民法院关于推进和规范全省非诉行政执行案件"裁执分离"工作的纪要（试行）》第三条以及《福建省高级人民法院关于审查和执行非诉行政案件的指导意见》第三十条均明确规定，"裁执分离"可以适用于人民法院与相关行政机关协商一致后同意实施"裁执分离"的案件。有论者指出，就目前的实践运行情况而言，"裁执分离"模式已经在不同程度上从规定的国有土地房屋征补领域扩大到土地非诉领域，以及环保、水利等领域（李洁 等，2020）。一些地方的中级、基层法院已将"裁执分离"适用于责令送学决定及其他领域的非诉行政执行案件。如海南省第二中级人民法院（2018）琼97行审10号案中，责令"儋州那大洛基杨子龙木材加工厂停止生产"的处罚事项由儋州市生态环境保护局组织实施；云南省广南县人民法院2019年11月至2020年共裁定准予执行责令送学决定的案件84起，均实行"裁执分离"，由申请执行人组织实施责令送

---

①　司法部在该答复中指出：2012年，经中央政法委协调有关部门，最高人民法院出台了《关于办理申请人民法院强制执行国有土地上房屋征收补偿决定案件若干问题的规定》。其中第九条规定："人民法院裁定准予执行的，一般由作出征收补偿决定的市、县级人民政府组织实施，也可以由人民法院执行。"……2019年，最高人民法院行政庭以个案批复的形式明确，在集体土地征收、房屋拆除等领域，可参照前述国有土地上房屋征收的"裁执分离"模式执行。最高人民法院一直持续推进"裁执分离"制度在行政案件中的适用。全国人大法律委员会在《中华人民共和国行政强制法》的审议报告中指出，关于由法院作裁定、行政机关组织实施的"裁执分离"强制执行模式，可以给人民法院的改革探索留有空间。

学决定；山东省临沂市兰山区人民法院（2021）鲁 1302 行审 49 号案中，没收行政处罚决定中确定的"没收证据先行登记保存决定书（20202001）载明的物品"由临沂市兰山区卫生健康局组织实施。上述地方法院的做法表明，对申请执行责令送学决定的案件，采取"裁执分离"是可行的。

既然"裁执分离"有现实必要性、司法政策引领和司法实践经验支持的可行性，就应当在执行责令送学决定的非诉行政案件中推行。笔者建议，作出责令送学决定的行政机关在向法院提交的强制执行申请书中应写明，如法院认为必要，可由申请执行人组织实施责令送学决定，以省却行政机关与法院的协商程序，提高法院审查并作出裁定的效率。法院收到申请书后，可决定是否有必要在本案中实施"裁执分离"：如其认为自己有能力尽快组织执行，则不必"裁执分离"；否则，应当"裁执分离"。

2."裁执分离"的实施

按照《行政诉讼法》《民事诉讼法》的有关规定，法院决定由行政机关组织实施的，法院和组织实施的行政机关应按以下要点实施。

（1）法院的主要职责及工作流程。①制作并送达法律文书。法院拟裁定准予执行责令送学决定且由行政机关组织实施的，应即制作裁定书、执行通知书。裁定书主文应写明：准予强制执行 ×××× 作出的 ×× 号行政处理决定书，由 ×××× 组织实施。执行通知书的主要内容包括：被执行人履行送学义务的期间，组织实施机关的名称，不按时送学可能面临罚款、司法拘留等法律后果并附相应的法律条文。然后将裁定书及执行通知书各两份送达申请执行人、各一份送达被执行人。②指导组织实施机关的实施工作。③对拒不履行裁定的被执行人按照法定程序予以罚款或拘留。

（2）组织实施机关的主要职责及工作流程。①收到法院的裁定书及执行通知书后，应即安排相关学校做好迎接被执行人送学的各项准备工作及对拟复学入学学生的安抚、补课等帮扶工作。②制作并送达督促送学通知书，督促被执行人按照法院裁定书和执行通知书的要求送学，同时写明法院裁定书主文及有关注意事项，并将法院的裁定书、执行通知书原件与督促送学通知书一并送达被执行人。③送达时，向被执行人宣讲不按法院的执行通知书执行的法律后果。④及时向法院报告执行工作中遇到的问题并执行解决办法。⑤建议法院对拒不履行裁定的被执行人采取司法制裁措施，并将能证明被执行人拒不履行裁定的证据提交给法院。⑥将被执行人已履行送学职责的情况或者经法院采取罚款、拘留等措施后，被执行人仍不履行送学职责的情况书面报告法院。

五、通过政策引领规范拒送行为治理

为避免治理拒送行为理论认识和实务做法上的混乱，统一认识，规范治理实践，提高治理效率，有必要由教育部商请最高人民法院研究制定关于规范治理拒送适龄儿童少年接受义务教育的指导意见，并由最高人民法院与教育部共同印发，引领乡镇人民政府、街道办事处、县级教育行政部门和基层法院规范拒送行为治理。该指导意见的核心内容包括两个部分：第一部分是前述有关申请非诉行政执行的具体实施事项，第二部分是对经强制执行仍拒不履行裁定的行为如何治理即后续治理。第一部分不再赘述，以下仅简要阐述后续治理的内容。

（一）统一由乡镇人民政府、街道办事处作为后续治理的主体

为便利后续治理工作开展，提高后续治理工作效率，拒送人经强制执行仍不履行裁定后，即使作出责令送学决定的是县级教育行政部门，也应当由乡镇人民政府或街道办事处接手后续的治理工作。

（二）督促、指导、支持其他监护人履行送学职责或依法变更监护人

对于经法院采取罚款、拘留等措施后，拒送人仍不履行裁定且未被追究刑事责任的，乡镇人民政府或街道办事处应当按照《民法典》关于监护的规定，督促、指导其他有监护资格① 且愿意履行送学职责的人与拒送人协商变

---

① 按照《民法典》第二十七条的规定，对适龄儿童少年而言，具有监护资格的人包括其父母、祖父母、外祖父母、兄、姐及经其住所地的居民委员会、村民委员会或者民政部门同意的其他愿意担任监护人的个人或者组织。

更监护人；协商不成的，应当协调村民委员会、居民委员会或者民政部门指定监护人。拒送人不同意协商变更或者指定的，乡镇人民政府或街道办事处应当按照《民事诉讼法》第十五条"机关、社会团体、企业事业单位对损害国家、集体或者个人民事权益的行为，可以支持受损害的单位或者个人向人民法院起诉"的规定，指导、支持最高人民法院等部门《关于依法处理监护人侵害未成年人权益行为若干问题的意见》第二十七条规定①的单位和人员，向人民法院申请撤销拒送人的监护人资格，并商请法院快审快判。法院应当尽快审理、判决，依法撤销拒送人的监护人资格，指定新的监护人，以使适龄儿童少年尽早入学或早日复学接受义务教育。

按照现行《刑法》关于拒不执行判决、裁定罪及相应的立法解释、司法解释的规定，被执行人仅仅以不作为方式拒不履行送学职责的行为不足以入刑。但是，如果被执行人实施侮辱、围攻、扣押、殴打执行人员，或毁损、抢夺执行公务车辆和其他执行器械、执行人员服装以及执行公务证件等行为，致使执行工作无法进行的，则会被追究刑事责任。拒送人因拒不执行裁定被刑事拘留、逮捕等而不能履行监护职责的，乡镇人民政府或街道办事处应即督促适龄儿童少年同一顺位的其他监护人履行送学职责；没有同一顺位的其他监护人的，督促下一顺位的监护人履行送学职责。除拒送人外，适龄儿童少年没有其他有监护资格的人的，乡镇人民政府应协调民政部门或具备履行监护职责条件的居民委员会、村民委员会担任监护人，并协调、支持新任监护人履行送学职责。

参考文献

茶莹，杨帆，杨墨，2020.助力控辍保学　严惩家暴犯罪　开展司法救助　云南法院全面推进未成年人司法保护工作［EB/OL］.（2020-05-29）［2021-11-07］. http://yngy.ynfy.gov.cn/fytz/172963.jhtml.

---

①　该条规定："下列单位和人员（以下简称有关单位和人员）有权向人民法院申请撤销监护人资格：（一）未成年人的其他监护人，祖父母、外祖父母、兄、姐，关系密切的其他亲属、朋友；（二）未成年人住所地的村（居）民委员会，未成年人父、母所在单位；（三）民政部门及其设立的未成年人救助保护机构；（四）共青团、妇联、关工委、学校等团体和单位。申请撤销监护人资格，一般由前款中负责临时照料未成年人的单位和人员提出，也可以由前款中其他单位和人员提出。"

褚宏启，1998.适龄儿童不上学该由谁来管［J］.中小学管理（12）：25.

褚宏启，何荣奎，1999.适龄儿童不接受义务教育的归责问题［J］.教学与管理（10）：17-18.

崔玲玲，2019.教育公益诉讼：受教育权司法保护的新途径［J］.东方法学（4）：138-149.

范履冰，2008.我国教育公益诉讼制度的建构探析［J］.现代法学（5）：159-166.

郭林茂，2021.中华人民共和国未成年人保护法释义［M］.北京：法律出版社.

国务院新闻办公室，2020.国新办举行决战决胜教育脱贫攻坚　实现义务教育有保障新闻发布会
　　［EB/OL］.（2020-09-23）［2021-10-14］.http://www.scio.gov.cn/xwfbh/xwbfbh/wqfbh/42311/43774/index.htm.

海南省高级人民法院，2021.海南高院发布 2020 年度十大典型案例［EB/OL］.（2021-02-08）
　　［2021-11-22］.http://www.hicourt.gov.cn/preview/article?articleId=f3ec8cf4-aacd-4ad4-
　　a0dd-489e6b255638.

胡佳宁，2021.行政法上责令改正问题研究［D］.沈阳：辽宁大学.

江必新，2015.中华人民共和国行政诉讼法及司法解释条文理解与适用［M］.北京：法律出版社.

蒋鸣湄，谢尚果，2021.控辍保学"官告民"案实践检视与走向［J］.广西民族大学学报（哲学社会
　　科学版）（6）：135-143.

李洁，周豪，2020.非诉行政执行裁执分离：从探索到完善［N］.人民法院报，2020-12-09（7）.

李军，胡尔西旦·卡哈尔，2018.家长不送子女接受义务教育刑事责任探析：以新疆为视角［J］.新
　　疆大学学报（哲学·人文社会科学版）（6）：40-44.

李军，娜迪拉，2017.教育民事公益诉讼相关问题研究：以新疆为视角［J］.社会科学研究（2）：
　　80-84.

李双红，2019.甘肃高院发布 2018 年全省法院十大案件［EB/OL］.（2019-01-23）［2021-11-
　　23］.http://www.chinagscourt.gov.cn/Show/29801.

林雪卿，1998.关于解决义务教育阶段学生辍学问题的法律思考［J］.江西教育科研（5）：44-47.

刘岗，屈宜跃，张建龄，2008.责令改正环境违法行为的强制执行［J］.内蒙古环境科学（6）：
　　16-18.

刘亚林，1997.对一起拒送子女接受义务教育案的法律思考［J］.人民司法（11）：39-41.

刘依桐，2017."责令改正"及其相关行政决定的性质认定［J］.东南大学学报（哲学社会科学版）
　　（S2）：13-17.

卢志坚，臧宏年，叶婷，2020.江苏沭阳：把"隐性辍学"这件事管了起来［N］.检察日报，
　　2020-08-10（6）.

罗智敏，2016.论行政行为的"先予执行"：从武汉拆迁案谈起［J］.中国政法大学学报（6）：
　　84-94.

潘申明，2009.比较法视野下的民事公益诉讼：兼论我国民事公益诉讼制度的建构［D］.上海：华东
　　政法大学.

裴德重，1999.关于义务教育的执法思考［J］.中国民族教育（6）：12-13.

全国人大常委会法制工作委员会行政法室，2011.《中华人民共和国行政强制法》释义与案例［M］.
　　北京：中国民主法制出版社.

唐伯明，2019.论被告申请"先予执行"被诉行政行为［J］.高等财经教育研究（2）：80-86.

王波，2015. 论适龄儿童不接受义务教育的归责及处理［J］. 法制与社会（2）：229–230.

温辉，2000. 拒送子女接受义务教育案件性质之我见［J］. 人民司法（4）：40–42.

文敏，2020. 义务教育公益诉讼制度研究［D］. 重庆：西南大学.

信春鹰，2012. 中华人民共和国义务教育法释义［M］. 北京：法律出版社.

佚名，2000. 某村的部分适龄儿童、少年没有入学接受义务教育，乡政府是否应该管？能否罚款？
［EB/OL］.（2000–12–17）［2022–01–07］. http://www.npc.gov.cn/npc/c2306/200012/e895bf673b3e4afe
aab45b674e25511f.shtml.

佚名，2011. 诉家长拒绝孩子接受义务教育案［J］. 教育（28）：41.

佚名，2020. "控辍保学"行政公益诉讼诉前检察建议　依法保障适龄少年儿童受教育权［EB/OL］.
（2020–11–09）［2022–2–10］. http://www.sdjcy.gov.cn/html/2020/djjcb_ywdt_1109/19140.html.

尹力，2008. 教育公益诉讼：受教育权利司法保障新进展［J］. 教育理论与实践（10）：20–24.

余昊哲，2020. 实践困境与路径选择：监护人违反"送学义务"的法律治理［J］. 天府新论（4）：
149–161.

张文凌，2020. 云南以司法保护接续求学梦　1046 名儿童重返校园［EB/OL］.（2020–05–30）
［2021–11–07］. https://baijiahao.baidu.com/s?id=1668115254094206846&wfr=spider&for=pc.

郑磊，卢炜，2014. "旧"下位法的适用性：以第 5 号指导性案例、第 13 号行政审判指导案例为焦
点［J］. 政治与法律（7）：94–104.

周彬，2003. 义务教育阶段学生辍学的法律分析［J］. 河南教育（10）：15–16.

最高人民法院民法典贯彻实施工作领导小组，2020. 中华人民共和国民法典总则篇理解与适用：上
［M］. 北京：人民法院出版社.

最高人民法院，2020. 最高人民法院发布依法严惩侵害未成年人权益典型案例［EB/OL］.（2020–05–18）
［2021–11–22］. http://www.court.gov.cn/zixun–xiangqing–229981.html.

File A Lawsuit or Apply for Enforcement: The Choice of Judicial Ways to Govern Guardians' Refusal to Send School-age Children and Adolescents to Receive Compulsory Education

Jiang Kaifu

Abstract: If the parents or other guardians don't send school-age children or adolescents to receive compulsory education without justifiable reasons and after the relevant administrative organ has made a decision on ordering the child or adolescent to be sent to school in accordance with law, but the guardians refuse to implement the decision, should the administrative organ file a lawsuit or apply for enforcement? The inspection of the legality of filing a lawsuit and applying for enforcement shows that application for enforcement is the legal way to govern the guardian's refusal to send school-age children or adolescents to receive compulsory education. In order to improve the effectiveness of governance, the paper also studies the specific implementation of application enforcement, and puts forward suggestions for regulating the governance of refusal to send school-age children and adolescents to receive compulsory education.

Key words: compulsory education refusal to send school-age children and adolescents to receive compulsory education governance filing a lawsuit applying for enforcement

作者简介

蒋开富，法学博士，广西现代法学研究院理事长，广西金和泰律师事务所律师，研究方向为诉讼法、行政法等。

□ 刘泽政

基于 CNKI 的教育政策评价研究现状分析

【摘　要】教育政策评价已从教育政策过程的末端评价逐渐发展为教育政策的全过程评价，是教育政策治理的重要环节。本文以中国知网学术期刊数据库教育政策评价研究文献为分析对象，对研究力量、研究主题和热点、研究方法进行梳理分析，总结出 20 余年来教育政策评价研究的概况与趋势：师范类高等院校成为教育政策评价研究主力，且研究机构间呈现多元交流合作态势；教育政策评价理论研究逐渐增多，本土化理论构建仍显不足；教育政策评价研究方法以定性研究为主，但混合研究逐渐增多，研究方法趋于多元化；教育政策评价研究主题相对集中，研究深度增强，但研究的延展性及广度有待拓展。未来仍需加强教育政策评价程序、评价理论本土化、评价结果应用、政策风险评估等方面的研究，且应更加注重研究方法的多元化。

【关键词】教育政策评价　中国知网　现状分析　文献计量

一、问题的提出

教育政策评价是对教育政策本身的合理性及其实施效

果做出价值判断，是我国教育评价的一个新领域（李伟涛，2002），教育政策评价研究也成为教育政策研究领域的前沿问题之一。在国家实施教育优先发展战略及推进教育现代化的背景下，国内学者聚焦教育政策评价理论和实践开展了大量的研究，发表了一大批关于教育政策评价研究的论文，对丰富教育政策研究理论、优化教育政策评价实践起到了重要的推动作用。深入开展教育政策评价研究，提升教育政策评价的有效性，对于发挥教育政策治理的工具价值具有重要意义。本文旨在对教育政策评价研究的研究力量和研究主题等进行分析，以反映教育政策评价研究的现状与问题，预判教育政策评价研究之趋势走向，进一步夯实教育政策评价研究的实践基础，催生新的理论生长点，为完善教育政策评价理论、构建更加科学有效的评价体系、校准教育政策偏差提供指导和借鉴。

二、研究设计与分析方法

（一）数据来源

本文的数据来源于中国知网（CNKI）学术期刊数据库中"北大核心""CSSCI""CSCD"目录期刊文献，检索数据截至2023年6月16日。由于评价、评估、评析三个概念含义相近，故本文统一以"教育政策评价"来指代"教育政策评估"及"教育政策评析"。此外，由于教育政策评价与教育政策监测、教育政策绩效、教育政策考察、教育政策检视、教育政策分析等概念具有强相关性，本文亦将上述概念纳入检索范围。在文献检索中，以"主题"为检索类别，分别检索以"教育政策"为主题并含"评价""评估""评析""监测""考察""绩效""分析""检视"的文献，分别获得文献528篇、484篇、154篇、93篇、67篇、111篇、1796篇、11篇。对所获文献进行合并去重后，再剔除会议通知、简讯、新闻等与教育政策评价无关的文献，最终获得170篇文献。

（二）研究工具

KH Coder 是一款具有强大文本数据挖掘（Text Mining）功能的开源软件，具有词频统计、词性分析、关键词检索、相似度计算、自动分类、自动聚类、摘要生产和可视化（如柱状图、折线图、网状图、散点图、气泡图、聚类分析树状图）等功能（程慧荣 等，2015）。

（三）研究方法

研究主要采用作者合作共现、关键词共现、计量分析、整合聚类等分析方法，绘制关键词词云图及共现图谱、作者合作共现图谱等，通过可视化网络图谱及统计图表，厘清国内教育政策评价研究现状，包括研究力量、主题分布、研究方法，并在此基础上探讨当前国内教育政策评价研究发展现状、不足及未来发展。

三、教育政策评价研究可视化分析

（一）文献统计

通过对 1999 年至 2023 年的教育政策评价研究文献发表量进行统计，发现年度发文量呈波动式增长趋势，且教育政策评价研究可被划分成四个发展阶段。起步阶段（1999—2005 年）：年度发文量少于 3 篇，6 年共 9 篇，表明该主题尚未引起学界的较大关注。快速发展阶段（2006—2011 年）：年度发文量快速上升，2011 年达到顶峰（15 篇）。2006 年起，我国开始发布《国家教育督导报告》，围绕教育重点工作进行全面客观的分析和评价（教育部，2020），由此教育政策评价成为研究热点，相关学术成果快速增多。发展受阻阶段（2012—2019 年）：与这一时期教育政策评价研究文献的数量呈上升趋势相反的是，发表在"北大核心""CSSCI""CSCD"

目录期刊上的高质量文献出现了波动式下降趋势，2018 年发文量触底，仅有 4 篇，这意味着教育政策评价研究出现了虚假繁荣景象，高质量成果发表遇到瓶颈。这与当时出现的"引进理论与本土研究不适应的问题"具有一定关系。企稳回升阶段（2020 年至今）：教育政策评价研究出现触底反弹，发文量保持高位。自党的十九大报告提出要健全依法决策机制以来，教育领域一些重大政策和规划也开始注重政策评估，教育部官网也转载了评论文章《教育决策科学化还须政策评估来问诊》（教育部，2018），足以说明教育部门对教育政策评价重要性的认同，这在一定程度上推动了教育政策评价研究。

（二）研究力量分析

1. 作者合作网络分析

本文通过 KH Coder 软件对发文量超过 2 篇的作者进行合作网络分析，形成了 7 个合作子网络（见图 1），其中，华东师范大学的范国睿、浙江大学教育学院的胡伶与天津职业技术师范大学职业教育学院的孙翠香形成了最大的合作子网络；其次，山东师范大学教育学院的杜文静与山东师范大学教育政策与管理中心的张茂聪也构成了较大规模的合作子网络；此外，陕西师范大学教育学院的白贝迩和宝鸡文理学院的司晓宏，曲阜师范大学教育科学学院的高庆蓬与东北师范大学的杨颖秀也构成了一定规模的合作子网络。总体来看，各机构学者合作研究的规模仍然处于较低水平，且合作组合相对固定，未出现某一作者与三位以上的学者合作超过两次的情况。

2. 机构发文及合作网络分析

本文对文献的发文机构（一级机构）进行了统计，数据显示，170 篇文献共涉及发文机构 102 个，主要以师范类高等院校为主。华东师范大学发文 23 篇，排名第一，占总文献数的 13.53%，该校 2013 年成立国家教育宏观政策研究院，重点开展国家宏观政策和教育发展战略研究，为教育政策研究及教育政策评价研究提供了良好的平台。北京师范大学的发文量为 14 篇，占比为 8.24%，北京师范大学于 2010 年成立中国教育政策研究院，

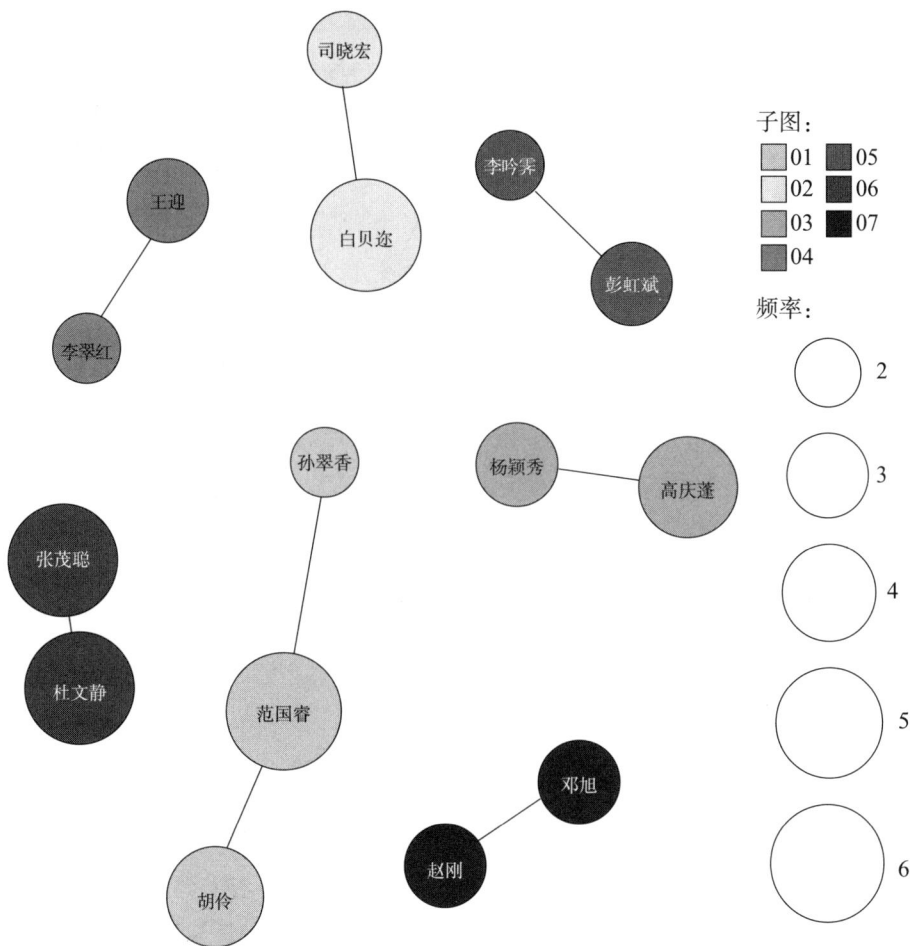

图 1　发文量 2 篇及以上作者合作共现图

且较早开设教育政策学与教育法学二级学科，培养和聚集了一大批教育政策研究的顶尖学者，为深化教育政策评价研究奠定了坚实的基础。发文 4 篇以上的机构有 10 个，发文量占比为 47.06%，说明教育政策评价研究成果产出集中度较高。

对发文量在 2 篇及以上的发文机构进行合作网络分析，如图 2 所示，教育政策评价研究机构共呈现出 9 个合作子网络。其中，华东师范大学、浙江师范大学、浙江大学等机构形成了发文量最大的机构合作子网络。北京师范大学与中国人民大学、中国矿业大学等均有合作，形成了第二大合

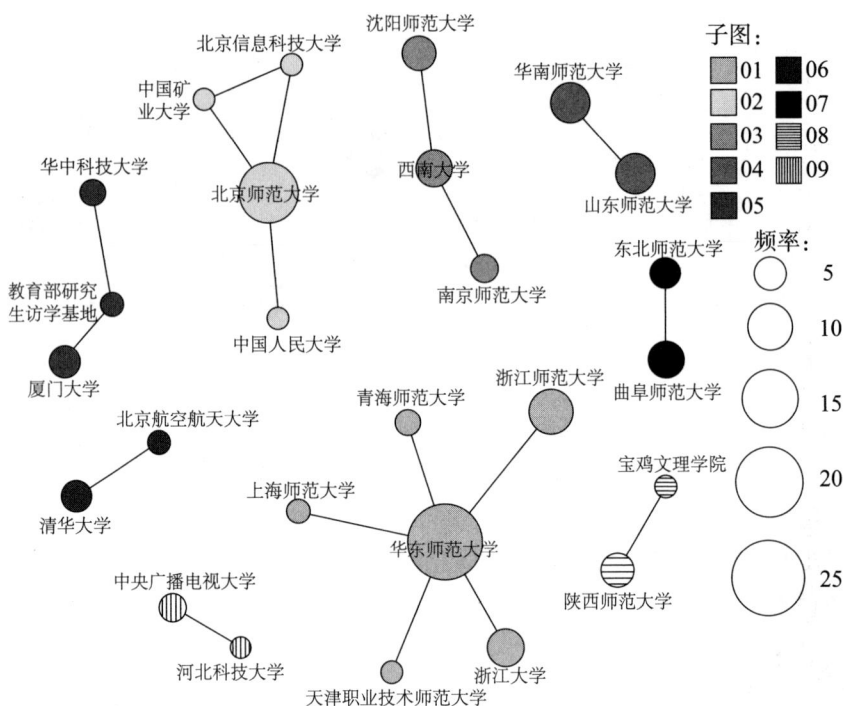

图2　发文机构合作共现图

作子网络。此外，华南师范大学与山东师范大学、东北师范大学与曲阜师范大学、清华大学与北京航空航天大学、陕西师范大学与宝鸡文理学院都形成了两个机构之间的多次合作，西南大学、沈阳师范大学与南京师范大学，华中科技大学、厦门大学与教育部研究生访学基地则形成了三个机构之间的稳定合作关系。总体来看，这些高校的作者较少选择同单位的研究人员共同研究，倾向于单独研究或者与外单位研究人员合作，这也从一定程度上反映了教育政策评价研究机构间的合作联系趋于紧密，学术交流较为频繁。

（三）教育政策评价研究热点主题分析

　　笔者对170篇文献的关键词进行统计分析，以了解教育政策评价研究的主题及热点变化情况，进一步呈现研究主题及热点的演进趋势。

1. 高频关键词分析

本文对 170 篇教育政策评价研究文献题录中的关键词进行统计，并对相同含义的词汇及不规范词汇进行合并，如将"政策评估""政策评价""政策评析"统一为"政策评价"。170 篇文献共涉及 453 个关键词，频次在 40 以上的有 1 个，频次在 20—40 的有 2 个，频次在 10—20 的有 2 个，频次在 4—10 的有 13 个，频次为 1 的有 369 个。

对频次在 2 及以上的高频关键词进行分析发现，教育政策评价研究主题较为集中，具体为：一是教育政策评价内涵特征等基本问题的研究，如白贝迩基于社会学视角探讨了民族地区教育政策评估的主体、标准、方法等基本问题（白贝迩，2021a）。二是关于教育政策评价标准的研究，如，孙翠香对传统的强调"技术"的"3Es+1A"政策评估标准进行了审视和反思，并基于"技术－政治－人"三维构建了职业教育政策执行的评估标准（技术标准 + 政治标准 + 人的标准）（孙翠香，2018）。三是关于教育政策评价指标体系的研究，如，黄明东基于后实证主义方法论的视角探讨了教育政策效果评估指标体系构建问题（黄明东 等，2016）；白贝迩基于政策生命周期理论与教育政策评估标准双维度探讨了民族地区教育政策评估指标体系的建构（白贝迩，2021b）。四是对具体教育政策的评价性分析，学者们主要围绕中外教育政策、教育政策过程、教育政策实施效果等进行评价分析，既有国外经验引介，也有国内政策评价。国外经验引介研究主要涉及南非学校环境教育政策、德国移民教育政策、新加坡双语教育政策等；国内教育政策评价研究主要涉及高校教师继续教育政策、师范生公费教育政策、民族教育政策、职业教育政策、就近入学政策、流动人口随迁子女教育政策等。五是教育政策评价现状分析。这类研究主要包括现状的概括、问题及困境的分析、路径的选择等方面，是教育政策评价研究的基础性研究，有助于从不同视角反映教育政策评价的现状，为其他相关研究提供借鉴。如，杜文静与张茂聪基于国际经验和我国教育政策评估实际，分析了县域基础教育政策存在的现实问题，指出了摆脱困境的路径（杜文静 等，2016）。

2. 关键词共现分析

为了探究 170 篇教育政策评价研究文献的主题分布，本文通过 KH Coder 软件对词频在 2 及以上的关键词进行了共现分析。

　　如图 3 所示，论文关键词主要群聚在九个类别之中。第一类是教育政策执行与评价标准研究，涉及评价标准、评价机制、评价组织、政策执行效果、价值取向、监测与评价、高等教育等方面；第二类是教育政策评价研究，主要涉及高校创新创业、师范大学、教育公平、模型构建、远程教育等方面；第三类是教育制度及政策分析研究，涉及政策演进、教育改革、教育评价等方面；第四类是农村职业教育、民族地区教育政策评价研究，涉及政策效果、指标体系、义务教育、均衡发展、利益相关者模式等方面；第五类是教育政策效果评价及评价指标研究，涉及公共政策、民族教育政策、双语教育政策、知识图谱等方面；第六类是教育政策执行评价研究，涉及制度及困境等方面；第七类是师范生公费教育政策评价研究，涉及义务教育均衡发展方面；第八类是政策绩效评价研究，涉及正式制度、非正式制度、制度分析框架等方面；第九类是评价体系监测研究。综上，教育政策评价研究主题及具体研究内容高度聚焦到了教育政策评价概念、评价标准、评价指标体

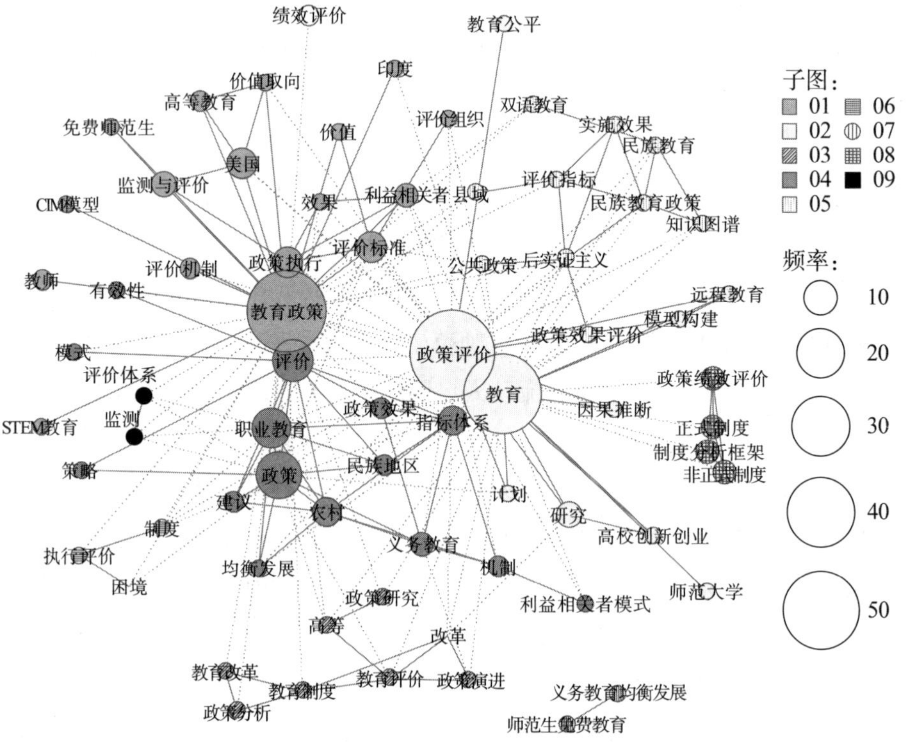

图 3　关键词共现分布

系、评价体系等主要议题层面，涉及各个学段、各类特殊群体、特殊区域的教育政策，研究重点突出，但向教育政策评价程序、主体等敏感问题延伸研究的迹象不明显，部分研究基于不同视角进行，如政策学、政策工具、制度、社会学等，但较少基于历史学、大数据、法学等视角进行研究，一定程度上反映出教育政策评价研究出现了跨学科、跨领域、综合性研究的迹象，但多学科交叉研究的发展态势不明显。

（四）研究方法分析

1. 方法论基础以理性主义与建构主义为主

对现有文献进行分析发现，教育政策评价研究论文主要以理性主义与建构主义为研究方法基础，并分别采用"理论－实践检验模式"和"实践－理论建构模式"进行研究。这与沈永辉在教育政策文献综述研究中的结论相一致。

"理论－实践检验模式"的部分论文主要基于某种理论或以某理论为视角对教育政策评价及相关问题进行研究，如，侯浩翔等基于利益相关者视角，采用混合研究方法对"双减"政策实施过程中的教师教学表现进行分析，并提出了"双减"政策评估的改进建议（侯浩翔 等，2023）；白贝迩基于社会学视角对民族地区教育政策的评估主体、评估标准、评估方法等基本问题进行了解读和现状探究，并就提升民族地区教育政策评估质量提出了针对性建议（白贝迩，2021a）。这类论文主要基于利益相关者、社会学、后实证主义方法论、政策工具、制度等视角就小班化教育政策、教育政策效果评估指标体系构建、幼儿园等级评估制度、职业教育政策评估等主题开展研究。当然，理性主义取向的研究并非均具有如此高的辨识度，如《我国教育政策评价的实践模式及改进路径》就详细分析了教育政策评价的五种模式，并明确了教育政策评价的主要原则，进而结合教育政策评价实际提出了我国教育政策评价实践模式的改进路径（邓旭 等，2013）。"实践－理论建构模式"的部分论文主要通过案例对具体教育政策进行分析，或直接进行评价性分析。如，洪秀敏等采用 Gephi 软件和 R 语言文本挖掘方法，对阿尔巴尼亚、马来西亚等四国基础教育阶段的教育政策评估报告进行分析，揭示了其评估的四大核心指标及基础教育存在的问题，提出了建设高质量教育体系的有效路径（洪秀敏 等，2021）。还有学者以文本分析的方式，对某一政策进行评价性分析。如，王换芳等运用文本分析法考察了 1987—2019 年《教育部工作要点》教师教育政策关注点，提出了教师教育政策的优化建议（王换芳 等，2021）。胡伶在对教育政策标准相关概念进行界定、对教育政策评估标准现状进行分析的基础上，借鉴了国内外公共政策评估标准和我国教育政策评估标准的研究成果，提出了我国教育政策评估标准体系（胡伶，2008）。上述研究结合了案例、文本进行经验性研究从而尝试建构理论。

2. 研究方法以定性分析法为主

从对 170 篇文献研究方法的统计来看，教育政策评价研究还是以定性分析为主（111 篇），部分研究采用定量分析方法（19 篇），但综合使用定量分析法与定性分析法进行研究的论文（40 篇）占到总文献的 23.53%，这在一定程度上弥补了教育政策研究中数据采集、数据指标设计的科学性无法保证的缺陷，也为教育政策评价研究发展奠定了基础。

定量分析主要是通过数据比较和分析进行解释。如，张琳等选取 2009 年至 2021 年出台的 97 条专业学位研究生教育政策作为样本，通过文本挖掘和 PMC 指数建模方法构建政策评价体系，进而对选取的 8 项政策样本进行量化评价与分析，揭示了专业学位研究生教育政策的特征及问题，提出了相应的优化措施（张琳 等，2023）。定量分析文献的数据主要通过文本数据挖掘、调查问卷等方式获取，量化数据则借用 SPSS、NVivo、WPS Office 工具软件、ROST CM6 等软件进行分析。定性分析主要运用历史回顾、参与经验等方式获得资料，并采用非量化分析方法进行研究。如：李峻等对改革开放以来的农村职业教育政策进行了述评，分析了政策的贡献与问题，并提出了促进农村职业教育发展的政策建议（李峻 等，2008）；曹连众等系统梳理了公共政策和教育政策研究领域的教育政策评价标准研究文献并进行了述评，明晰了中外学者基础性研究工作的主要内容、发展趋势及其局限性（曹连众 等，2011）；王淑芬基于价值分析视角，运用政策科学价值分析方法对我国小班化教育政策进行了考察，并得出关于小班化教育的结论（王淑芬，2016）。定性分析方法成为教育政策评价研究的主要方法，这与我国教育政策研究者大多没有经过严格的定量和质性研究训练有直接关系，大多学者具有教育学背景，他们擅长从思辨角度进行教育政策问题的价值分析，提出观点和建议（胡伶，2017）。教育政策评价定性研究的理性程度及科学性、真实性一直受到质疑，过多地采用定性分析方法对于教育政策评价研究的深化有一定的消极影响。而使用定量分析方法进行研究虽无法回避设计评估指标时，体系繁杂、数据可采摘性差、指标量化不够等问题（张茂聪 等，2013），却能反映出学者们试图构建教育政策评价体系从而摆脱经验分析困境的努力，是教育政策评价研究值得坚持并推崇的重要研究方法。

四、结论与展望

经过 20 世纪 90 年代的开拓性研究，21 世纪以来的教育政策评价研究主要从宏观层面和中观层面展开，并试图建构起新的评价框架和模式，以丰富和优化现有的教育政策评价体系。研究主要存在以下几方面特征：一是教育政策评价研究取得一定成效，高质量学术成果产出经历下降期后，恢复到高位，但仍需要更多学者参与进来，以推动出现学术成果产出新增长期；二是师范类高等院校承担了教育政策评价研究的重任，且国务院发展研究中心、教育部等政府部门及相关研究机构加入研究队伍，研究机构出现多元化和交流合作的紧密趋势；三是教育政策评价研究主题相对集中，研究深度增强，但评价程序、评价结果应用、评价体系本土化、政策风险评估等研究仍需加强，研究的延展性及广度仍需拓展，以使教育政策评价研究愈加完善和成熟；四是教育政策评价理论研究逐渐增多，但本土化理论构建仍是薄弱环节，需要学者们更加强调学术自信，有主动承担教育政策评价研究中国化任务的学术自觉；五是教育政策评价研究方法趋于多元化，混合研究逐渐增多，但定性研究仍然是主流。

（一）加强教育政策评价程序的研究

教育政策是直接或间接影响社会公众教育利益的公共政策，具有广泛的、强烈的公益性，其实质正义是以教育政策程序正义为前提的，坚持教育政策程序正义，是实现教育政策公平正义的基本保证（张军凤，2010）。教育政策程序正义的必要性就是相对于教育政策实质正义而言不可或缺的特性（石火学，2011），因此，教育政策程序正义的必要性与价值探讨一度成为教育政策研究领域的重要议题。目前，对教育政策程序的探讨被局限于教育政策制定程序或政策执行程序，较少关注到教育政策评价环节的程序问题。教育政策评价程序是指政策评价主体在评价过程中需遵守的必经阶段、步骤和顺序，体现着各步骤的规范性和科学性，它实际上是评价系统内的防错纠错机制，将对滥用权力、形式化、过场化、选择性评价起到防范作用。教育政策评价程序正义是由评价的客观性、科学性和真实性来体现的。纵观现有研究文献，鲜有涉及教育政策评价程序的主题，这在一定程度上影响了教育政策评价体系构建研究的完整性。因此，学者们应将更多的目光投向教育政策评价程序研究，设计出有助于提升评价客观性、科学性和真实性的教育政策评价程序，为教育政策评价实践活动提供有力支撑。

（二）加强教育政策评价结果应用研究

目前，我国正处于全面推进教育现代化的关键时期，也是教育政策制定、实施、调整的频繁期，积极开展教育政策评价结果的有效应用，是提高教育政策科学性、执行效益的重要抓手，也是全面提升教育政策治理水平的必然要求。教育政策治理是一个环环相扣的过程，包括政策制定、政策执行、政策评价及评价结果的应用等环节。政策评价结果应用既指向教育政策的继续实施、优化调整、暂停实施等，也指向对教育政策主体的褒奖、责任追究等等，结果应用不仅关涉被评价的政策及利益相关者，也关涉未出台的政策及相应的制定主体。教育政策评价结果应用直接决定了教育政策评价活动的价值，如果只有评价结果而无结果应用，那政策评价的意义将不复存在。目前来看，教育政策评价结果的价值还未得到充分体现，政策评估问诊的结果无法成为"照方抓药"的"方子"。实践的缺失或被忽视在对应的研究中被反映出来，即教育政策评价结果应用研究的弱化实际上成为教育政策评价结果运用效果不佳的最佳注脚。当然，实践与理论研究是相互促进的，学者们有必要深入开展教育政策评价结果应用主体表现、应用现状、应用路径等方面的研究，从而促进教育政策评价结果应用实践的发展，推动以结果为导向的教育政策治理走深走实。

（三）加强教育政策评价理论本土化研究

教育政策研究的本土化理论建构始终是该领域学者孜孜以求的目标，学者们并不满足于借鉴西方教育政策评价理论开展本国教育政策评价研究，而试图形成本土话语和理论，构建中国式的解释分析框架。如贺武华博士的专著《中国教育政策过程本土化研究》，彭虹斌等的《协商式教育政策制定的制度逻辑与本土化构建》及《我国教育政策评估研究的"本土化"审思》都让我们看到了学者们在教育政策研究本土化理论建构方面的努力，但是相较于形成中国式教育政策及教育政策评价研究理论还有较长的路要走。在解决这一问题的过程中，我国学者应在研究中运用中国的思维方式去思考问题，所采用的概念、理论、方法等能够充分代表、反映或者揭示那些根植于中国本土情境的元素，并能基于文化自觉和语言自觉进行知识生产与理论创新（安富海，2019）。学者们仍应将加强教育政策评价理论本土化研究视为教育政策评价研究的优先选项，以深化该领域研究，科学指导教育政策评价实践。

（四）加强教育政策风险评估研究

近年来，国家高度重视风险隐患的防范化解，要求重大活动举办、重大政策出台之前必须进行风险评估。教育政策风险评估是指国家在教育政策制定、实施之前，对政策可能引发的社会稳定、财政、执行可持续性等风险进行预测性评估的活动。教育政策涉及群体规模大，公众利益相关性强，社会关注度高，风险评估作为政策出台、政策执行前对政策安全性、合理性进行预测的重要措施，对于教育政策目标的实现具有重要意义。严格意义上而言，教育政策风险评估是教育政策出台及实施的可行性评价，必须成为教育政策出台实施的前置程序。然而，我国教育政策风险评估仍存在着程序混乱、标准单一、主体缺失、方法局限等问题（刘海滨 等，2011）。理论研究层面，学界对于教育政策评价的认知还仅限于对教育政策执行的过程性和结果性评价，如教育政策的科学性、稳定性，政策主体的执行力，教育政策的效益等方面的内容。目前，虽然已有学者意识到了教育政策风险评估的重要意义并已经开展了相应的研究，如徐自强针对师范生公费教育政策在执行阶段的风险评估问题进行了研究，刘海滨从宏观层面探讨了我国教育政策风险评估问题并提出了消解策略，但教育政策风险评估研究势头并不明显，与发达国家相比，无论是理论研究，还是具体实践，都存在较大差距（涂端午 等，2014）。因此，希望有更多学者加入教育政策风险评估研究的行列，探索更加科学合理的评估方式，丰富教育政策风险评估理论，指导制定出更加优质的教育政策。

（五）更加注重研究方法的多元化

研究方法对于教育政策研究的重要作用毋庸置疑，教育政策研究证据的多寡及质量在很大程度上取决于研究者所采用的研究方法。不使用或者盲目使用方法论都会造成学术研究的不理想甚至失败（王倩，2022）。目前，教育政策评价研究虽有量化技术的应用，但定性研究仍是主流。由于教育政策评价是对教育政策与预设结果在监测对比基础上的价值分析，其性质决定了教育政策评价无法脱离逻辑实证的量化研究（檀慧玲 等，2017），并且教育政策评价具有跨学科的特性，决定了教育政策评价研究应该是多学科的交叉融合，在规范研究的基础上，更加重视实证研究，在定性分析的基础上，更加重视定量分析（张茂聪 等，2013）。因此，在新的评价理论价值取向下，教育政策评价研究方法应更加多元化，既注重研究中证据及数据的获取和分析，也要关照到利益相关者对政策的应激反应与真实感受，更加体现研究所揭示的价值依据。具体研究方法的运用上，一是要加强实证研究，克服单一的定性研究造成的评价研究结果受到质疑、实践导向性不强的劣势；二是在承认教育政策评价研究特殊性而注重定性研究方法的基础上，增加定量研究的比重，特别是综合运用定性研究与定量研究方式开展研究，取长补短，提高研究的科学性；三是充分发挥准实验法、案例研究、混合方法研究与案例研究结合等（严文蕃 等，2020）方法方式的优势，为教育政策评价研究方法引入更加丰富的元素，为教育政策评价研究与实践创造新的契机。

─────────────────

参考文献

安富海，2019. 中国教育学本土化研究的困境及超越 [J]. 教育研究（4）：50–57.

白贝迩，2021a. 对民族地区教育政策评估基本问题的思考：基于社会学的视角 [J]. 青海社会科学，（1）：155–160，188.

白贝迩，2021b. 民族地区教育政策评估指标体系的建构：基于政策生命周期理论与教育政策评估标准双维度 [J]. 青海民族研究（1）：47–52.

程慧荣，黄国彬，郑琳，2015. 非结构化文本分析软件比较研究：以 KHCoder 和 Wordstat 为例 [J]. 图书与情报（4）：110–117，122.

曹连众，祁型雨，2011. 教育政策评价标准研究述评 [J]. 山西师大学报（社会科学版）（5）：137–140.

邓旭，赵刚，2013. 我国教育政策评价的实践模式及改进路径 [J]. 国家教育行政学院学报（8）：66–70.

杜文静，张茂聪，2016. 县域基础教育政策评估问题与路径选择：基于国际经验和我国教育政策评估的现实 [J]. 西北师大学报（社会科学版）（2）：99–105.

黄明东，陈越，姚宇华，2016. 教育政策效果评估指标体系构建研究：基于后实证主义方法论的视角 [J]. 教育发展研究（1）：1–6.

侯浩翔，刘志，罗枭，等，2023. "双减"政策评估的利益相关者视角：以教师教学表现为依据 [J]. 中国电化教育（5）：87–94.

洪秀敏，张明珠，陈敏睿，2021. 发展中国家基础教育政策评估的核心指标、评估结果与启示：以 UNESCO 四个成员国为例 [J]. 清华大学教育研究（3）：94–103.

胡伶，2008. 教育政策评估标准体系的架构研究 [J]. 教育理论与实践（34）：20–24.

胡伶，2017. 我国教育政策研究方法的演进与反思：2000—2015 年 [J]. 现代教育管理（6）：47–52.

教育部，2018. 教育决策科学化还须政策评估来问诊 [EB/OL].（2018–01–30）[2022–02–10]. http://www.moe.gov.cn/jyb_xwfb/s5148/201801/t20180130_325940.html.

教育部，2020. 新中国教育督导大事记 [EB/OL].（2020–02–20）[2022–02–20]. http://www.moe.gov.cn/jyb_xwfb/moe_1946/fj_2020/202002/t20200220_422592.html.

李峻，李华玲，2008. 改革开放以来农村职业教育政策评价与建议 [J]. 成人教育（3）：78–79.

李伟涛，2002. 我国教育政策评价中的三个难题及其对策 [J]. 上海教育科研（6）：21–22.

刘海滨，杨颖秀，2011. 我国教育政策风险评估问题及消解策略 [J]. 现代教育管理（12）：56–59.

孙翠香，2018. "技术–政治–人"：三维职业教育政策执行评估标准构建 [J]. 职业技术教育

（9）：21–27.

石火学，2011. 教育政策程序正义的必要性与价值［J］. 国家教育行政学院学报（10）：44–48.

涂端午，魏巍，2014. 什么是好的教育政策［J］. 教育研究（1）：47–53.

檀慧玲，王发明，2017. 教育政策评估研究的关键词共现可视化分析［J］. 华南师范大学学报（社会科学版）（4）：65–73，190.

王换芳，林一钢，2021. 我国教师教育政策的检视与反思：基于 1987—2019 年《教育部工作要点》的文本分析［J］. 教师教育研究（3）：57–64.

王倩，2022. 我国教育政策领域博士学位论文研究主题与方法的特征及演进［J］. 黑龙江高教研究（1）：1–7.

王淑芬，2016. 价值分析视角下我国小班化教育政策考察［J］. 河北师范大学学报（教育科学版）（4）：106–109.

严文蕃，韩玉梅，2020. 教育政策评估研究国际前沿进展及方法借鉴：严文蕃教授专访［J］. 苏州大学学报（教育科学版）（3）：76–85.

张军凤，2010. 教育政策程序正义［J］. 教育理论与实践（16）：24–27.

张琳，李慧，吴春林，2023. 基于 PMC 指数模型的专业学位研究生教育政策文本量化评价［J］. 研究生教育研究（3）：75–84，97.

张茂聪，杜文静，2013. 教育政策评估：基本问题与研究反思［J］. 教育科学研究（10）：19–24.

Analysis of the Current Situation of Education Policy Evaluation Research Based on CNKI

Liu Zezheng

Abstract: Education policy evaluation has gradually developed from the evaluation of the end of the education policy process to the whole process evaluation of education policy, which has become an important part of education policy governance. This paper takes the literature of education policy evaluation in CNKI journal literature database as the analysis object, and analysis the research strength, themes, hot spots, and research methods, and presents the overview as well as the trend of education policy evaluation research in the past 20 year. Higher teacher training colleges and universities have become the principle force in education policy evaluation research, and research institutions have shown a trend of diversified exchanges and cooperation. The research on education policy evaluation theory has gradually increased, and the construction of localization theory is still insufficient. The research methods of education policy evaluation are mainly qualitative research, but the number of mixed studies is gradually increasing, the research methods are tending to be diversified. The research topics of education policy evaluation are relatively concentrated and the depth of research is enhanced, but the scalability and breadth of research need to be improved. In the future, it is still necessary to strengthen research on education policy evaluation procedures, localization of evaluation theories, application of evaluation results, and policy risk assessment, and play a high value on the diversification of research methods.

Key words: education policy evaluation　CNKI　current situation analysis bibliometrics

作者简介

刘泽政，首都师范大学教育学院博士研究生，研究方向为教育政策、教育法律等。

后　记

自 2002 年首发，《中国教育法制评论》迎来了第 24 辑的问世。热切关注并投身教育法学研究的众多同人开辟荆榛，将本书建成广大研究人员交流探讨的专业平台，殊为不易。作为第一本教育法治研究系列图书，《中国教育法制评论》在二十多年的发展中，始终保持了其在教育法学理论界及教育法治化实践中的重要影响。《中国教育法制评论》自 2008 年以来入选 CSSCI 收录集刊，充分体现了社会和学界对本书专业性、学术性的高度认可。

随着对教育法治化认识的深入，教育法学研究的前沿成果日益丰富，有更多的学术课题需要从多维度、多层面进行集中探讨和深入挖掘。本辑从教育法典、教育软法、高等教育法治、职业教育法治、教育政策等方面探讨了当前新一轮教育改革中教育法学研究的前沿问题。

教育政策与法律研究需要借助一个能充分交流的学术平台才能审视端倪、通达整体，才能有利于其拓展、深入和整合。本书将加强选题的规划、板块的整合，力求成为反映国内教育法学研究进展的稳定载体，为读者呈现角度多样、层次丰富的学术成果，及时总结经验，开拓新思路，探讨新问题，积极回应时代的挑战。

教育科学出版社对本辑的出版给予了大力支持，首都师范大学蔡海龙等人对本辑的顺利出版多有助力，在此一并致谢！囿于本书篇幅所限，来稿未能全数刊用，特致歉意！期待各位同人一如既往地支持本书的发展。

劳凯声　余雅风　陈　鹏
2023 年 11 月

《中国教育法制评论》

中国教育法制研究系列
教育科学出版社，北京

编辑宗旨

　　《中国教育法制评论》以当代中国教育法制建设的理论与实践为主要研究内容。本书将始终致力于关注中国教育法制建设的理论与实践问题，汇聚中国教育法学研究领域的共同智慧和最新成果，展示教育法学领域研究者对我国教育法制建设的思考和探索。本书也致力于为中国教育法学研究提供一个开放性的学术研究和学术推广平台，通过学术交流和学术争鸣，推进中国教育法学研究事业健康发展。本书将积极为中国教育法制建设的实践服务，努力促进教育决策文化与学术文化的交流，致力于通过教育法学理论研究为中国教育立法和教育政策制定的实践活动提供建设性的学术支持。

　　本书的读者对象主要包括：（1）中国教育研究特别是教育法学与教育政策研究领域的专家学者、研究人员和教学人员；（2）各级各类教育行政部门的教育决策人员、政策研究人员、行政管理人员和中小学校及其他教育机构的管理人员；（3）各级各类学校及其他教育机构的教师；（4）国家机关和社会各界关注与从事教育领域法律问题和政策问题研究的专业人员；（5）从事教育法学学习和研究的各级各类学校及其他教育机构的学习者；等等。

投稿须知

《中国教育法制评论》由首都师范大学劳凯声教授、北京师范大学余雅风教授、陕西师范大学陈鹏教授主编，每辑围绕几个主要的议题开展学术研究和交流，面向全国征集稿件，欢迎全国同人踊跃投稿。

来稿请提供英文标题、中文摘要（150字以内），参考文献格式请按《信息与文献　参考文献著录规则》（GB/T 7714—2015）著者－出版年制著录。著录项目应齐全，各项应核实无误。参考文献统一放在文章的最后，说明性的注释以脚注的形式呈现。

法律、法规、规章和规范性文件的名称，加书名号，名称中的"中华人民共和国"省略，其余一般不做略称。例如，《中华人民共和国教育法》写作《教育法》。

外国地名、人名的翻译，须参照相关辞典和译名手册（如《外国地名译名手册》和《世界人名翻译大辞典》），按规范或惯例译出。

文末作者简介的基本格式为：姓名，职务，职称/学位，研究方向……

来稿请提供规范的 Word 电子文本和书面文本。书面文本请用宋体小四号字格式，1.5 倍行距，A4 纸打印。来稿请注明作者姓名、通信地址、邮政编码、联系电话或电子邮件地址，并注明"《中国教育法制评论》稿件"字样。

来稿请寄：北京市新街口外大街 19 号北京师范大学教育学部　余雅风（收）

邮　　编：100875

电子文本请发至：yuyafeng@bnu.edu.cn